경영학 두뇌

Core management theory and practice

경영학 두뇌

비즈니스 세상으로 나아가는 이들이 꼭 알아야 할 경영개념

김병도 지음

해냄

지금 경영학 공부를 시작하는 이들에게

'경영학원론'은 경영학을 처음 공부하는 학생들이 수강하는 교과목이다. 이를 통해 경영학과 학생들은 앞으로 학습해 나갈 경영학의 다양한 세부 분야를 두루 살펴볼 기회를 얻고, 다른 전공 분야 학생들은 경영학에 대한 호기심과 지적 욕구를 충족할 수 있다.

이처럼 학생들이 경영학에 입문하는 관문이나 다름없기 때문에 경영학원론은 쉽고 대중적이라는 인식이 있다. 그러나 가르치는 사람의 입장에서 보면 이는 가장 어려운 과목 중 하나이다. 이미도 경영학이라는 학문이 워낙 방대하기에 한 사람의 교수가 모든 내용을 이해하고 가르치기가 현실적으로 불가능하기 때문일 것이다.

전 세계에서 어느 정도 규모를 갖춘 경영대학에 소속되어 있는 교수는 저마다 하나씩의 세부 경영학 전공 분야를 가지고 있다. 예를 들어 서울대학교 경영대학에는 약 60명의 교수가 있는데 이들은 제각기 인사 조직, 회계, 마케팅, 전략, 재무금융, 생산, 경영정보의 7개 전공 분야 중 하나에 속해 있다(참고로 나의 세부 전공 분야는 마케팅이다).

물론 대학의 규모나 역사에 따라 세부 전공 분야의 숫자나 구성이 다소 다를 수 있지만, 대부분의 경영대학 교수는 하나의 전공 분야에 소속되어 담당 분야의 교육과 연구에 매진하며 다른 분야 교수와는 거의 교류를 하지 않는다. 이는 다시 말해, 대다수의 마케팅 교수는 재무관리를 전공하는 석사 학생보다도 재무 분야에 무지할 수 있다는 뜻이다.

이런 이유로 경영학원론 교과목 자체를 없애야 한다고 주장하는 경영학 교수도 꽤 많다. 다른 전공 내용은 잘 알지도 못하는 마케팅 교수가 경영학원론을 어떻게 가르치려 하느냐고 은근히 압박해 오기도 한다. 하지만 나는 교수의 노력만 뒷받침될 수 있다면 경영학원론은 학생들에게 꼭 필요한 교과목이라고 생각한다. 현실의 기업에서 이루어지는 많은 의사결정을 이해하고 그에 참여하기 위해서는 여러 부서를 아우르는 통합적 지식을 갖추어야 하기 때문이다.

나는 경영학원론 수업에 부정적인 교수들의 견해를 조금이나마 바꿔보고자 틈틈이 다른 전공 분야에 대한 학습을 게을리하지 않았다. 기회가 날 때마다 다른 교수들에게도 경영학원론을 강의해 보라고 권하곤 한다. 이는 학생뿐만 아니라 경영학 교수에게도 중요한 교과목이기 때문이다.

기업 규모가 작을 때는 모든 종업원들이 인사, 재무, 회계, 마케팅 등 다양한 업무를 동시에 맡아본다. 그러다 기업 규모가 커지게 되면 경영학 전공이 분야별로 나뉘듯 종업원들의 업무 또한 기능별로 전문화된다. 이때 각 부서에 소속되어 있는 종업원들이 다른 부서의 종업원들과 협조하지 않으면 회사 전체가 원활하게 돌아가지 않는다. 부서별로 전문성을 갖추는 것도 중요하지만 다른 부서의 업무도 어느 정도 이해해야 소통하기가 쉽다. 현실 세계의 기업에서 마케팅, 생산, 재무 등 모든 부서의 기능을 아우르는 통합적 의사결정을 필요로 하듯, 기업을 연구 대상으로 삼는 경영학 역시 세부 전공을 한데 통합하려는 노력이 필요하다.

그런데 내가 경영학원론 강의를 어려워하는 데에는 또다른 이유가 있다. 바로 수강생의 대부분이 경영학을 처음 접하는 학생이라는 점이다. 학생들은 언론을 통해 매일같이 경제·경영 기사를 접함에도 불구하고 경영학적 사고나 이론에 대한 사전 이해도가 매우 낮다. 경영학적 사고 방식을 거북하게 여기는 학생들도 생각보다 많다.

나의 경영학원론 강의에 대한 학생들의 불만 사항은 크게 두 가지로 나뉜다. 첫째는 강의 내용이 지나치게 미국 일변도라는 것이다. 경영 이론이나 기법을 소개할 때 나는 학생들의 이해를 돕기 위해 되도록 많은 기업 사례를 다루려고 노력한다. 그때 예로 드는 기업들이 대부분 미국 기업이다. 둘째는 강의에 등장하는 사례들이 삼성전자, 현대자동차, 애플, 월마트, 도요타 자동차 등 대기업 일색이라는 것이다.

그러나 나는 미국을 다른 국가보다 특별히 좋아하지도 싫어하지도 않는다. 내가 미국 기업 사례를 강의에서 자주 언급하는 것은 오늘날 세계 경영학 시장을 미국이 독점하다시피 하고 있기 때문이다. 지난 백여 년간 지구상에서 일어난 경영과 관련된 위대한 혁신의 대부분은 미국 기업들이 주도했고 미국 대학들과 경영학자들으 비미하 이래능 개고고 현대 경영학 이론을 정립함으로써 전 세계 경영학계를 선도하고 있다.

내가 몸담고 있는 서울대학교 경영대학만 해도 교수 전원이 미국 소재 대학 또는 미국식 경영학을 표방하는 대학에서 박사 학위를 취득한 점을 보면 경영학 분야에서 미국의 독점력이 어느 정도인지 쉽게 확인할 수 있다. 일본식 경영이나 한국식 경영 등 비(非)미국적인 경영 기법

및 이론에 대한 논의가 간헐적으로 이루어지기도 했지만 세계 경영학계에 미친 영향은 극히 미미하다. 한편으로 나는 대기업을 중소기업보다 특별히 선호하거나 하지도 않는다. 강의할 때 내가 대기업 사례를 자주 언급하는 것은 대기업이 떠안은 온갖 복잡한 문제를 해결하기 위해 탄생한 학문이 바로 현대 경영학이기 때문이다.

물론 기업은 기원전부터 존재해 온 조직이다. 그러나 당시에는 최대 규모의 기업이라고 해봐야 종업원 수가 백 명을 넘지 않았고, 이들 기업이 당면한 문제를 다루던 학문으로 상학(商學)이 있었다. 19세기 중반 미국 철도 산업의 성장과 더불어 인류 역사상 유례를 찾아볼 수 없는 대규모 민간 기업들이 등장하면서, 기업은 과거 상학이 다루었던 문제들과는 차원이 다른 경영 문제에 직면하게 되었다.

십여 명의 종업원을 두는 중소기업 사장은 직원 개개인의 업무가 무엇인지, 직원들이 자신의 업무를 잘 수행하고 있는지 쉽게 알아보고 평가할 수 있다. 생산 규모도 작고 판매 체계도 그리 복잡하지 않다. 굳이 정교한 경영 기법을 도입할 필요가 없다. 하지만 종업원 수가 십만 명이 넘는 대형 철도 회사를 운영하기 위해서는 과거의 상학과는 전혀 다른 새로운 학문, 즉 경영학이 필요하다.

이것이 내가 강의에서 미국 기업, 그리고 대기업의 사례를 많이 언급할 수밖에 없는 이유이다. 그렇다면 십 년 후에는 어떨까? 나는 미국의 경영학 독점이 그때까지 지속될 것이라고 생각한다. 경영학의 리더십 원천이 기업의 혁신성이라고 할 때, 앞으로 십 년 안에 미국 기업들의 혁신성을 능가할 다른 나라 기업이 좀처럼 눈에 띄지 않기 때문이다.

2015년 7월 《포춘》은 매출액 기준 글로벌 500대 기업을 발표했다. 세계 500대 기업들의 국적을 살펴보면 1위 미국은 무려 127개 기업이 명단에 올랐고, 중국은 98개, 일본은 54개로 그 뒤를 이었다. 7위 대한민국은 17개 기업이 명단에 이름을 올렸다.

중국이 지금과 같은 경제성장 속도를 계속 유지한다면 십 년 안에 세계 500대 기업 숫자에서 미국을 능가할 것으로 예상된다. 하지만 경영 실무나 학계에 영향력을 행사하려면 매출 규모보다는 혁신성이 더 중요하다. 언론에 자주 오르내리는 알리바바, 샤오미, 화웨이 등 중국을 대표하는 기업들의 경우에도 지금까지 세계 경영학계에 미친 영향력은 크지 않다. 애플, 구글, 테슬라 등과 같은 미국 기업이 갖고 있는 혁신성을 찾아보기 어렵기 때문이다.

그렇다면 십 년 후에는 내 강의가 대기업 사례 위주에서 벗어날 수 있을까? 그것은 향후 기업 혁신을 대기업과 중소기업 중 어느 쪽이 주도할지에 달려 있다. 돌이켜보면 경영학자가 주목한 위대한 혁신은 중소기업이 대기업으로 성장하는 과정에서 이루어지곤 했다. 예컨대 1997년 스티브 잡스가 애플의 최고경영자로 복귀할 당시 애플의 시장가치는 23억 달러 정도였다. 하지만 잡스는 2011년 세상을 떠날 때까지 약 15년간 애플을 기업가치 3,500억 달러에 달하는 세계 최고 수준의 글로벌 대기업으로 변모시켰다. 경영학자들이 즐겨 언급하는 애플 사례들은 스티브 잡스가 애플의 혁신을 주도했던 이 시기에 집중되어 있다.

경영학자들은 아무리 매출 규모가 크며 해도 더 이상 배신을 하지 못하는 대기업에는 관심이 없다. 수십 년간 성장이 정체된 상태인 중소기업에도 관심이 없기는 마찬가지다. 십 년 후 내가 강의에서 언급할 회사는 현재는 작은 벤처기업에 불과하지만 십 년 후 제2의 삼성전자나 제2의 애플로 성장한 곳일 것이다.

물리학이나 경제학 같은 기초 학문과는 달리 경영학에는 통일된 이론이 존재하지 않는다. 경영학은 그 시대 기업이 당면한 문제를 해결하고자 노력하면서 발전해 온 응용 학문이기 때문이다. 또한 앞서 언급한 대로 다루는 분야가 방대하고 세부 전공 간 학문적 교류가 원활하지 않아 한 권의 책으로 모든 내용을 담아내기가 쉽지 않다.

지난 십여 년 동안 경영학원론을 가르치며 나는 여러 전공 분야의 교수들로부터 경영학 입문자에게 꼭 소개해야 할 주제에는 어떤 것이 있는지, 해당 주제를 다루면서 언급해야 할 경영학자, 경영인, 기업 사례는 무엇인지에 대한 자문을 수시로 받아왔다.

이 책에서는 그 가운데 입문자에게 적절한 77개의 핵심 경영학 주제를 엄선해 소개하고자 한다. 각각의 주제와 더불어 소개할 사례와 인물, 기업의 경우에는 되도록 글쓴이의 주관적 판단을 덜어내고 경영학에 갓 입문하려는 사람들이 꼭 알아두어야 할 내용을 담아내려 했다.

누구도 체계적인 과학 지식 없이 달에 유인 우주선을 발사할 수 있다고 말하지 않는다. 의료 행위나 법률 서비스를 제공하기 위해서는 국가에서 규정한 면허를 취득해야 한다. 하지만 많은 사람들은 경영 지식 없이도 기업 경영을 잘 할 수 있다고 생각해 왔다. 이는 매우 위험한 발상이다. 기업 환경이 복잡해지고 기업의 규모가 커지면서 경영은 더 이상 상식 수준에서 다룰 수 있는 활동이 아니다.

이 책에서 제시한 77개의 경영학 지식은 경영 행위를 수행하기 위해 필요한 핵심 개념들로 구성돼 있다. 이 핵심 경영 철학과 개념들을 여러분의 두뇌에 각인시켜 보다 확신을 가지고 경영 현안을 처리할 수 있기를 기원한다.

2016년 10월
김병도

4장 생산 및 운영

과학적으로 시스템을 관리하라

5장 마케팅
고객 중심으로 생각하라

6장 인사·조직

사람이 곧 기업이다

7장 재무·회계
숫자로 기업의 흐름을 파악하라

1장

경영학 일반

기업, 현대사회의 가장 위대한 발명품

현대 경영학은 대기업의 복잡한 경영 문제를 해결하기 위해 탄생한 응용 학문이기에 통일된 이론이 존재하지 않는다. 대기업이 다양한 부서별로 수행 업무를 분화함에 따라 경영학 또한 세부 전공 분야로 나뉘어 발전해 왔다. 즉 오늘날의 경영학은 이들 세부 전공 분야가 느슨하게 연합된 학문이라고 할 수 있다.

각 경영대학의 규모 및 성격, 시대에 따라 경영학의 세부 전공 분야도 바뀌어 왔다. 서울대 경영대학의 경우 인사 조직, 회계, 마케팅, 전략, 재무금융, 생산, 경영정보의 7개 세부 전공 분야가 있지만, 이 밖에도 관리경제학, 경영통계, 기업가정신 및 창업, 글로벌(국제) 경영, 보험 경영, 호텔 경영, 스포츠 경영, 병원 및 헬스케어 경영, 부동산 경영, 비영리단체 경영 등 헤아리기 어려울 정도로 많은 분야가 있다. 이는 산업과 기업의 변화 양상에 따라 저마다의 경영대학이 발 빠르게 대처한 결과일 것이다.

이 책에서 나는 수많은 경영학 세부 전공 가운데 많은 경영대학이 공통적으로 두고 있는 7개 전공을 기준으로 77개 주제를 엄선했다. 먼저 3장에서는 기업의 여러 부서 및 업무에 영향을 미치는 회사 차원의 전략적 문제를 다룬다. 그리고 기업은 본질적으로 제품 및 서비스를 생산해 판매하는 조직이므로 4장에서 생산 및 운영을, 5장에서 마케팅을 다룬다. 또한 기업이 제품 및 서비스를 생산해 판매하기 위해서는 자원이 필요한데, 이와 관련해 6장에서는 인적자원 문제, 7장에서는 물적자원 문제를 다룬다. 3장부터 7장까지의 5개 장은 주로 대기업의 관리 경영 문제를 다룰 것이다. 그에 앞선 2장에서는 기업의 설립 단계에서 가장 중요한 문제인 기업가정신 또는 혁신과 관련된 주제들을 소개한다.

1장은 2장 이후의 경영학 세부 전공으로 분류하기 어렵고 여러 전공을 아우르는 보편적인 내용들로 구성하였다. 구체적으로는 현대적 기업의 탄생을 가능하게 한 산업혁명과 자유시장경쟁 이론의 핵심 내용, 대기업과 경영학이 탄생하게 된 배경, 주식회사법의 제정과 확산, 기업이 우리 사회에 필요한 이유, 기업의 적정 규모에 대한 설명을 제시하는 거래비용 이론, 기업의 주인이 누구인지와 관련된 철학적 문제, 기업의 목표, 기업의 지배구조, 기업의 활동을 규제하는 법의 수위는 어느 정도가 적당한지 등을 다룬다.

세계 최초의 대기업은 어떤 회사였을까?

대기업과 경영학의 탄생 : 인류가 역사상 목격한 바 없는 대규모 기업이 19세기 중반 미국의 철도 산업에서 출현했다. 경영학은 이들 대기업의 복잡한 경영 문제를 해결하기 위해 탄생한 학문이다.

1841년 10월 5일 미국 매사추세츠 주에서 열차 시간 계산 착오로 두 열차가 충돌하는 사고가 발생했다. 이 사고로 열차 승무원과 승객이 한 명씩 사망하고 17명의 승객이 부상을 당했다. 교통수단의 새로운 지평을 열 것으로 기대했던 철도 교통 관련 사고에 대중은 경악을 금치 못했고 철도 산업은 위기에 봉착했다.

사고 책임이 있었던 웨스턴 철도 회사(Western Railroad)는 이 사건을 계기로 완전히 새로운 방식으로 회사를 운영해 나갔다. 학자들은 이 새로운 운영 방식의 도입을 '관리혁명(managerial revolution)'이라고 부른다. 철도와 같이 운영 관리가 복잡하고 안전이 최우선인 사업에는 과거와 같은 즉흥적인 경영 방식이 아닌 보다 정확하고 엄밀한 경영 방식이 필요하다는 사실을 철도 회사 경영자들이 깨달은 것이다. 1841년 열차 충돌 사고에서 비롯된 미국의 관리혁명은 미국 기업들의 사업 운영 방식을 완전히 바꿔놓았고, 대기업과 경영학이 미국에서 태동하는 계기를 마련했다.

영국이 경제 대국으로 부상하기 시작한 시기가 18세기 중반이라면, 미국이 국민총생산(GDP)에서 영국을 제치고 세계 최대 경제 강국으로 등극한 해는 1872년이다. 영국의 경제적 부상에 자유시장경쟁 사상이 중요한 역할을 했다면, 미국이 세계 최대 부국이 된 밑바탕에는 대기업의 출현이 있었다.

영국에서 처음 뿌리를 내린 자유시장경쟁 사상을 바탕으로 영미식 경제학이 탄생했고, 대기업의 복잡한 경영 문제를 해결하기 위해 경영학이 탄생했다. 이런 점에서 영국은 경제학의 나라, 미국은 경영학의 나라라고 볼 수 있다.

동인도회사는 회사가 아니다

인류 역사에 대기업이 처음 등장한 것은 19세기 중반 미국의 철도 산업 부문에서이다. 그러나 15~16세기 이탈리아 피렌체를 중심으로 활동했던 메디치 가(家)나 17세기 초 네덜란드의 동인도회사 등이 세계 최초의 대기업이라고 보는 시각도 존재한다.

메디치 가는 주로 은행업과 섬유업을 통해 막대한 부를 축적하고 정치, 경제적 영향력을 행사했던 가문이다. 메디치 가문이 당시 유럽 사회에 끼친 막강한 영향력과 복식부기(bookkeeping by double entry) 발전에 기여한 점 등을 들어 이들이 세계 최초의 대기업을 경영했다고 주

22

장하는 학자들도 있다. 하지만 메디치 가를 현대적 의미에서의 대기업으로 보기에는 여러 기준에서 미흡한 점이 눈에 띈다. 일례로 메디치 가가 운영하던 사업의 종업원 수는 모두 합해 백 명이 채 되지 않았고 이들 대부분은 메디치 일가의 친인척이었다.

한편 네덜란드 동인도회사는 인도와 동남아시아에서 후추, 커피, 설탕, 면직물 등을 수입하려는 목적으로 설립된 세계 최초의 주식회사로 알려져 있다. 당시 동인도회사의 경제적 영향력과 종업원 수 등은 오늘날의 대기업에 필적한다고 볼 수 있지만, 대기업 여부를 논하기에 앞서 동인도회사를 회사로 보아도 좋은가 하는 의문이 든다.

동인도회사 소속 종업원 가운데 실제 상업 업무에 종사하는 이들은 많지 않았고 대부분이 식민지 전쟁을 수행하는 군인과 식민지 운영 및 관리 업무를 맡아보는 인력이었다. 즉 동인도회사는 당시 네덜란드의 식민지 정책을 효과적으로 집행하기 위한 국가기관이었던 것이다.

산업혁명과 함께 유럽과 미국의 산업 생산량과 유통 물량은 크게 늘어났지만, 19세기 중반까지도 기업은 지배구조, 조직, 운영 면에서 과거와 크게 달라지지 않았다. 대부분의 기업은 가족기업이나 합명회사(partnership)* 단계에 머물러 있었고, 회계 관리는 르네상스 시대 메디치 가가 사용했던 복식부기 수준을 크게 벗어나지 않았으며, 조직 및 운영 관리 면에서도 옛날과 달라진 점이 별로 없었다.

합명회사

합명회사는 2인 이상의 사원(출자자)이 공동으로 자금을 대고, 회사 채무에 대해 무한 연대책임을 지며, 모든 사원이 업무 집행권과 대표권을 갖는 기업 형태이다. 중세 유럽과 중동 지역의 상인들이 오늘날의 합명회사와 유사한 기업 형태를 취했다는 기록이 남아 있다. 채무에 대해 무한 연대책임을 지고 주요 의사결정도 공동으로 내리기 때문에 혈연관계에 있는 투자자들이 함께 회사를 설립하는 경우에 주로 채택하는 방식이다.

기업사(史) 연구로 이름 높은 알프레드 챈들러(Alfred Chandler)에 따르면 당시 기업들이 전근대적인 수준에서 벗어나지 못했던 것은 교통과 통신 기술이 아직 발달하지 않았기 때문이다.

미국 철도 산업과 대기업의 탄생

근대적 형태의 대기업이 미국 철도 산업 부문에서 출현한 데에는 몇 가지 이유가 있다.

첫째로 철도는 기존의 운송 수단에 대해 뚜렷한 비교 우위에 있었다. 당시 장거리 운송 수단으로는 선박이 있었고 단거리 운송에는 마차가 쓰였다. 강과 운하를 따라 이동하는 선박에 비해 기차는 빠르고 계절이나 지형의 영향을 덜 받는다는 장점이 있었다. 또한 기차는 마차에 비해 많은 물품을 멀리까지 실어 나를 수 있어 편리했다.

철도 운송의 이점이 널리 알려지자 미국에서는 철도 건설 붐이 일어났다. 1840년대에는 약 9,000킬로미터의 철도 건설이 이루어졌지만 1850년대에는 3만 4,000킬로미터, 1880년대에는 무려 13만 킬로미터에 이르는 철도가 건설되었다.

철도 건설 열풍과 더불어 미국 철도 산업은 곧 세계 최대 규모의 산업으로 부상했다. 19세기 말에는 미국 도시 간 운송의 95퍼센트 이상이 철도를 통해 이루어질 정도로 이 산업에서 철도의 지위는 막강했다. 회사 규모 면에서도 적수가 없었다. 1846년 설립된 펜실베이니아 철도 회사(PRR, Pennsylvania Railroad)는 전성기 때 세계 상장 법인 중 최대 규모를 자랑했고 연간 매출액이 미국 정부 예산 규모를 능가했으며 종업원 수 25만 명에 달하는 거대 기업이었다.

철도 산업은 철로, 기관차, 터널 건설 등 막대한 고정자산 투자가 필요한 인프라 산업이기 때문에 외부 자본 유치가 불가피하다. 이처럼 미국의 철도 기업들은 설립 초기부터 외부로부터 막대한 투자를 받았기 때문에 자연스럽게 전문경영인 제도가 정착될 수밖에 없었다.

1898년 뉴욕증권거래소(NYSE)에서 거래된 주식의 60퍼센트 이상이 철도 관련 주식이었다고 하니, 증권시장이 발달하지 않았다면 미국 철도 산업도 발전할 수 없었을지 모른다. 반대로 철도 산업의 성장이 미국 증권시장 발달에 큰 기여를 했다고 말하는 편이 옳을지도 모르겠다. 방대한 미국 철도를 건설하는 데 필요한 대규모 자본을 유럽에서 끌어오는 과정에서 뉴욕은 런던에 버금가는 자본시장으로 부상했고, 이는 J. P. 모건과 같은 거물 금융자본가가 등장하는 계기가 되었다.

둘째로 대부분의 국가와 달리 미국에서 철도 산업은 영리 목적의 민간회사 중심으로 운영되었다. 덕분에 기업들이 더 빨리 성장할 수 있었고 보다 혁신적인 운영 체계를 갖출 수 있었다. 1860년대부터 민간 철도 회사들은 미국 철도망 통합을 위해 설비를 표준화했고, 각각의 회사가 개별적으로 소유하던 철도망을 하나로 연결하고 운임을 통일하는 등 서로 협력했다.

1883년 11월 18일에는 철도 회사들이 주축이 되어 방대한 미국 국토를 네 개의 표준시간대로 나누고 전국 열차 통합 시간표를 발표하기에 이른다. 민간 철도 회사들이 효율적인 열차 운행 일정 관리를 위해 앞장서 표준시를 도입한 것은 다른 국가에서라면 상상하기조차 어려운 일일 것이다.

그러나 이러한 미국 철도 산업의 폭발적인 성장은 심각한 관리 문제를 불러왔다. 철도를 운영하고 관리한다는 것은 역사상 유례를 찾아볼 수 없을 만큼 복잡한 일이었고, 무엇보다도 신속한 의사결정을 필요로 했다. 철도와 선박을 비교해 보면 그 차이가 얼마나 명확한지 알 수 있다. 선박의 운행 속도는 철도보다 훨씬 느리고, 배를 중간에 갈아타는 일이 드물기에 운행 일정 조정에 크게 신경 쓸 필요도 없다. 하지만 철도는 한순간의 실수가 1841년의 열차 충돌 사고와 같은 인명 피해를 낳을 수 있다.

철도 회사의 복잡한 운영 관리 문제를 해결하기 위한 관리혁명은 미 육군의 관료제와 유사한 조직을 철도 회사에 도입하면서부터 시작되었다. 이후 대니얼 매컬럼(Daniel McCallum), 에드거 톰슨(Edgar Thomson), 앨버트 핑크(Albert Fink) 등과 같은 유능한 철도 경영자들은 조직, 회계, 운영 측면에서 현대적 관리 제도를 정립하는 데 다음과 같은 큰 기여를 했다.

첫째, 이들은 철도 운영과 정책결정, 즉 단기적인 전술과 장기적인 전략을 명확히 구분하고 운영 책임자와 정책결정 책임자를 별도로 두었다.

둘째, 중간관리자를 갖춘 관료 조직을 도입했다. 본사의 최고 경영진은 커다란 전략 수립 업무에 집중하고, 각 지부의 중간관리자가 나날의 세부 운영 및 관리를 챙기도록 한 것이다. 또한 중간관리자는 철도 승무원이나 역장으로부터 보고받은 내용 가운데 필요한 정보를 추출해 최고 경영진에 전달하도록 했다.

셋째, 최고 경영진이 산세 회사의 현황을 보니 명확히 파악될 수 있도록 새로운 종류의 회계 도구들을 개발했다. 매출액 대비 운영비용을 측정하는 '운영비율(operating ratio)' '관리회계(cost accounting)'와 같은 개념은 이 시기에 처음 도입된 것들이다.

이처럼 철도 산업은 미국 산업 발전 과정에서 중요한 역할을 했지만 그중에서도 가장 크게 기여한 바를 한 가지만 꼽으라고 한다면 철도 산업이 미국 대기업의 전문경영인 양성소 역할을 했다는 점이다. 철도 산업의 뒤를 이어 19세기 후반부터는 철강, 석유화학 등 다양한 산업 분야에서 혁신이 일어나 이들 산업의 규모가 기하급수적으로 커진다. 이러한 후발 산업은 철도 산업에서 거대 조직의 관리와 운영을 이미 경험한 인재를 선발하는 이점을 누렸다. 예컨대 앤드루 카네기는 철강업에 발을 들여놓기 전에 펜실베이니아 철도 회사에서 근무하며 기업 경영에 대해 배울 수 있었다.

이렇듯 19세기 중후반 미국이 그 어떤 국가보다 이르게 제조업 혁신과 규모의 경제를 실현할 수 있었던 것은 다수의 민간 철도 회사를 중심으로 대기업 운영 기법을 축적한 덕분이었다.

"현대사회의 가장 위대한 발명품"

주식회사 : 버틀러는 주식회사를 현대사회가 만들어낸 가장 위대한 발명품이라고 칭송했지만, 주식회사 설립을 특권에서 권리로 바꾼 영국의 주식회사법 제정은 이보다 더 중요한 경영학적 사건이다.

1911년 당시 컬럼비아 대학 총장이던 니콜러스 버틀러(Nicholas Butler)는 "기업은 현대사회가 만들어낸 가장 위대한 발명품"이라고 말했다. 여기서 그가 말한 기업은 주식회사(Co., corporation)를 뜻한다. 현대사회의 모습을 완신히 바꿔놓은 신기나 통시기던로 주식회사가 없었다면 그 파급효과가 훨씬 미약했을 것이라고 버틀러는 주장했다.

1862년 영국 의회가 주식회사법(Company Act of 1862)을 통과시킴으로써 누구나가 자유롭게 주식회사를 설립할 권리를 누리게 되었다. 이전에도 주식회사는 영국을 비롯한 여러 국가에 존재했지만 주식회사를 세우는 것은 특정 개인이나 조직만이 얻을 수 있는 일종의 특권이었다.

이렇게 설립된 주식회사는 부정과 부패를 일삼아 국민경제에 악영향을 미치는 일이 잦았기 때문에, 정부가 기존에 발급한 주식회사 면허를 박탈하거나 더욱 까다롭게 심사하는 일이 반복되었다.

이 점에서 1862년 영국 의회의 결정은 놀랍고 위대하다. 이들은 과거 주식회사가 부패와 타락의 대명사였던 것이 주식회사 자체의 문제 때문이 아니라 주식회사 설립권이 일부 특권층에만 주어졌기 때문이라고 판단하고, 누구나 자유로이 주식회사를 설립할 수 있도록 했다.

과거에는 영국에서 회사를 세우기 위해 해야 할 가장 중요한 일이 특권 부여 여부를 결정하는 정부 관료를 접대하는 것이었다. 그들이 주식회사 설립권을 부여했기 때문이다. 그러나 주식회사법 제정 이후에는 7명의 발기인이 회사 규정서에 서명하고 회사 소재지에서 등기를 마치면 주식회사를 설립할 수 있었다. 이제 기업을 설립할 때 신경 써야 할 가장 중요한 일은 어떻게 하면 보다 혁신적인 기업을 세워 많은 돈을 벌 것인지가 되었다. 영국의 주식회사법은 이후 다른 국가에서 잇달아 제정된 주식회사법의 원형이 되었다.

주식회사의 세 가지 특징

많은 사람들이 주식회사를 위대한 발명품으로 여기는 것은 주식회사의 세 가지 중요한 특징 때문이다.

첫째, 주식회사 출자자는 모두 유한책임(limited liability)만을 진다. 즉 주주는 자신의 출자액 한도 내에서만 회사의 자본 위험에 대한 책임을 지고, 개인 재산으로 회사의 채무를 변제할 의무는 없다.

둘째, 자본을 증권화함으로써 자본 출자와 회수가 편리하도록 만들었다. 1주당 500원과 같이 출자 단위를 소액 균등화해 자신이 원하는 만큼만 출자할 수 있고, 이때 주식은 매매와 양도가 자유로운 유가증권의 성격을 갖는다.

셋째, 자본이 증권화되자 출자에 참여하는 주주의 수가 늘어나면서 소유와 경영의 분리 현상이 나타났다. 주식을 보유한 다수의 소액주주가 회사 경영과 관련된 의사결정에는 별 관심이 없고 배당이나 주식 매각에 따른 이득에만 흥미를 보이면서 전문경영인 시대가 열리게 된 것이다.

주식회사의 유한책임이라는 특징 덕분에 우리는 적정 수준의 위험을 분담해 감수하며 회사를 설립하거나 자본을 투자할 수 있게 되었다. 또한 자본의 증권화로 불특정 다수가 투자자로 나서게 됨에 따라 대규모 투자를 필요로 하는 사업을 펼칠 수 있게 되었다. 만약 주식회사 제도가 없었다면 철도, 철강, 석유화학 산업 등이 그렇듯 빠르게 발전할 수 없었을 것이다.

기업의 시대

영국의 주식회사법 제정으로 현대적 형태의 기업이 출현한 이후, 기업이 여러 면에서 국가를 능가하는 규모의 조직으로 성장하는 데는 150년이 채 걸리지 않았다. 2010년 중국에서 방영된 10부작 다큐멘터리 〈기업의 시대〉 제작진이 조사한 내용은 몇 가지 흥미로운 사실을 담고 있다.

그에 따르면 오늘날 기업은 세계 인구의 81퍼센트에게 일자리를 제공하고 있으며, 전 세계 국민총생산의 94퍼센트를 책임진다. 또한 세계 100대 경제 주체 가운데 51개가 기업이고 49개가 국가이다. 재정 규모 순으로 하위 161개 국가의 연간 재정 수입을 전부 합친 금액은 월마트의 연 매출액에 못 미치고, 세계 10대 기업의 총매출액을 더한 금액은 세계에서 가장 적은 순으로 상위 100개 국가의 국민총생산을 모두 합친 것보다 많다. 이쯤 되면 백 년 전 버틀러가 말한 대로 기업이 현대사회의 가장 위대한 발명품일지도 모르겠다.

우리나라에 주식회사가 처음 소개된 것은 1882년 개화론자 유길준의 「회사 규칙」을 통해서이다. 유길준은 서유럽 발전의 핵심 요소로 주식회사 제도를 들며 주식의 발행 및 출자, 주주총회 등에 대해 상세히 설명했다. 1896년 조선은행(1901년에 폐점)이 한국 최초로 주식회사 형태를 갖추어 설립된 후 한성은행, 부하철도회사, 대한천일은행 등 여러 주식회사들이 잇달아 설립되었다. 그러나 일제 식민지하에서 이들 대부분의 민족계 주식회사들은 도산을 맞이했기 때문에, 실제로 우리나라에 주식회사 제도가 정착된 것은 해방 이후로 보는 편이 옳을 듯하다.

기업은 클수록 좋을까, 작을수록 좋을까?

거래비용 이론 : 거래비용이란 소유권을 한 사람으로부터 다른 사람에게로 이전하는 데 소요되는 제반 비용. 거래비용 이론은 기업의 존재 이유와 적정 규모를 설명하는 가장 설득력 있는 이론이다.

2015년 《포춘》이 발표한 세계 500대 기업 매출액 순위 자료에 따르면, 세계 1위 월마트는 4,857억 달러에 이르는 매출 실적을 기록했고, 대한민국 1위 기업인 삼성전자는 1,958억 달러의 매출액을 달성해 세계 13위를 기록했다. 기업의 매출액과 국가의 국민총생산을 단순 비교하는 것이 적절하지는 않지만, 월마트의 매출액은 국민총생산 순위 세계 27위인 노르웨이와 비슷한 규모이고 삼성전자는 54위의 뉴질랜드와 비슷한 수준이다. 바야흐로 기업의 재정 규모가 국가를 능가하는 시대가 도래한 것이다.

주식회사의 탄생 이후 지난 150년간 기업은 꾸준히 규모를 키워왔다.

하지만 경영학자들은 단일 기업의 규모가 무한정 커질 것이라고는 생각지 않는다. 조직은 덩치가 커질수록 공식화된 규율이 늘어나고 관료화되어 혁신에 어려움을 겪기 때문이다. 대형화에 따른 비효율성 문제를 일찌감치 인식한 선진 대기업들은 1980년대부터 이미 핵심 사업부만을 사내에 남기고 나머지 부수적 기능은 외부에 위탁하는 등 조직 규모를 축소하고 있다.

기업이 존재하는 이유, 거래비용

로널드 코스(Ronald Coase)는 기업의 적정 규모, 나아가 기업의 존재 이유를 처음 밝힌 경제학자이다. 1937년 그의 나이 27세에 발표한 논문 「기업의 본질(The Nature of the Firm)」은 당시 어느 누구의 관심도 끌지 못했다. 그러나 이 논문은 이후 기업을 바라보는 경제학자들의 시각을 송두리째 바꿔놓았다.

경제학자로서 코스의 이력은 독특하다. 런던 정치경제대학 경제학부에 입학한 그는 라틴어와 수학에 약해 경제학 과목은 거의 수강하지 못하고 회계, 기업 경영, 공업 회계, 산업과 무역, 산업 금융, 상법, 산업심리학 등 경영학 과목을 주로 이수했다. 그러나 그는 학부 시절에 이미 「기업의 본질」의 핵심이 되는 개념을 완성했다고 한다.

어쩌면 주류 경제학에 대한 소양이 부족했기 때문에 애덤 스미스로 대표되는 고전파 경제학적 사고의 틀을 깨는 이론을 제시할 수 있었던 것은 아닌지 모르겠다.

코스가 재학 중일 무렵 세계 경제학계는 애덤 스미스의 자유시장경쟁 이론이 지배하고 있었다. 경제활동은 시장 또는 가격 메커니즘에 의해 조정되어야 한다는 생각을 교리처럼 받들던 시기였다. 하지만 코스는

1991년 노벨 경제학상을 수상한 로널드 코스

다양한 거래를 조직 내에서 소화하는 미국의 대기업과 러시아의 국영
공장이 효율적으로 운영되고 있다는 점에 주목했다. 경제활동의 조정을
전적으로 시장에 맡기는 것이 최선의 방법이라면 미국 대기업이나 러시
아 국영공장의 존재를 설명하기가 어려웠다.

　코스의 논문은 이 수수께끼를 해명하기 위한 연구라 할 수 있다. 그는
경제활동을 조정하는 메커니즘에는 적어도 두 가지가 존재한다고 주장
했다. 첫째는 스미스가 주장한 '보이지 않는 손', 즉 시장 또는 가격에 의
한 방법이고, 둘째는 기업이나 국가의 명령에 의한 방법이다.

　"어떤 종업원이 한 부서에서 다른 부서로 자리를 옮기게 되었다면 이는
두 부서의 상대적 가격이 변화했기 때문이 아니다. 상급 관리자가 그렇게
하도록 명령했기 때문"이라고 코스는 설명했다. 다시 말해 경제활동을 조
정하는 방법에는 시장과 기업이라는 두 가지 대안이 존재한다는 것이다.

　코스는 '거래비용(transaction cost)'이 존재하기에 기업이 존재한다는

놀라운 주장을 폈다. 거래비용이라는 용어는 1950년 경제학자 제이콥 마르샥(Jacob Marschak)이 처음 사용한 것이다. 그러나 코스는 거래비용의 개념을 정확히 이해하고 자기 논문의 핵심 개념으로 사용했다.

거래비용이란 소유권을 한 사람으로부터 다른 사람에게로 이전하는 데 소요되는 제반 비용이다. 어떤 거래가 최종적으로 성사될 때까지는 광고, 홍보, 배송, 정보 탐색, 제품 검수, 가격 협상, 계약서 작성, 변호사 자문, 소유권 이전, 거래 기록 보관 등 수많은 비용이 발생하는데, 거래비용은 이 모두를 포함한다.

만약 시장이 주도하는 거래에 아무런 비용이 발생하지 않는다면 기업이 존재할 필요도 없을 것이다. 하지만 시장 거래에는 필연적으로 거래비용이 발생하게 마련이고, 그렇기 때문에 중앙집권적 명령을 통해 이 비용을 줄일 수 있는 기업이 등장했다. 즉 기업은 거래비용을 줄이기 위해 존재한다는 것이 코스의 주장이다.

거래를 성사시키는 데 있어서 시장과 기업이 지불해야 하는 거래비용은 서로 다르다. 거래비용이 발생하는 활동 중 기업이 시장보다 더 효율적으로 수행할 수 있는 활동은 기업이 담당하고, 시장이 기업보다 더 저렴하게 처리할 수 있는 활동은 시장이 맡는다.

예를 들어 자동차 회사가 자동차를 생산하려면 엔진, 배터리, 라디에이터, 브레이크 등과 같은 수많은 부품이 필요하다. 자동차 회사는 엔진을 직접 생산할 수도 있고 외부로부터 구입할 수도 있다. 내부 생산과 시장에서의 구입, 둘 중 어떤 대안을 선택할지는 거래비용에 달려 있다.

거래비용을 최소화하기 위해 기업이 필요하고, 기업이 시장의 보이지 않는 손보다 얼마나 효율적으로 거래비용을 줄일 수 있는지에 따라 기업의 크기가 결정된다.

코스의 유산과 제도경제학의 탄생

코스가 거래비용 이론을 발표하기 전까지 경제학자들은 기업을 "투입 요소(inputs)를 산출물(outputs)로 변환시키는 기술적 기관"이라고 보았고, 따라서 기업 규모를 결정하는 것은 기술이라고 여겼다. 예컨대 철강 산업은 회사 규모가 커질수록 생산원가가 현저히 낮아지는 기술적 특성을 갖기 때문에 철강 회사 대부분이 대기업 형태로 존재한다. 반면 과일 가게는 작거나 크거나 효율성에 별 차이가 없기 때문에 규모가 작은 곳이 많다고 보았다.

코스는 이러한 전통적 시각에 동의하지 않았다. 그는 기업을 기술 기관이 아니라 조직(organization)으로 인식했고, 시장과 기업이라는 두 대안의 거래비용 상황에 따라 다양한 규모의 기업이 존재할 수 있다고 주장했다.

코스의 이론은 처음 발표되고 40년이 지나도록 아무런 주목을 받지 못했다. 200년 가까이 경제학계를 지배했던 애덤 스미스에 대한 맹신이 그 원인 중 하나일 것이다. 하지만 코스의 이론은 1970년대에 이르러 올리버 윌리엄슨(Oliver Williamson), 해럴드 뎀세츠(Harold Demsetz) 등의 노력으로 화려하게 부활한다. 이들은 제도경제학(Institutional economics)* 이라는 분야를 탄생시켰고, 1991년 81세의 나이로 코스는 제도경제학 발전에 크게 기여한 공로를 인정받아 노벨 경제학상을 수상하는 영광을 누린다.

> **제도경제학**
> 제도경제학은 법이나 제도가 경제 행위에 미치는 영향을 핵심 연구 주제로 삼는다. 제도경제학자들은 그동안 주류 경제학에서 무시해 본 제도를 분석 대상으로 삼음으로써 다양한 경제적 현상을 새롭게 해석했다. 19세기 말 소스타인 베블런이 처음 제도경제학의 가능성을 제시한 이후 존 커먼스, 로널드 코스, 올리버 윌리엄슨, 더글러스 노스 등이 제도경제학을 주류 경제학 주제로 발전시켰다.

짐 로저스,
뉴욕에서
싱가포르로 이사하다

보이지 않는 손 : 자원을 배분하는 데에는 정부의 명령과 같은 중앙집권적 방법과 애덤 스미스가 주장한 '보이지 않는 손', 즉 자발적 협력 및 시장경쟁을 통한 방법이 있다.

2014년 12월 나는 짐 로저스와 1시간 정도 진지한 대화를 나눌 기회가 있었다. 그는 1969년 조지 소로스와 함께 퀀텀펀드(Quantum Fund)라는 헤지펀드(hedge fund)˚를 설립해 십여 년 동안 무려 4,200퍼센트가 넘는 수익률을 올린 월스트리트의 전설적인 투자자이다. 직접 마주한 로저스는 74세라는 나이가 무색하리만치 열정적이고 세상을 바라보는 그만의 독특한 시각이 인상적인 인물이었다.

로저스와 나눈 대화 가운데 가장 흥미로운 부분은 최근 그가 가족과 함께 싱가포르로 이주한 이유였다. 그는 "19세기는 영국의 시대, 20세기는 미국의 시대, 그리고 21세기는 아시아, 특히 중국의 시대라고 확신"하기에 거주지를 옮겼다고 말했다. 자신은 20세기 사람이라서 뉴욕에 살았지만, 21세기를 살아야 하는 자식들을 위해 이주를 결심했다는 것이다. 처음에는 중국으로 이사하려 했지만 외국인을 위한 주거 및 교육 환경이 아직 덜 갖추어졌다고 판단해 중국과 가까운 싱가포르로 옮겨왔다고 한다.

지난 200년의 전반부는 영국이, 후반부는 미국이 세계 경제를 주도했다는 로저스의 지적에는 공감한다. 하지만 21세기에는 중국 또는 아시아가 세계 최고의 경제 세력으로 부상하게 될 것이라는 예견에는 납득이 가지 않는 부분이 있었다. 그와 같이 생각하는 이유를 묻자 로저스는 "오늘날 세계 최대 채무 국가는 미국과 유럽이고, 최대 채권 국가는 모두 아시아에 있다"라고 답했다.

나의 생각과는 별개로 이 문제에 대한 판단은 독자의 몫으로 미루어 두고, 우선 영국이 어떻게 세계 최고의 경제 강국으로 부상했으며 이를 가능케 한 주요 원인과 배경은 무엇인지 간략히 살펴보기로 하자.

자유주의와 보이지 않는 손

수십만 년 전 아프리카 사바나 지대에서 탄생한 인류는 극히 최근까지도 경제를 성장시키는 방법을 몰랐다. 그 때문에 오랜 세월 연간 일인당 실질 국민소득 천 달러 미만에서 허덕일 수밖에 없었다. 하지만 200여 년 전 서유럽에서 시작된 산업혁명을 계기로 인류는 빈곤으로부터 해방

될 수 있다는 희망을 품게 되었다. 다시 말해 산업혁명은 인류 경제사에서 가장 주목해야 할 사건이다.

산업혁명이 지속적인 경제성장을 불러올 수 있음을 처음 보여준 국가가 바로 영국이다. 영국은 1764년 제임스 하그리브스의 제니 방적기, 1769년 제임스 와트의 증기기관, 1814년 조지 스티븐슨의 증기기관차 등 다양한 분야의 기술혁신을 통해 대량생산을 실현했다. 또한 생산성을 획기적으로 높임으로써 면방직 산업 부문에서 세계 시장을 석권하고 '세계의 공장'으로 불렸다. 당시 영국은 전 세계로부터 수입한 원료로 영국 내 공장에서 완제품을 생산하고, 이를 다시 전 세계에 수출하는 글로벌 생산-판매 시스템을 이미 갖추고 있었다.

그렇다면 산업혁명이 그 많은 나라 가운데 하필 영국에서, 게다가 18세기 중반에 이르러서야 시작된 것은 무엇 때문일까? 이 점에 대한 여러 가지 설명 가운데 가장 지향하는 것은, 정치 및 경제적 '자유'를 그 어떤 가치보다 중시하게 된 영국인의 사상과 철학 때문이라는 학설이다. 사상적 자유, 정치적 자유, 경제적 자유 이 셋이 서로 상호작용을 한 결과 영국은 기술혁신의 산실이 되었고 산업혁명을 주도할 수 있었다.

1776년 애덤 스미스가 『국부론』에서 "자발적 협력 및 경쟁을 통한 자원 배분"이라는 획기적인 이론을 제시할 수 있었던 것도 당시 영국인의 생각과 견해가 그만큼 자유로웠기 때문이다. 자신의 이익을 위해 일하는 상인이 결국 국가 전체에도 이익을 가져다줄 수 있다는 발상을 영국의 지식인들이 거부감 없이 받아들이기 시작한 것이다.

스미스는 이를 "탐욕이 자선을 대체"한 것이라고 표현했다. 자유를 무엇보다도 중시하게 되면서 영국인들은 경멸의 대상으로만 여겨왔던 탐욕에 긍정적 측면이 존재한다는 사실을 인정하게 되었고, 애덤 스미스

스코틀랜드 성 자일스 대성당 앞에 있는
애덤 스미스의 동상

의 이론은 이러한 인식의 변화에 정당성을 부여했다.

원자재 구입, 생산, 종업원 고용, 임금 책정, 제품 구매, 배송, 주문, 광고, 마케팅, 가격 결정, 자본 조달 등의 다양한 경제 행위를 조정하는 데는 크게 두 가지 방법이 있다. 정부의 강제력을 동원한 명령에 의한 조정과 국민 개개인의 자발적 협력에 의한 시장의 조정이다.

정부가 옥수수 가격을 강제로 책정하는 것이 전자의 방식이라면, 후자는 옥수수 가격이 시장경쟁에 의해 자연히 결정되도록 내버려두는 방식이다. 스미스의 이론이 알려지기 전까지만 해도 자발적 방식은 윤리적으로 정당하지 않다는 믿음이 있었기 때문에 대부분의 경제 행위는 정부 명령에 따라 결정되었다.

스미스 이론의 핵심적 주장은 한마디로 시장의 "보이지 않는 손(invisible hand)"이라고 요약할 수 있다. 닭의 생산과 소비를 예로 들어 살펴보자.

닭의 생산량(공급)이 닭을 찾는 소비자의 필요량(수요)보다 적으면 초과 수요가 발생해 닭 가격이 상승한다. 가격이 올라가면 양계장의 수익이 늘어나기 때문에 더 많은 양계장이 들어설 테고, 그 결과 닭의 공급량은 늘어난다. 공급이 늘어나면 가격은 내려가고 결국 양계장은 정상 이윤만을 얻게 된다.

이와 반대로 닭의 공급량이 소비자 수요보다 많으면 초과 공급이 발생해 닭 가격이 하락한다. 가격이 떨어지면 이윤이 감소하기 때문에 많은 양계장이 폐업을 할 테고, 그 결과 닭의 공급량은 줄어든다. 공급이 줄면 가격은 상승하고, 양계장은 결국 정상 이윤을 얻게 된다.

경쟁적 자본주의의 특징과 효과

시장에 의한 자원 배분 이론의 밑바탕에는 개인의 이기심과 경쟁이 자리한다. 그래서 스미스 이론에 기반한 경제 시스템을 경쟁적 자본주의라고 부른다.

경쟁적 자본주의 체제 속에서 생산자와 소비자 모두는 자신의 이익을 위해 자발적으로 거래에 참여해 경쟁하지만, 결과적으로 사회 전체의 이익을 극대화하는 자원 배분이 이루어진다. 자발적 거래를 통해 생산자는 적정 이윤을 얻고 소비자는 소비자잉여를 얻음으로써 사회 전체의 복지가 상승하는 결과를 낳는다. 이처럼 탐욕에 의한 '자발적' 교환은 거래 당사자 모두에게 이익을 제공한다.

소비자는 여러 경쟁적 생산자와 거래할 수 있기 때문에 어느 한 생산자의 횡포를 피할 수 있다. 마찬가지로 생산자는 여러 소비자를 대상으로 제품을 판매하기 때문에 어느 한 소비자의 횡포를 피할 수 있다. 고용자는 경쟁적 노동자 시장으로부터 자신의 목표에 부합하는 노동자를 선발할 수 있고, 노동자는 여러 경쟁적 고용자들이 제시하는 일터 가운데 자신에게 적절한 곳을 고를 수 있다.

경쟁적 자본주의를 따르는 국가에서는 개인들 간의 자발적 교환에 의해 자원이 배분되기 때문에 정부의 역할은 최소한으로 줄어든다. 이는 원래 정부가 '정치적' 자원 배분 활동을 하는 기구이기 때문이다. 스미스는 정부가 개개인이 홀로 해결하기 어려운 국방 및 외교 문제를 맡아보고, 거래의 규칙을 정하고 집행하는 심판자의 역할 정도만 수행해야 한다고 생각했다.

오늘날 영국의 국시(國是)는 '자유(freedom)'다. 이는 말로만 외치는 구호가 아니다. 영국 국민 모두는 자유를 다른 어떤 철학과도 바꿀 수 없는 소중히 지켜야 할 가치라고 여긴다. 영국은 자유를 통해 18세기 중반 세계 최고의 경제 대국으로 부상했다. 그리고 미국은 영국으로부터 세계 최고 경제 대국의 지위뿐만 아니라 자유라는 소중한 가치 역시 물려받았다.

여기서 대한민국의 국시가 무엇인지 궁금하다. 반공, 통일 등은 국시로 적절치 않다. 국시란 대한민국이 하나의 국가로서 존재해야 하는 이유이기 때문이다. 우리는 어떤 가치를 수호하기 위해 반만년 역사를 유지하고 있는지 모두가 신기하게 고민해 볼 일이다.

대기업이
돌연변이라고?

보이는 손 : 경제활동의 양이 급증하면서 시장 메커니즘에 의한 조정(보이지 않는 손)보다 대기업 관리자를 통한 조정(보이는 손)이 더 효율적인 자원 배분 방법이 되었다.

기업사를 연구한 학자 가운데 알프레드 챈들러만큼 현대 경영학 발전에 지대한 영향을 미친 사람은 없다. 원래 역사적 접근법은 경영학에서 별로 인기가 없다. "마누라와 자식만 빼고 다 바꿔라"라는 삼성 이건희 회장의 말은 과거의 기업 운영 방식으로는 결코 미래의 혁신을 주도할 수 없다는 뜻이다. 기업인이나 경영학자 모두 기업 경영에서는 역사가 반복되지 않는다고 믿는 듯하다. 과거의 기업들로부터 얻을 수 있는 지혜가 있다면 기업사 연구가 경영학자들 사이에 이렇게 인기가 없을 이유가 없다.

기업사를 연구하는 몇 안 되는 학자들의 경우에도 연구 주제는 대기업 설립자에 집중되어 있다. 연구 범위도 매우 지엽적이다. 어떤 대기업 설립자가 악덕 자본가인지 아니면 선한 자선가인지를 평가하는 등 자서전에서나 다룰 법한 내용이 많고, 기업 그 자체의 문제나 관리자에 대한 역사적 연구를 수행한 학자는 좀처럼 찾아보기 어렵다.

이런 불리한 여건 속에서 챈들러가 진행한 연구의 내용과 영향력은 매우 놀랍다. 미국 철도 산업의 역사에 대한 박사학위 논문을 발표한 후 그는 미국 자본주의 발전 과정에서 대기업이 맡았던 역할에 관한 탁월한 저서를 출간한다. 1962년 출간된 『전략과 조직(Strategy and Structure)』, 그리고 1977년 출간된 『보이는 손』이다.

오늘날 경영학의 고전이 된 이 두 권의 저서에서 챈들러는 미국 대기업의 성장 과정을 체계적으로 분석했다. 이후 그의 이론은 기업 전략 분야의 창시에 결정적인 역할을 했고, 전략 컨설팅 산업이 유행하는 데 촉매 역할을 했다.

보이는 손 vs. 보이지 않는 손

챈들러의 이론은 본질적으로 코스의 거래비용 이론과 크게 다르지 않다. 아마도 그는 30년 전 코스도 같은 문제로 고민했다는 사실을 몰랐던 것 같다. 챈들러는 20세기에 들어와 여러 산업에서 경영관리가 시장 메커니즘을 대체했다고 주장했다. 대기업은 효율적인 관리 조직을 구축함으로써 시장을 통한 조정에 의존하는 것보다 거래비용을 더 낮출 수 있었기에 지금과 같은 모습으로 성장했다는 것이다.

챈들러의 견해를 좀더 구체적으로 살펴보자. 전통적 영세기업은 보통 소수의 종업원으로 구성되어 있고 좁은 지역 시장을 대상으로 제조나 판매 등 단일 경제활동을 수행했다. 그리고 이러한 수많은 영세기업들의 경제활동은 시장 메커니즘의 조정과 통제를 받았다.

20세기 초 미국에서 등장한 대기업은 개별 영세기업들이 제각기 수행하던 여러 경제활동을 하나로 묶는 역할을 했다. 그 결과로 기업이 취급하는 제품 및 서비스의 종류도 다양해졌고 표적 시장의 범위도 넓어졌다. 대기업은 각각의 영세기업들이 수행하던 활동을 한꺼번에 수행했을 뿐 아니라 과거 영세기업 간에 이루어졌던 시장 거래까지 회사 내에서 처리했다. 시장 메커니즘으로 통제되어 온 경제활동의 상당 부분이 대기업의 등장 이후 대기업 관리자가 감독하고 조정하는 활동으로 바뀌게 되었다.

챈들러의 저서가 출간되기 전까지 경제학자들은 대기업을 일종의 돌연변이로 취급했다. 당시의 주류 경제학자들은 생산이나 유통과 같은 개별 경제활동은 영세기업이 관리해야 하고 경제활동의 조정은 시장의 보이지 않는 손에 맡겨야 한다고 주장했다. 완전경쟁(perfect competition)*만이 가장 효율적으로 경제활동을 조정하고 경제적 자원을 배분하는 방법이며, 이는 영세기업들 간의 자발적 거래를 통해서만 실현될 수 있다고 여겼던 것이다.

반면에 대기업은 기업 내부의 관리자가 조정 기능을 수행하기 때문에 불완전경쟁과 부적절한 자원 배분을 유발할 위험이 있으므로 이대로 방치해서는 곤란하다고 생각했다.

그러나 챈들러는 18세기 말부터 경

> **완전경쟁**
> 완전경쟁 시장에서는 경쟁자가 무수히 많기 때문에 한 기업이 책정한 가격이 시장가격에 아무런 영향도 미치지 못한다. 완전경쟁 시장은 현실에는 존재하지 않는 이상적인 시장이다. 완전경쟁 시장이 되기 위해서는 시장에 구매자와 판매자가 무수히 많고, 모든 판매자와 구매자가 시장의 모든 정보에 대해 알고 있으며, 모든 제품이 동질적이고, 시장 진입이나 탈퇴에 아무런 제약 조건이 없어야 하는 등 다양한 조건을 만족시켜야 한다. 그렇지 않은 시장은 불완전경쟁 시장이다.

제학의 사고 체계를 지배해 온 애덤 스미스의 이론에 결정적인 약점이 존재한다는 사실을 발견했다. 바로 시장 메커니즘에 의한 통제와 조정이 공짜로 이루어지는 게 아니라는 점이다.

대기업은 내부의 관리 조직을 통해 과거에 시장이 담당했던 통제 및 조정 기능을 보다 저렴한 비용으로 수행함으로써 전통적 영세기업을 대체할 수 있었다.

대기업은 부서 간 거래를 규격화하고 생산, 구매, 유통 부서의 관리를 한데 통합했다. 제품의 부서 간 흐름을 보다 효율적으로 관리, 조정함으로써 생산과 유통 과정에 필요한 시설과 인력을 보다 집약적으로 사용할 수 있었다. 시장에 의한 조정 과정에서 발생할 수 있는 영세기업 간 결제 지연이나 도산의 위험도 없앴다. 즉 대기업은 다양한 경영 혁신을 통해 거래비용을 줄였고 그 결과 생산성을 획기적으로 늘릴 수 있었다.

20세기 초 미국에서 대기업이 출현한 이유에 대해 챈들러는 "시장과 기술의 변화에 대한 기업 조직상의 대응"이라고 설명한다. 19세기 말부터 경제활동의 양이 폭발적으로 늘어나면서 관리자를 통한 조정이 시장 메커니즘에 의한 조정보다 더 효율적인 방식이 되었다는 것이다.

이러한 경제활동의 양적 팽창은 신기술의 등장과 교통 및 통신 발달의 결과였다. 신기술 덕분에 이전에는 상상조차 할 수 없었던 많은 양의 제품 및 저렴한 비용으로 신속히 만들어 내가 대량생산이 가능해졌고 철도 등 유통 인프라의 확충으로 대량 유통이 실현되었다.

기업의 크기만 늘린다고 해서 시장을 대체할 수 있는 효율성을 확보하는 것은 아니다. 20세기 초 미국에서 등장한 대기업들은 수많은 부서의 활동을 효율적으로 통제하고 조정할 수 있는 체계적 관리 조직을 갖추면서 비로소 시장 메커니즘을 대체할 수 있게 되었다. 중간관리자는 생산, 유통 등 각 부서를 관리하는 업무에 집중하도록 했고, 최고 경영진은 중간관리자의 업무를 평가하고 조정하며 미래의 사업을 위한 자원을 배분하는 업무에 집중하도록 했다.

만약 20세기 초 미국 기업들이 시장과 기술의 빠른 변화에 대응해 체계적인 관리 조직을 구축하지 못했더라면 대기업은 탄생하지 않았을지도 모른다.

06 전략적 제휴

따로 또 같이

전략적 제휴 : 각자의 경영 목표를 달성하려는 둘 이상의 조직이 모여 자원을 공유함으로써 외주와 자가생산의 장점만을 취하려는 조직 간 협동 행위.

우리는 앞서 거래를 성사시키는 두 가지 대안, 시장과 기업에 대해 살펴보았다. 자동차 회사는 완성차 생산에 필요한 부품을 직접 생산하거나 외부로부터 구입할 수 있다. 이는 부품에 국한된 문제가 아니다. 기업은 제품 원료의 구매, 생산, 디자인, 연구개발, 기업 자금 조달, 유통, 광고, 판매, 신시장 개척 등 기업이 수행하는 모든 활동을 직접 수행할 수도 있고 외부에서 조달할 수도 있다.

로널드 코스는 이 두 가지 대안 중 거래비용이 낮은 쪽을 선택해야 한다고 주장했지만 구체적으로 어떤 거래비용을 의미하는 것인지는 밝히지 않았다.

외주(outsourcing)의 가장 큰 장점은 각 경제 주체에게 확실한 인센티브 또는 동기부여를 제공한다는 점이다. 자동차 엔진 제조 업체가 독립된 하나의 기업으로서 엔진을 제조하는 경우와 자동차 회사에 인수되어 하나의 부서로서 일하는 경우를 비교해 보면 이해하기 쉬울 것이다. 우리는 이를 흔히 자영업자와 급여 생활자의 차이라고 말한다.

자기 사업을 하는 사람은 사업에서 발생하는 모든 이익과 손실을 자신이 떠안아야 하기 때문에 죽기 살기로 일한다. 바로 이 점이 시장 메커니즘 또는 외주의 강점이다. 반면 급여 생활자는 자영업자와는 달리 인센티브를 받지 못하기 때문에 관리를 조금이라도 소홀히 하면 금방 나태해질 가능성이 있다. 자신의 노력이나 능력만큼 평가받지 못한다고 불만을 품는 경우도 있다.

반면 자가생산(self-production)의 가장 큰 장점은 신속한 조정과 통제가 가능하다는 점이다. 예를 들어 기름값이 갑자기 올라 소비자들이 연비에 신경을 더 많이 쓰게 되었다고 가정해 보자. 자체적으로 엔진을 생산하는 자동차 회사는 연비에 대한 소비자의 요구를 신속히 수용해 연비가 더 좋은 엔진 개발에 바로 착수할 것이다.

하지만 엔진을 외부로부터 구입하는 자동차 회사는 일단 이런 소비자 심리의 변화를 엔진 제조 업체에 설명하고 연비 증진을 위한 연구개발 투자를 하도록 설득해야 한다. 엔진 제조 업체 입장에서는 기름값이 떨어지면 연비에 대한 소비자 요구도 줄어들 것이라고 판단해 차일피일 투자를 미룰 수도 있다. 이때 만약 엔진을 생산하는 외부 제조업체가 많지 않다면 새로운 엔진을 개발하도록 설득하는 일이 더 어려워질 수도 있다.

외주와 자가생산의 장점만을 살려라

완성차 제조라는 경영 목표를 달성하는 데 사용할 수 있는 수단이 외주와 자가생산의 두 가지만 존재하는 것은 아니다. 외주와 자가생산이라는 양 극단 사이에는 무수히 많은 조직 형태 또는 지배구조가 존재할 수 있다.

외주 쪽에 가까운 조직 형태를 취할수록 외주 업체의 인센티브는 증가하지만 통제와 조정이 어려워진다. 반면 자가생산 쪽에 가까워질수록 통제와 조정은 용이하지만 인센티브가 감소한다는 단점이 있다. 이때 선택할 수 있는 조직 형태가 바로 외주와 자가생산의 중간쯤에 위치한 전략적 제휴(strategic alliance)이다.

전략적 제휴란 각자의 경영 목표를 달성하려는 둘 이상의 조직이 모여 자원을 공유하는 조직 간 협동 행위이다. 기업이 전략적 제휴라는 조직 형태를 택하는 이유는 외주와 자가생산이 갖는 저마다의 장점을 살리기 위함이다. 각각의 조직이 최선을 다할 수 있도록 인센티브를 제공하면서 필요할 때는 조직 간 갈등을 통제, 조정하겠다는 것이다.

그러나 전략적 제휴를 매끄럽게 운영하지 못하면 외주와 자가생산이 갖는 단점만을 부각시킬 수도 있다. 각자 해야 할 책임은 다하지 않고 자신의 이익만을 내세워 갈등이 고조되는 결과를 낳기도 한다. 다시 말해 ~~전략적 제휴의 성패는 그 조직 구성원들이 얼마나 재재거스고 운~~ 영하고 관리하느냐에 따라 결정된다.

그렇다면 기업은 외주, 자가생산, 전략적 제휴 중 어떤 조직 형태를 선택해야 좋을까? 이는 기업이 처한 여러 환경 조건과 기업 자체의 역량에 따라 결정할 문제다. 20세기 초의 미국 대기업들은 통제와 조정을 통한 효율성 증진에 가장 큰 관심을 두었기 때문에 자가생산을 선호했고, 그 결과로 수평적 통합과 수직적 계열화가 성행했다.

당시 GM을 세계 최대 규모의 회사로 성장시킨 알프레드 슬론(Alfred Sloan)은 "관리 문제만 해결할 수 있다면, 기업 규모는 장애 요인이 아니다"라고 말하며 대형화에 대한 자신감을 보였다. 슬론은 GM과 같은 대규모 조직에서 나타날 수 있는 관리 문제를 해결하기 위해 사업부제 조직을 구축한 경영자이니 그런 자신감을 가질 만한 자격이 충분한 인물이었다.

반면에 규모가 커지면서 성과가 현저히 떨어진 기업 사례 또한 무수히 많다. 조직 규모가 커지면 관료화의 폐단이 눈에 띄게 늘어나고 활력은 줄어든다. 1960년대 미국의 많은 기업들이 비관련 다각화를 통해 새로운 산업에 진출하며 규모를 키우려 했으나 대부분 실패한 것도 이와 같은 규모의 비(非)경제가 작용했기 때문이다.

조직 구성원의 창의성이 가장 중요한 자원으로 꼽히는 혁신적 자본주의 시대에는 작은 조직이 경쟁에서 보다 유리할 수 있다. 『작은 것이 아름답다』라는 저서로 유명한 비주류 경제학자 에른스트 프리드리히 슈마허가 주류가 될 날도 멀지 않았다.

기업의 주인은
누구입니까?

주주 자본주의와 이해관계자 자본주의 : 주주 자본주의는 기업의 주인을 주주라
여기는 경영 사상인 반면, 이해관계자 자본주의는 소비자, 주주, 종업원, 정부 등
기업의 모든 이해관계자를 기업의 주인으로 보는 경영 사상이다.

2009년 3월 11일 《파이낸셜 타임스》에 경천동지할 만한 기사 한 편이 실렸다. '주주가치(shareholder value)' 운동을 사실상 창시한 것이나 다름없는 잭 웰치의 반성문이었다. 이 글에서 그는 지난 20년간 기업 세계를 주름잡았던 사사가 구대화비 무기게 시비에 대한 집 ~~생각~~ 잘못된 일이었다고 분명히 밝혔다.

"주주가치는 세상에서 가장 바보 같은 아이디어다. 주주가치 극대화는 그 자체로 전략이 될 수 없으며 좋은 전략의 결과일 뿐이다. 주주가치보다는 당신의 종업원, 고객, 제품에 신경을 써라."

이 기사를 두고 경천동지할 사건이라고 말하는 데는 이유가 있다. 세

계 경영학계가 주주가치 운동에 주목하도록 만든 사람이 바로 잭 웰치이기 때문이다. 1981년 웰치가 제너럴일렉트릭(GE, General Electric Company)의 최고경영자로 부임한 직후 뉴욕 피어 호텔에서 한 유명한 연설을 기억하는 사람이 많을 것이다.

전 세계적 저성장으로부터 벗어나 빠르게 성장하기 위해서는 비용을 줄이고 미래가 없는 사업을 과감히 정리해야 한다고 웰치는 주장했다. 훗날 그가 '전기톱(chain saw)' '중성자 잭(neutron Jack)' 등과 같은 무시무시한 별명을 얻는 계기가 된 구조조정이 GE에서 시작되었음을 알리는 신호탄이었다. 이후 GE는 매년 생산성 지표에서 하위 10퍼센트에 해당하는 종업원은 해고했고, 업계 1위를 차지하지 못한 사업부는 매각 처리했다.

GE의 영혼과도 같은 사업을 과감히 매각하고, 지난 수십 년간 고락을 같이해 온 동료를 냉정하게 해고하기 위해서는 이를 정당화할 철학이 필요했을 것이다. 그래서 웰치는 기업의 주인은 주주가 되어야 하고 기업의 목표는 주주가치 극대화가 되어야 한다고 주장했다. 그는 GE의 최고경영자로서 20년간 재임하며 자신이 설파한 주주가치 극대화를 통해 시장가치 14조 원의 GE를 410조 원이 넘는 기업으로 바꿔놓았다.

바로 그런 인물이 주주가치 극대화라는 기업 목표를 버리겠다고 선포한 것이다. 웰치는 분명 위대한 경영자임에 틀림없다. 하지만 2008년 말 미국에서 시작된 선진국 금융위기를 계기로 경제를 운영하는 철학과 기업의 사회적 책임에 대한 대중의 시각이 바뀌었다. 시대가 요구하는 기업의 모습이 변화했기 때문에 그 역시 과거 자신이 앞장서 주장했던 기업 철학을 버리고 미래의 기업이 취해야 할 모습을 우리에게 제시한 것이 아닐까 싶다.

기업의 경제적 목표와 사회적 목표

사람마다 삶의 목표가 다르듯 기업도 저마다 목표를 달리할 수 있다. 경영학자들은 기업의 목표로 크게 두 가지를 든다. 경제적 목표와 사회적 목표이다.

경제적 목표란 소비자가 원하는 재화와 서비스를 공급해 이익을 창출하고자 기업을 설립, 운영하는 것을 의미한다. 이 목표는 상황에 따라 이익 극대화, 장기적 이익 극대화, 기업가치 또는 주주가치 극대화 등으로 달리 표현되곤 한다. 주로 영미식 시장자유경쟁 이론을 신봉하는 경영학자들이 선호하는 관점으로, 애덤 스미스 등 고전파 경제학자들에 뿌리를 둔다.

개인의 사적 이윤 추구 행위가 '보이지 않는 손'을 통해 사회 전체에 이익을 제공한다는 스미스의 이론은 기업가의 이윤 추구를 정당화하기에 매우 적절해 보인다. 밀턴 프리드먼은 "기업의 사회적 책임은 이익을 창출하는 일"이며 기업이 수행하는 사회 공헌 활동마저도 기업의 이익을 창출할 경우에만 투자할 가치가 있다고 주장했다. 물론 웰치도 반성문을 쓰기 전까지는 기업의 경제적 목표를 강조한 대표적인 기업인이었다.

기업의 경제적 목표를 중요시하는 경우, 기업의 주인은 주주여야 한다. 그래서 경제적 주주를 강조하는 관점을 '주주 자본주의(stockholder capitalism)'라고 부른다. 상법(商法)상 회사는 일군의 재산으로 규정되어 있기 때문에 회사의 합법적인 주인은 투자자 또는 주주이다.

한편 회계 기준상 주주의 자본은 회사 자산 계정으로 분류되지만, 종업원은 자산이 아니라 비용 요소로 분류된다. 기업의 경제적 목표 달성을 위해 이익을 극대화하려면 비용을 최소화해야 하기 때문에 종업원은 구조조정의 대상이고 급여는 되도록 삭감하는 것이 원칙이다.

반면 기업은 사회라는 공동체의 구성원이므로 사회가 기업에 기대하는 역할을 자발적으로 수행해야 한다고 주장하는 경영학자들이 있다. 바로 기업이 사회적 목표를 추구해야 한다는 관점이다. 흔히 경제적 목표를 영미식 관점이라고 부르고 사회적 목표는 유럽식 관점이라고 한다.

독일과 같은 유럽 국가에서는 기업을 하나의 공동체 구성원으로 취급하는 경향이 있다. 기업을 주주의 사유재산으로 보지 않기 때문에 회사를 사고파는 행위는 부자연스러운 것으로 여겨진다. 그래서 독일에서는 적대적 인수합병이 거의 일어나지 않는다. 또한 종업원도 주주와 마찬가지로 회사의 주인이라는 인식이 보편적이기 때문에 퇴직연금을 회사 운영자금으로 사용하는 일이 드물지 않다.

기업의 사회적 목표를 주장한 대표적인 경제학자로는 하워드 보웬(Howard Bowen)이 있다. 1953년 그는 『기업인의 사회적 책임(*Social Responsibilities of the Businessman*)』을 출간하며, "기업은 사회 구성원으로서 사회 전체 발전에 기여한다는 책임감을 가져야 한다"라고 주장했다.

피터 드러커 역시 웰치의 반성문에 언급된 기업의 사회적 목표를 오래전부터 주장해 온 경영학자로 "기업의 목표는 이익 창출이 아니다. 이익은 목표가 아니라 기업 활동의 결과일 뿐"이라고 말한 바 있다. 역사적으로 위대한 기업인 가운데에는 경제적 목표 이상의 것을 추구하고자 회사를 설립하고 경영한 사례가 많다.

경제적 목표야말로 기업의 일차적, 본원적 기능이라는 주장을 반박하기는 쉽지 않다. 이윤 추구라는 경제적 목표의 최대 장점은 목표가 명확하고 실질적이라는 것이다. 지난 150년간 우리 사회에서 기업이 차지하는 비중이 획기적으로 커진 것도 이 때문이다.

그러나 기업이 경제적 목표만을 추구하는 현상에 관련해 여러 문제점을 지적받고 있다. 회사의 미래에 대해 진지하게 고민하기보다 자신의 재임 기간 동안 단기 주가 부양에만 신경 쓰는 전문경영인을 우리는 긍정적인 시선으로 보지 않는다.

회사를 소유한 사람이 주주만은 아니라는 지적 또한 매우 설득력이 있다. 오늘날 기업가치의 80퍼센트 이상이 대차대조표에 기재된 유형자산이 아닌 지적 자산, 브랜드, 특허, 종업원의 경험 등 무형자산에 내재해 있다. 이들 무형자산이 모두 주주의 소유물이라고 말하는 것은 정의롭지 못하다.

한편 기업은 혁신을 통해 이윤을 창출하지만 그 과정에서 피해를 입는 사람이 나올 수밖에 없기 때문에 반(反)기업 정서가 끊이지 않는다. 이는 조지프 슘페터가 언급한 '창조적 파괴'에 해당한다. 이러한 반기업 정서를 줄이는 유일한 방법은 기업이 사회적 책임을 다하는 길밖에 없다.

기업 규모가 커질수록 사회는 기업으로부터 보다 많은 것들을 기대한다. 기업을 둘러싼 소비자, 종업원, 공급자, 채권자, 정부, 지역사회, 일반 대중 등 이해관계자들의 목소리가 높아지고 사회적 목표가 중시되는 시대가 찾아온 것이다. 2008년 말 선진국 금융위기 이후로 이러한 변화는 더욱 탄력을 받은 듯하다.

오늘날의 기업은 주주의 이익뿐 아니라 다양한 이해관계자 십난의 요구를 충족시키기 위해 노력해야 한다. 바야흐로 이해관계자 자본주의 (stakeholder capitalism) 시대가 도래했다.

기업과
자선단체의
구분이 사라지다

공유가치경영 : 기업의 사회적 책임 활동은 기업의 장기적인 발전과 경쟁력 증진을 위한 투자이다.

1961년 11월 15일 네슬레는 인도 펀자브 주 모가 시에 유제품 공장을 설립했다. 처음에는 하루 511리터의 우유밖에 생산하지 못했지만, 현재 모가 시 네슬레 공장의 하루 우유 생산량은 무려 130만 리터이다. 공장 설립 당시 네슬레에 우유를 공급하던 농민은 180명밖에 되지 않았으나 지금은 11만 명의 농민이 네슬레에 우유를 공급하고 있다.

1960년대 모가 시의 경제, 위생 및 낙농업 수준은 그야말로 최악이었다. 수리 시설은 제대로 갖춰지지 않았고 위생 상태도 형편없어 송아지 사망률이 무려 60퍼센트에 이르렀다. 하지만 네슬레는 이 지역의 낙농 잠재력을 확신했기에 공장을 세웠고, 장래에 모가 공장이 좋은 품질의

발음이 유사한 네스트(nest)를 형상화한 네슬레 로고

우유를 생산하려면 지역 낙농업자들의 역량을 개선하고 지역 경제를 활성화해야 한다고 믿었다.

이를 위해 네슬레는 우선 모가 공장에 우유를 공급하는 농민에게 투명하고 공정한 지급 조건을 제시했다. 공장 측에서 명시한 품질 조건에 맞기만 하면 농민들이 공급하는 우유를 전부 구매했고, 결제 대금은 격주로 꼬박꼬박 치렀다. 힘없는 농민들은 비용 쥐어짜기의 대상이 되던 시절, 네슬레의 이런 실천 방식은 기대 획기적이었다.

네슬레는 지난 반세기 동안 모가 공장 종업원, 지역 낙농업자, 고객, 지역사회와 장기적인 관계를 구축하는 데 투자했다. 모가 시의 지역 교육기관과 협조해 공장 종업원과 낙농업자에게 무료로 낙농 교육 및 자문 서비스를 제공했고, 상업적 낙농업에 관심이 많은 지역 농민에게는 미국에서 열리는 세계 낙농 엑스포에 참관할 기회를 주기도 했다.

또한 네슬레는 지역사회의 생활수준 향상 없이는 모가 공장도 성공할 수 없다고 생각했기 때문에, 공장 설립 초기부터 축산 농가에 대한 자금 지원이나 지역사회의 교육 시설 개선에 적극적으로 참여했다.

단기적 이익 극대화보다는 장기적으로 모가 공장의 생산성을 높이려 했던 네슬레의 전략은 주효했다. 모가 공장의 근로자, 우유 공급업자, 고객, 그리고 지역사회가 서로 유익한 시너지를 빚어낸 결과 네슬레는 막대한 부를 창출해 냈고, 이들과 장기간에 걸쳐 구축한 신뢰 관계야말로 네슬레의 핵심 경쟁력이 되었다.

모가 시에서 생산한 우유의 품질이 뛰어나다는 사실을 알게 된 경쟁 식품 업체가 네슬레보다 더 좋은 조건을 제시하며 우유 공급을 요청하기도 했지만 모가 시 농민들은 요지부동이었다. 지난 50년간 네슬레와 함께 성장해 온 이들은 네슬레의 신용과 명성에 대해 누구보다 잘 알고 있었기 때문이다.

사회가 발전해야 기업도 성장한다

2006년 하버드 대학 교수 마이클 포터와 마크 크레이머는 이익의 극대화라는 기업의 경제적 목표와 공공의 이익이라는 사회적 목표를 한데 결합한 공유가치경영(CSV, creating shared value) 개념을 발표했다. 기업은 더 이상 주주이익 극대화에만 몰두하지 말고 자원의 고갈, 환경오염, 노동자의 근로조건 악화와 같은 사회적 문제를 해결하기 위해 적극적으로 나서야 한다는 주장이었다.

기업의 성장과 사회의 발전은 서로 대립하는 관계가 아니다. 네슬레 모가 공장 사례에서와 마찬가지로 사회(모가 시)가 발전하면서 기업(네슬레)이 한층 더 성장한 사례는 무수히 많다.

CSV는 기업의 사회적 책임(CSR, corporate social responsibility)과 명확히 구분되는 개념이다. CSR은 기업의 사회 공헌 활동을 이익 창출과 무관한 일종의 자선 활동으로 본다. CSR에 따르면 기업은 사회의 적이고, 기업에 있어서 사회의 다양한 요구는 제약 조건이자 비용이다. 그러므로 회사 사정이 안 좋아져 사회 공헌 활동을 잠시 중단하더라도 그 점에 대해 비난해서는 안 된다.

반면 CSV는 기업의 사회 공헌 활동을 장기적인 성장과 경쟁력 향상을 위한 투자로 본다. 또한 CSV의 경우에 사회 문제는 새로운 가치를 창출할 기회이다.

포터와 크레이머는 사회 공헌 활동이 자선사업이 아니라 기업의 장기적 경쟁력을 강화할 수 있는 새로운 기회라고 주장한다. 에너지와 물, 환경 파괴, 협력 업체와의 관계, 근로자의 안전 및 건강 등이 특히 공유가치경영에서 주목해야 할 사회적 이슈들이다. 이들 문제를 그대로 방치한다면 장기적으로 기업에 위협 요인이 될 테지만, 한발 앞서 대응한다면 경쟁 업체와 스스로를 차별화하는 기회로 삼을 수도 있다.

기업이 단순한 이익 추구를 넘어서는 가치를 목표로 삼아야 한다는 생각은 오래전부터 수많은 학자들이 주장해 온 것이다. 그렇기에 CSV를 완전히 새로운 개념이라고 보기는 어렵다. 또한 일부에서는 CSV가 기업의 □□□ 사비어 □□□가 서로 충돌되는 생□가 빈빈하나는 점을 과소평가하고 있으며, 공유가치경영을 성공적으로 수행한 실증적 사례도 드물다고 비판하기도 한다. CSV가 처음 발표됐을 때 경영학계와 실무자들의 반향이 지대했던 만큼 이러한 비판은 어쩌면 당연할지도 모른다.

기업의 사회적 책임(CSR), 동반성장, 상생경영, 이해관계자 자본주의 등과 공유가치경영(CSV)의 차이점이 무엇인지는 그리 중요한 문제가 아닐 수 있다.

여기서 우리가 주목해야 할 점은 기업에 대한 우리 사회의 기대치가 지난 십여 년간 빠르게 변화했다는 사실이다. 이런 사회적 변화를 감지하고 이를 경영에 반영하는 기업은 살아남을 테고, 전통적인 경제적 목표에만 주력하는 기업은 앞날을 보장받기 어려울 것이다.

직업의 효용

직업의 귀천은
무엇으로
따져야 할까?

직업 : 직업의 귀천은 해당 직업이 사회에 창출하는 효용의 크기로 결정되어야 한다.

동서양을 막론하고 극히 최근까지도 직업에는 귀천이 있었다. 우리나라가 속해 있는 동북아시아 유교 사회에서는 사농공상(士農工商)이라 하여 선비가 가장 귀한 직업이고 그다음이 농민, 기술자 순으로, 가장 천한 직업이 장형인이었다.

옛 유럽 사회의 선호 직업 순위 역시 동양과 비슷했던 것 같다. 양반, 그들 식으로 말하면 신사(gentleman)를 최상의 직업으로 쳤는데 이는 부모로부터 신분이나 재물을 상속받아 땀 흘려 일할 필요 없이 평생 놀고먹을 수 있는 사람을 가리켰다. 신사 다음으로 귀한 직업은 농민이었고, 공업과 상업에 종사하는 사람은 천한 사람으로 간주되었다. 아리스토텔레스는 "기술자와 점원의 생활은 천하고 선행과 거리가 멀다"라고 말한 바 있으며, 특히 이익을 위해 물품을 생산하고 판매하는 상공인이나 돈을 빌려주고 이자를 받는 대금업자를 극도로 혐오했다.

민주주의 국가에서는 대놓고 직업의 귀천을 언급하지 않는다. 만민은 법 앞에 평등하기 때문이다. 하지만 어떤 직업이 사회를 위해 얼마나 큰 기여를 하는지를·평가해 볼 수는 있을 것이다.

1893년 경제학자 리처드 일리(Richard T. Ely)는 사농공상의 허구성을 직업의 귀천이 아닌 사회 기여도 측면에서 분석했다. 당시만 해도 일반인은 물론이고 대다수 경제학자들조차 가장 생산적인 일을 하는 사람이 농부이고, 그다음이 제조업에 종사하는 사람이며, 상인이 하는 일이 가장 비생산적이라고 여겼다. 일리는 이러한 생각에 아무런 논리적 근거가 없음을 지적했다.

"산업에 종사하는 모든 사람은 효용(utility)*을 창출한다는 점에서 농등하다"라고 일리는 말했다. 농부는 수확한 옥수수를 모두 소비하지 않고 남김으로써 장차 더 많은 옥수수를 생산하고자 한다. 옥수수 씨를 심고 잡초를 뽑고 물을 뿌리고 거름을 주는 등 값진 노동의 결과로 농부는 많은 옥수수를 수확해 효용을 창출한다. 마찬가지로 제조업자는 자재, 노동 등의 요소를 투입해 소비자들이 원하는 제품을 생산함으로써 효용을 창출한다.

한편 상인은 제품을 덜 쓸모 있는 곳에서 더 쓸모 있는 곳(시장)으로 이전함으로써 공간적 효용을 창출하고,

효용

효용은 제품이나 서비스를 소비함으로써 소비자가 얻는 주관적인 만족의 정도로 정의할 수 있다. 효용을 직접적으로 측정할 방법은 없지만, 경제학자들은 소비자가 여러 대안 가운데 어떤 제품을 선택하는지를 관측함으로써 상대적인 효용의 크기를 추론할 수 있다고 생각한다.

소비자가 제품을 필요로 할 때까지 보관함으로써 시간적 효용을 창출한다. 사회를 위해 추가 효용을 창출한다는 점에서 농부, 제조업자, 상인은 서로 다를 바가 없다는 게 일리의 주장이었다.

직업에 귀천은 없다. 하지만 우리 사회가 현재 필요로 하는 직업이 어떤 것인지 알려면 각 직업이 창출하는 효용의 크기를 따져봐야 한다. 노동시장의 자유경쟁을 신봉하는 사람은 직업별 급여 수준이 해당 직업이 창출하는 효용의 크기를 어느 정도 반영하고 있다고 주장한다.

만약 상인이 아무런 사회적 가치도 창출해 내지 못한다면 아무도 상인이 판매하는 물품을 구입하려 하지 않을 테고, 따라서 상인이라는 직업은 퇴출될 것이다. 그러나 인류가 경제활동을 해오는 내내 상인은 존재했고, 근대화와 더불어 상업이 창출해 내는 가치는 오히려 더 커졌다.

우리는 지난 백여 년간 근대화 과정을 거치면서 많은 농민이 공장으로 옮겨가고 이들 공장 노동자가 다시 서비스 산업으로 이동하는 모습을 목격해 왔다. 이와 같은 직업 간 이동은 시대가 변하면서 각 직업이 창출하는 효용의 크기가 변화하고 그 결과로 급여 수준도 변화함에 따라 발생하는 자연스러운 현상이다.

10 기업의 목표

이익 극대화보다 품위 있는 목표를 찾아라

기업의 목표 : 기업의 목표는 가치 창조이고 그중에서도 고객이 평가하는 가치가 가장 중요하다.

2008년 세계 금융위기 이후 경영학자들은 '이익'이라는 단어를 좀처럼 쓰지 않으려 한다. 월스트리트 경영자들의 탐욕, 즉 과도한 이익 추구 행위가 금융위기를 불러왔다고 생각하는 사람이 많기 때문이다. 요즘 경영학자들은 이익 대신 가치라는 용어를 사용한다. 경영학 교과서에 명시된 기업의 목표 또한 이익 극대화로부터 '가치 창조(value creation)' 또는 '가치의 극대화'로 바뀌었다.

가치는 이익보다 한층 긍정적인 이미지를 갖고 있다. 또한 이익이 아닌 가치라고 표현함으로써 우리는 경영 이론의 적용 범위를 비영리 재단까지 확장할 수 있다. 이익 극대화를 목표로 삼는 조직은 기업뿐이지만,

가치 창조를 목표로 삼는 조직은 기업 외에도 많다.

예를 들어 1983년 무함마드 유누스는 방글라데시의 빈민들에게 소액 대출(micro credit)을 제공할 목적으로 그라민(Grameen) 은행을 설립했다. 현재 그라민 은행은 전 세계에 지점을 두고 약 700만 명의 빈민에게 돈을 빌려주고 있다. 그라민 은행의 목표는 가난에 허덕이는 전 세계 사람들에게 소액 대출을 제공함으로써 그들에게 삶의 희망을 준다는 가치를 창출하는 것이다.

가치는 어떻게 측정할 수 있나

하지만 가치는 이익과 달리 의미가 명확하지 않고 측정하기도 쉽지 않다. 가치의 의미를 이해하기 위해 삼성전자가 갤럭시 휴대전화 출시를 통해 창출한 가치가 무엇인지 생각해 보자.

일반적으로 소비자가 평가하는 갤럭시의 가치는 삼성전자가 책정할 수 있는 갤럭시의 최대 판매 가격에 해당한다. 즉 '갤럭시 휴대전화를 구매하기 위해 최대 얼마까지 지불할 용의가 있는가?'라는 질문에 200만 원이라고 답했다면, 해당 소비자의 갤럭시 휴대전화 유보가격 또는 삼성전자가 책정 가능한 최대 가격은 200만 원인 셈이다. 그런데 이때 갤럭시의 총가치(200만 원)는 갤럭시 생산을 위해 투입한 요소의 가치와 삼성전자가 창출한 가치로 다시 나눌 수 있다.

삼성전자는 경쟁사를 고려해 갤럭시 휴대전화의 시장가격을 유보가격보다 낮게 책정한다. 만약 시장가격을 100만 원으로 책정했다면, 소비자는 갤럭시 구매를 통해 100만 원(유보가격-시장가격) 만큼의 소비자 잉여(consumer surplus)를 얻을 수 있다. 이때 소비자가 갤럭시를 구매하는 것은 200만 원 가치의 재화 갤럭시와 화폐 100만 원을 교환한 결

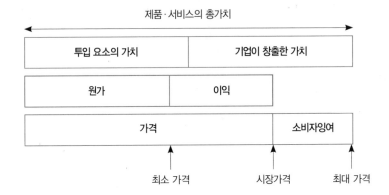

제품·서비스의 가치

과 100만 원만큼의 소비자잉여가 발생하기 때문이다.

갤럭시 판매 가격 100만 원은 갤럭시의 제조 및 판매에 소요되는 원가(또는 비용) 70만 원과 나머지 30만 원의 이익으로 구성된다. 삼성전자가 갤럭시를 판매하는 것은 원가 70만 원의 재화 갤럭시와 갤럭시 판매로 벌어들인 화폐 100만 원을 교환한 결과 30만 원의 이익이 발생하기 때문이다.

경쟁이 치열해지면 삼성전자는 갤럭시의 시장가격을 100만 원 이하로 낮추어야겠지만 원가에 해당하는 70만 원 이하로는 할인할 수 없다. 즉 70만 원은 삼성전자가 갤럭시 판매를 통해 본전을 건질 수 있는 최저 판매 가격이다.

고객 중심으로 가치를 정의하라

이처럼 가치는 보는 사람의 시각에 따라 달리 정의할 수 있다. 생산 방식의 혁신을 통해 자동차 제조원가를 획기적으로 절감한 헨리 포드는 생산 효율성 증진이 가치를 창출하는 길이라고 여겼다. 반면 사업부의 인수합병을 통해 GE의 기업가치를 세계 1위로 만든 잭 웰치는 주가 부양이 가치를 창출하는 길이라고 생각했다. 그러나 제품이나 서비스는 결국 소비자기 구매해 사용하는 것이기 때문에 고객이 평가하는 가치가 가장 중요하다.

피터 드러커는 고객 중심적 가치를 강조한 대표적인 경영학자이다. 가치를 생산 효율성으로 정의하면 생산자 중심적 사고를 하게 되고, 고객이 평가하는 가치로 정의하면 고객 중심적 사고를 하게 된다는 게 드러커의 주장이다.

일례로 1990년대 말 당시 최고의 엔지니어를 보유했던 실리콘 그래픽스(Silicon Graphics)는 쌍방향 텔레비전을 개발했다. 개발자들은 획기적인 기술이라고 자화자찬했지만 소비자의 반응은 냉담했고 판매 실적은 참담했다. 1920년대 중반까지 세계 자동차 시장을 평정했던 포드 자동차 역시 생산자 중심의 사고를 고집하다가 결국 GM에게 선두 자리를 내주고 말았다.

고객 입장에서 본 가치를 염두에 두었더라면 실리콘 그래픽스는 쌍방향 텔레비전 개발에 막대한 연구비를 낭비하지 않았을 테고, 포드 자동차는 여전히 세 놓지 넓게 세계 1위 자리에 군림했을지 모른다.

11 기업의 지배구조

우리나라에도
전문경영인
시대가 올까?

기업 지배구조 : 한국 기업은 대부분 소유경영 체제를 유지하고 있는 반면, 미국 기업은 소유와 경영이 분리된 전문경영 체제를 유지하는 경우가 많다.

오늘날 경영학 분야는 미국이 거의 독점하다시피 하고 있기 때문에 우리만의 독특한 경영 방식이나 이론을 찾아보기가 어려운 게 사실이다. 하지만 미국과는 다른 한국적인 경영 방식 또한 분명히 존재한다. 그중 가장 다른 점을 하나만 꼽으라면 아마도 기업 지배구조(corporate governance)가 아닐까 싶다.

기업 지배구조 또는 경영 체제란 대주주, 전문경영인, 종업원, 소액주주, 채권자 등 기업의 이해관계자들 간의 역학 관계를 아울러 일컫는 말이다. 이는 누가 기업을 실질적으로 지배, 통제하는지와 관련이 있다. 우리나라 기업들은 대부분 소유경영 체제를 유지하고 있는 반면에 미국 기업들은 대체로 전문경영 체제의 기업 지배구조를 취하고 있다.

전문경영인 체제의 출현

1933년 법률가 아돌프 벌리(Adolf Berle)와 경제학자 가디너 민스(Gardiner Means)는 많은 미국 대기업들의 지배구조가 소유·경영에서 전문경영으로 변화하고 있음을 간파하고 기업의 지배구조 문제를 분석한 『현대 기업과 사유재산(The Modern Corporation and Private Property)』을 출간했다. 당시는 존 록펠러, 앤드루 카네기, 헨리 포드 등과 같은 소유경영자들이 강력한 카리스마로 자신의 능력을 거침없이 발휘한 '영웅의 시대'가 서서히 종말을 고하던 무렵이었다.

특히 소유경영자들의 무절제한 탐욕이 1929년의 세계 대공황을 불러왔다며 "소유경영자는 노상강도"라고 묘사한 많은 지식인들 역시 이러한 지배구조 변화에 일조를 했다. 소유경영자가 공적(公敵)으로 여겨지던 시기에 벌리와 민스는, 이미 일부 미국 기업은 규모가 커지면서 주식이 고도로 분산되어 소유경영자가 자기 지분만으로 경영권을 통제하기 어려운 수준에 이르렀음을 지적했다.

기업 규모가 작은 중소기업은 창업자의 개인 자금, 대출 및 내부 잉여금을 통해 필요 자금을 조달한다. 그러나 기업 규모가 커지면 창업자 개인이 누대만드로 사업에 필요한 자금 수요를 감당할 수 없기 때문에 수식 발행 등을 통한 외부 투자금에 의존하게 된다. 기업 규모가 확대될수록 자본 조달을 위해 추가 주식을 발행하게 되고, 그 결과 주식은 다수의 소유주에게 분산된다.

이처럼 자본 조달과 경영관리 기능의 분화가 이루어지면서 자연스레 경영관리에만 전념하는 전문경영인이 필요해진 것이다. 예를 들어 현대

자동차 주식 몇 주를 소유한 사람은 배당이나 주식 매매 차익에만 관심이 있을 뿐 경영에 참여할 생각은 없는 경우가 대부분이다. 다수의 소액주주들이 기업 경영을 전문경영인에게 위탁하면서 소유와 경영이 분리되는 현상이 나타난다.

벌리와 민스는 소유와 경영이 분리되면서 현대 자본주의가 시작되었고, 전문경영 체제가 전근대적 소유경영 체제보다 우월한 기업 지배구조라고 주장했다. 그러나 현재 대부분의 우리나라 대기업은 소유경영 체제로 운영되고 있다. 벌리와 민스의 주장에 따르면, 일인당 국민소득 3만 달러에 이르는 대한민국에는 아직 현대 자본주의가 도래하지 않은 셈이다.

1920년대 미국에서 등장한 전문경영 체제 역시 만능의 기업 지배구조는 아니다. 1976년 경영학자 마이클 젠슨(Michael Jensen)과 윌리엄 메클링(William Meckling)은 전문경영 체제의 기업이 소유경영 체제의 기업보다 뛰어난 성과를 냈다는 명확한 증거는 없다고 주장했다.

소유경영자는 회사의 이익이 곧 자신의 이익과 결부되기 때문에 뜨거운 열정과 강력한 리더십으로 회사를 이끌 수 있다. 또다른 장점으로는 신속한 의사결정, 과감한 투자 및 경영 혁신, 장기적인 전략 수립 등이 상대적으로 용이하다는 점을 들 수 있다. 그러나 독단적인 의사결정, 전문적 경영 능력의 부족, 가족경영 및 경영권 승계 문제 등을 단점으로 지적받는다.

반면 전문경영 체제는 경영 성과가 좋지 않을 경우 최고경영자 교체가 용이하고 전문성과 의욕을 겸비한 경영자를 지속적으로 선발할 수 있다는 장점이 있다. 경영의 민주화, 전문화, 합리화를 통해 기업의 안정적 성장을 도모할 수 있는 것이다.

'대리인 문제'와 극복 방법

그러나 젠슨과 메클링은 지극히 합리적일 것만 같은 전문경영 체제에 '대리인 문제(agency problem)'라는 치명적 결함이 존재한다는 놀라운 주장을 폈다. 대리인 문제는 주인(principal) 또는 고용자가 자신의 이해와 직결된 의사결정을 대리인(agent) 또는 피고용자에게 위임할 때 나타날 수 있는 다양한 문제들을 말한다.

전문경영 체제의 기업에서 주주는 주인이고 경영진은 주인이 고용한 대리인이다. 문제는 주주의 위임을 받아 회사 경영을 대리하는 전문경영인이 주주의 이익을 위해 일해야 함에도 불구하고 실제로는 자신의 이익을 위해 일하는 경향이 있다는 점이다. 개인 집무실을 불필요하게 호화롭게 꾸민다거나 해외 출장 때마다 전용기를 이용하는 등 회사 자원을 남용하는 행위가 단적인 예다. 전문경영 체제에서 자주 목격되는 또 다른 대리인 문제는 단기적인 실적에 집착해 회사의 장기적인 발전을 위한 연구개발 투자나 신규 투자를 등한시하는 경향이다.

젠슨과 메클링이 대리인 문제라는 용어를 처음 사용하기는 했지만, 경제학자들은 오래전부터 대리인 문제에 관해 알고 있었다. 예컨대 애덤 스미스는 동인도회사에 고용된 관리자들이 동인도회사 주식 소유주들의 이익을 위해 일하리라는 보장이 없음을 경고하기도 했다.

전문 경영인 제도가 발달한 나라에서는 대리인 문제를 극복하기 위해 개발된 다양한 제도와 수단이 존재한다. 이를 기업 내부적 수단과 외부적 수단으로 나누어 살펴보자.

대표적인 내부 통제 수단으로는 전문경영인에게 주식매수선택권(stock option)을 부여하는 방법과 사외이사 제도를 도입하는 방법이 있다. 주식매수선택권은 미리 정한 가격으로 회사 주식을 매수할 수 있는 권리를 말한다. 주식매수선택권을 부여받은 전문경영인은 회사 경영을 잘해서 주가가 상승하면 주식매수선택권을 행사해 막대한 이익을 챙길 수 있다. 주식매수선택권을 통해 전문경영인이 주주(소유주)와 동일한 인센티브를 얻도록 만들어 대리인 문제를 해결하는 것이다.

주식매수선택권이 당근으로 꾀는 것이라면 사외이사 제도는 채찍의 성격이 강하다. 이는 주주가 선임한 사외이사들로 구성된 감사위원회를 통해 전문경영인의 경영 활동을 감시와 견제하고, 보상위원회를 통해 경영 성과에 따른 보상과 징계를 내리는 방법이다. 이때 사외이사는 전문경영인과 이해관계가 없는 사람들로 선발해야 한다.

한편 기업 외부의 통제 수단 가운데 우리에게 가장 잘 알려진 것은 적대적 인수합병(hostile takeover)이다. 일반적인 인수합병(M&A, mergers and acquisitions)과는 달리 적대적 인수합병은 대상 기업의 동의를 구하지 않는다. 2003년 SK 그룹을 공격해 막대한 이익을 챙긴 자산운용회사 소버린(Sovereign)이나 2015년 제일모직과 삼성물산의 합병을 문제 삼았던 미국계 헤지펀드 엘리엇(Elliot Management) 등이 우리에게 잘 알려진 적대적 인수합병 전문 회사다.

국내에서는 그동안 적대적 인수합병을 시도한 업체가 주로 외국 회사이고 수비적인 입장에 있던 회사가 한국 회사라 적대적 인수합병을 부정적으로만 생각하는 경향이 있다.

그러나 적대적 인수합병의 대상이 되어온 미국 기업은 보통 전문경영인의 전횡으로 기업가치가 손상된 경우가 많았다는 점을 주목할 필요가 있다. 그렇기 때문에 전문경영인은 적대적 인수합병의 표적이 되지 않기 위해 경영에 전념해야 하고, 적대적 인수합병은 대리인 문제를 막는 외부적 통제 수단의 역할을 수행하게 된다.

재벌로부터는 미움을, 국민으로부터는 지지를 받다

공정거래법 : 시장 지배적 지위를 통해 경쟁을 저해하려는 대기업의 불공정 행위를 차단하기 위해 만들어진 법률.

미국 26대 대통령 시어도어 루스벨트는 보수당인 공화당 출신이지만 미국 대통령 중 가장 진보적인 정책을 편 대통령으로 유명하다. 그가 대통령으로 부임한 후 미국에서는 처음으로 정부가 나서서 대기업의 농단을 규제하기 시작했다. 원내 문명 발전을 위해 기업이 꼭 필요한 존재인 것은 맞지만, "기업이 사회 전체의 이익을 위해 활동하도록 정부의 통제와 감독을 받아야 한다"라는 것이 루스벨트의 주장이었다.

루스벨트가 대통령으로 부임할 무렵 미국은 존 록펠러, 앤드루 카네기, J. P. 모건 등 재벌들의 경제, 사회, 정치적 영향력이 정점에 달하고 빈부격차가 극에 이른 상태였다. 1901년부터 1909년까지 8년간 대통령으

러시모어 산의 바위에 조각된 미국 대통령들의 위용

로 재임하며 루스벨트는 자신의 대선 공약인 '공정한 거래(The Square Deal)', 즉 경제 민주화를 실현하기 위해 최선을 다했다. 그는 재벌로부터 많은 미움을 받았지만 지식인을 비롯한 온 국민에게 사랑을 받은 지도자였다.

미국 사우스다코타 주에 있는 러시모어 산의 커다란 화강암 바위에는 미국 역사상 가장 위대한 대통령 4인의 모습이 조각되어 있다. 조지 워싱턴, 토머스 제퍼슨, 에이브러햄 링컨, 그리고 나머지 한 사람이 루스벨트라는 사실을 아는 사람은 그리 많지 않다. 또 오늘날 세계 어린이들로부터 많은 사랑을 받고 있는 테디베어(Teddy Bear) 인형의 테디는 루스벨트의 이름에서 유래한 것이라고 한다. 1932년 미국 대공황 시기에 대통령에 취임해 2차 세계대전 참전에 이르기까지 많은 업적을 남긴 프랭클린 루스벨트는 그의 조카사위인 동시에 먼 친척이기도 하다.

루스벨트의 '공정한 거래'

루스벨트 취임 전까지 미국 정부는 재벌들의 전횡에도 불구하고 자유방임 정책으로 일관했다. 그 결과로 국민들의 경제적 양극화가 심화되자 노동자와 농민을 중심으로 정부가 경제 운영에 보다 적극적으로 개입해야 한다는 목소리가 높아졌다.

루스벨트의 '공정한 거래'는 크게 나누어 기업 규제, 소비자 보호, 환경보호라는 세 가지 영역의 개혁으로 요약할 수 있다. 보다 구체적으로 그는 철도 회사의 불법 리베이트에 대해 막대한 벌금을 부과했고, 철도 운임의 가격 담합을 막는 법안과 식품 및 육류 업체의 비리를 차단하는 법안을 통과시켰다.

미국 정부가 최초로 노동조합 편에 서서 석탄 광산 기업주로부터 임금 인상과 작업 시간 축소를 이끌어낸 것도 이 시기의 일이다. 또한 그는 국립공원의 수를 두 배로 늘리고 산림보호구역 면적을 5배로 넓혔으며, 수많은 조류보호구역을 지정하는 등 환경보호에도 남다른 족적을 남겼다. 특히 당시 최대 규모의 독점적 조직이던 스탠더드 오일 트러스트(Standard Oil Trust)를 해체한 것은 미국 기업사에서 의미 있는 사건으로 평가받고 있다.

1870년 존 록펠러는 클리블랜드에 스탠더드 오일이라는 정유회사를 설립한 뒤 인계·인수·설립 1원을 발휘해 십여 년 만에 석유 채굴, 수송, 정유, 판매에 이르기까지 수직적으로 계열화한 기업으로 키워낸다. 미국 내에서 유통되는 석유의 90퍼센트 이상을 생산하는 석유 재벌이 탄생한 것이다.

이 과정에서 록펠러는 공격적으로 경쟁사를 인수했고, 시장 독점력을 강화하기 위해 유정 개발에서 석유 수출에 이르기까지 수직적 통합을 단행했다. 또한 한 회사가 다른 주에 있는 회사의 주식을 소유하지 못하도록 하는 규제를 회피하고자 미국 전역의 석유회사들과 트러스트를 결성했다. 다른 주의 석유회사들은 록펠러가 주도하는 스탠더드 오일 트러스트의 회원이 되기 위해 자기네 주식을 트러스트에 위탁했고, 트러스트를 통해 록펠러는 미국 전역의 석유 가격 및 생산량을 통제할 수 있었다.

1890년 미국에서 제정된 셔먼법(Sherman Act)은 시장에서의 독과점을 금지하기 위한 것이었지만, 재벌들의 로비와 위협으로 법 집행에 어려움을 겪어왔다. 루스벨트는 스탠더드 오일 트러스트를 해체하면서 셔먼법에 힘을 불어넣었다. 이때부터 '동종업계 기업들이 연합해 시장경쟁을 저해하는 트러스트는 불허한다'라는 원칙이 세워져 다른 산업 분야의 트러스트도 해체의 길로 들어섰다.

우리나라의 공정거래법

기업 경영 활동과 직접적으로 관련이 있는 우리나라의 법률로는 상법, 회사법, 노동법, 독점 규제 및 공정거래법 등이 있다. 이 가운데 특히 공정거래법은 대기업 경영에 지대한 영향을 미치는 법률이다. 이는 대기업이 시장 지배적 지위를 남용하거나 경쟁을 저해하는 불공정 거래를 하지 못하도록 하고, 소수의 대기업 집단에 경제력이 집중되는 현상을 막기 위해 제정되었다.

1960~70년대 고도성장기에 우리 정부는 대기업을 집중적으로 육성하는 정책을 펼쳤고, 그 결과로 대부분 산업이 독과점적 시장구조를 갖게 되었다. 이에 정부는 1975년 말 '물가 및 공정거래에 관한 법률'을 제정해 대기업의 담합과 시장 지배력 남용 등 시장경쟁을 해치는 행위를

처음 제재하기 시작했다. 그러나 이 법을 집행하는 담당 부서가 공정거래 확보는 소홀히 하면서 물가 관리에만 치중하자, 정부는 공정거래 부문을 따로 분리해 새로운 법을 제정했다. 1980년 말 제정된 '독점 규제 및 공정거래에 관한 법률'은 이렇게 탄생했다.

교도소 민영화,
괜찮을까?

규제 개혁 : 불필요한 정부 규제를 최소화해 국가 경쟁력 및 경영 효율성을 증진하려는 정책. 대표적인 사례로 공기업 민영화를 들 수 있다.

2010년 12월 경기도 여주에 국내 최초의 민영 교도소인 소망교도소가 문을 열었다. 2015년 말 기준으로 소망교도소 수용자 수는 372명이고, 소망교도소에서 출소한 사람은 모두 510명이다.

효율성 논리를 강조하는 민간 부문이 교정 서비스라는 사회적 기능을 담당하는 것이 과연 올바른 일인지에 대해서는 아직 많은 논란이 있다. 하지만 현재까지 언론을 통해 알려진 소망교도소의 성과는 고무적이다. 소망교도소 출신 전과자의 재범률은 3.36퍼센트로 다른 교도소의 22퍼센트보다 훨씬 낮다. 낮은 재범률의 효과를 금전으로 환산해 보면, 연간 국가 예산 120억 원을 절감하는 셈이라고 한다.

우리와는 달리 미국 민영 교도소는 성업 중이다. 2013년 기준으로 미국 내 수감자의 8.4퍼센트가 민영 교도소에 수감되어 있으며, 민영 교도소 산업의 전체 규모는 약 50억 달러 수준이다. 미국에는 독립전쟁 시절부터 민영 교도소가 있었지만, 미 정부가 교도소를 적극적으로 민영화하기 시작한 것은 1980년대 초 로널드 레이건이 대통령으로 취임한 이후부터다.

1983년 설립된 미국 최대 규모의 민영 교도소 CCA(Corrections Corporation of America)는 현재 9만 명을 동시에 수용할 수 있는 시설을 갖추고 있으며, 연 매출액 17억 달러에 이르는 거대 기업으로 성장해 뉴욕증권거래소에 상장되어 있다.

정부 규제의 역할과 변화

정부 규제에도 시대별로 일종의 유행이 있는 것 같다. 역사적 분수령이 되었던 사건의 예로는 1776년 애덤 스미스의 『국부론』 출간, 1929년 세계 대공황, 1980년대 초 영국의 마거릿 대처 수상과 미국의 로널드 레이건 대통령 당선, 그리고 좀더 두고 봐야겠지만 2008년 말 세계 금융위기 등이 있다.

오랫동안 인류는 정부가 모든 민간 경제활동을 철저히 규제하는 시대 ─ 산아 제한 시대 스미스 식 시장과 규제에 대한 판교 비교 비교스 지배 의 시대, 즉 민간 기업의 시대가 도래한다. 그러다 1929년 전 세계에 불어 닥친 경제공황을 계기로 기업에 대한 규제가 부활한다. 1980년대에 이르러 미국과 영국에서 강력한 보수당 지도자가 정권을 잡음에 따라 다시금 민간 기업의 시대로 돌아간다. 2008년 말 선진국을 강타한 금융위기로 개인의 탐욕을 질책하는 국민적 공감대가 형성되어 또다시 정부 규제의 시대로 회귀하려는 조짐이 엿보인다.

기업의 불공정 행위를 바로잡으려는 목적 외에도, 민간 기업들 간의 자유로운 경쟁을 유발하기 어려운 경우에 정부는 규제 수단을 동원하거나 공기업을 설립한다. 외부효과(external effect)가 존재하는 산업이 대표적인 예다.

조림 사업을 하는 사람은 사업 활동의 부수적인 효과로 다른 사람들에게 깨끗한 공기와 아름다운 경관을 무료로 제공한다. 반대로 아무런 비용도 지불하지 않은 채 환경을 오염시키는 사람은 언제든지 다른 사람에게 큰 손해를 끼칠 수 있다. 조림 사업이나 환경오염과 같이 외부효과가 존재하는 활동의 경우에 정부가 개입하는 것은 이러한 이유에서이다.

유선전화 사업과 같이 네트워크 효과가 있는 산업도 많은 국가에서 규제 대상이 된다. 네트워크 효과가 존재하는 경우 민간 기업 간 경쟁에만 맡겨놓으면 자연히 하나의 독점기업이 출현할 가능성이 높기 때문이다. 또한 유선통신 서비스는 한 국가의 국민이라면 소득에 관계없이 누구나 누릴 권리가 있는 일종의 보편적 서비스로 간주된다. 많은 국가가 공기업을 설립해 유선통신 사업을 직접 운영하는 데에는 경제적 이유와 더불어 이와 같은 윤리적 이유가 있다.

1980년대 초반 영국의 대처 수상과 미국의 레이건 대통령은 규제 완화를 통해 '작은 정부'를 만드는 일을 가장 중요한 정책 과제로 삼았다. 이들은 그동안 공적 규제의 범위가 과다하게 확대되어 민간의 자유가 훼손되고 기업이 경쟁력을 잃었다고 주장했다.

두 정상이 규제 완화의 상징으로 삼은 조직이 바로 공기업이다. 공기업은 설립 조건상 시장에서 독점적 지위를 부여받기 때문에 비효율적으로 운영될 가능성이 크다. 대처와 레이건은 누적 적자 규모, 부정부패,

비효율적 관리 등을 공기업의 문제점으로 지적하며 그 해결책으로 공기업 민영화(privatization)를 제시했다. 미국 교도소 민영화도 이때부터 본격적으로 시작되었다.

우리나라의 규제 개혁

우리 정부의 경우에도 공기업 민영화나 정부 규제 철폐는 자주 등장하는 정책 과제 중 하나이다. 물론 어느 정도의 규제가 적절한지에 대한 의견은 사람마다 다를 수 있다. 하지만 최근에는 대공황 시절의 케인지언 경제학°과 1980년대 신자유주의 경제학°의 중간쯤 되는 규제 수준을 요구하는 경제학자들이 많다.

각각의 규제를 개별적으로 면밀히 평가한 후 철폐 여부를 결정해야 한다는 게 이들의 주장이다. 이들은 무조건 규제를 없애야 한다는 '규제 완화(deregulation)'라는 표현보다 '규제 개혁(regulatory reform)'이라는 표현을 더 좋아한다.

이들 경제학자는 정부 규제를 경제적 규제와 사회적 규제로 구분하며, 전자는 되도록 철폐하거나 완화하고 후자는 유지하라고 주문한다. 사회

적 규제란 상품 안전 기준, 환경오염 규제, 노동자 최저 임금과 같은 비경
제적 목적을 달성하기 위해 만들어진 규제를 말한다. 반면 앞서 언급한
공정거래법의 규제 사항들은 대부분 경제적 규제에 속한다.

경제적 규제를 완화하라는 주장은 최근의 기술 발전과 시장의 글로벌
화로 각종 경제적 규제가 유명무실해졌기 때문이다. 예를 들어 한국통
신이 독점적으로 갖고 있던 유선통신 사업에 대한 규제는 통신 기술의
획기적인 발전으로 더 이상 아무런 의미가 없어졌다.

2장

기업가정신과 창업

경영의 역사는
혁신의 역사다

앞서 우리는 현대 경영학이 미국에서 대기업이 탄생함에 따라 생겨난 복잡한 경영관리 문제를 해결하고자 만들어진 학문이라는 점을 살펴보았다. 이러한 배경 때문에 경영대학 교수들은 수업 시간에 주로 대기업 사례와 함께 대기업에 관련된 경영 주제를 다룬다.

경영학 수업을 들으며 대기업 위주의 교육을 받은 학생들은 졸업 후 당연히 대기업에 취업해야 한다고 생각하게 마련이다. 전 세계적 경기 침체에서 벗어나지 못하고 있는 지금 선진국마다 정부가 나서서 벤처기업 육성에 안간힘을 쓰고 있다. 하지만 최근 국내 제조업 매출 가운데 10대 재벌 기업이 차지하는 비중이 40퍼센트를 넘어서는 등 대기업에 경제력이 집중되는 현상은 더욱 심화되고 있다.

찰스 핸디는 자본주의가 계속해서 성장하고 국가가 지속적인 혁신을 실행하려면 "코끼리(대기업)와 벼룩(중소 벤처기업)"이 고르게 발전해야 한다고 주장했다. 대기업은 효율성, 풍부한 자원, 신뢰, 고용을 제공하지만 몸집이 큰 탓에 움직임이 느리고 새로운 아이디어를 실현하기가 어렵다. 반면에 중소 벤처기업은 몸집이 작고 날렵해 변화에 민감하게 반응하고 위험부담이 큰 혁신에 과감히 도전한다. 그래서 벤처기업은 실패할 가능성이 높다. 몇 개의 벤처기업이 대기업으로 성장하기 위해서는 수많은 벤처기업의 씨앗이 뿌려져야 한다.

2장은 대기업 중심의 경영 교육을 바로잡기 위한 최근 경영학계의 노력을 담고 있다. 경제성장의 핵심은 기업가정신이고, 기업가정신이야말로 중소 벤처기업의 강점이다. 이미 성장할 대로 성장해 버린 대기업에서는 기업가정신의 발현을 찾아보기 어렵다. 기업 규모가 커질수록 규모의 비경제가 작용하여 변화나 혁신을 기대하기가 힘들기 때문이다.

미래 대한민국 경제 발전의 견인차는 이미 대기업으로 성장해 버린 기존 기업이 아니라 기업가정신으로 충만한 중소 벤처기업이다. 경제성장은 중소 벤처기업이 대기업으로 성장하는 과정에서 자연히 이루어진다. 예컨대 지난 반세기 동안 대한민국이 이룬 경제 기적은 1938년 설립된 삼성상회나 1946년 설립된 현대자동차공업사와 같은 중소기업들이 각각 삼성그룹과 현대그룹이라는 대기업으로 성장함에 따른 필연적 결과라고도 할 수 있다.

2장의 핵심 주제는 혁신과 기업가정신이다. 구체적으로 우리는 세계 철강 산업을 일으킨 앤드루 카네기가 혁신을 통해 세상을 어떻게 바꿨는지, 파괴적 혁신과 존속적 혁신의 차이점과 장단점은 무엇인지, 인류에게 도움을 주는 생산적 혁신은 무엇인지, 비즈니스 모델의 개념 및 핵심 구성 요소는 무엇인지, 비즈니스 모델을 혁신하려면 어떤 일을 해야 하는지 등 주로 기업의 설립 단계에 관련된 경영학 주제들을 살펴볼 것이다.

무일푼으로 시작해 세계 최고의 부자가 된 남자

최고경영자의 책무 : 끊임없는 혁신은 최고경영자가 갖춰야 할 가장 중요한 덕목이다. 위대한 경영자 카네기는 수직적 계열화를 통해 철강 제품의 대규모 생산 및 유통 혁신을 주도했다.

대부분의 미국인은 숱한 역경을 이겨내고 결국 큰 성공을 거두게 된다는 '아메리칸 드림'을 실현한 영웅들의 이야기를 좋아한다. 아마도 앤드루 카네기는 이러한 미국인의 꿈을 가장 모범적으로 실현한 인물일 것이다.

카네기는 1835년 가난한 스코틀랜드 방직공의 장남으로 태어나 13세에 부모를 따라 미국으로 이민을 왔다. 가난 때문에 어린 시절부터 생업에 종사해야 했기에 초등학교를 졸업한 것이 그가 받은 교육의 전부였다. 미국에 이민 온 후 무일푼으로 사업을 시작했고 정부로부터 그 어떤 특혜도 받은 적 없지만 근면, 정직, 검약을 통해 1901년 세계 최고의 부자로 등극하기에 이르렀으니, 미국의 간판 영웅으로 손색이 없다.

카네기가 세계 철강 산업 발전에 미친 영향은 가히 절대적이다. 그가 철강 사업을 시작할 무렵 세계에서 가장 많은 철강을 생산하던 국가는 영국이었다. 1870년 영국의 연간 철강 생산량은 무려 596만 톤에 달한 반면 미국은 영국의 3분의 1에도 미치지 못하는 186만 톤의 철강을 생산했다. 품질 또한 영국 철강이 월등히 뛰어나다고 알려져 미국 철도 회사들조차 영국에서 생산된 철로를 주문했다.

그러나 30여 년에 걸친 카네기의 지속적 혁신의 결과로 미국은 세계 최대 철강 생산국으로 부상했을 뿐만 아니라 철강 품질 면에서도 영국을 능가하게 된다. 카네기의 등장 이후 세계 철강 산업은 눈부시게 발전했고, 1870년에 톤당 100달러이던 철로 가격은 1900년에는 12달러까지 하락했다. 품질은 오히려 더 좋아졌다.

철강 기술과 산업의 진화

카네기는 키스톤 교량회사(Keystone Bridge Company)와 앤드루 클로만(Andrew Kloman) 주조 공장 설립에 참여하면서 철강 산업에 처음 관심을 갖게 되었다. 이후 펜실베이니아 철도 회사와 미국 정부 산하 수송 관련 부서에서 일하며 그는 철강 산업의 밝은 미래를 확신했다.

특히 카네기! 미국의 증기기관차 수요가 가히 폭발적으로 늘어날 것이라고 판단했다. 또한 자동차, 교량, 선박 제조뿐만 아니라 농업과 건설을 포함한 모든 산업에서 막대한 양의 철강을 필요로 하게 되리라고 내다보았다.

그러나 폭발적인 수요 증가에도 불구하고 당시의 철강 제련은 비효율적인 퍼들법(puddling process)* 수준에 머물러 있었다. 또한 철광석 채굴부터 최종 제품 생산에 이르는 각각의 생산공정을 조각조각 나눠 따로 진행하는 배치 생산(batch production) 방식을 채택하고 있었다. 즉 용광로로 철광석을 녹여 선철을 만드는 회사, 압연기와 화덕을 사용해 선철을 바(bar)와 평판(slab)으로 만드는 회사, 바와 평판을 철로, 강판, 못, 철사 등으로 가공하는 회사 등 수많은 제조 업체가 저마다 독립된 회사로 존재했던 것이다.

퍼들법

퍼들법은 1784년 영국의 제철 기술자 헨리 코트가 개발한 철 제련 방법으로 당시에는 매우 획기적이라는 평가를 받았다. 이전까지는 용광로에서 철광석을 고온으로 녹였기 때문에 철이 탄소를 흡수해 선철이 되었다. 선철은 단단해서 부러지기 쉽고 가공하기가 어렵다는 단점이 있었다. 이에 코트는 반사로에 선철을 넣고 휘젓는 작업을 반복함으로써 가공이 편리한 연철을 만들어내는 퍼들법을 개발했다.

또 이러한 각각의 생산공정 사이에는 중간상이 있었는데, 이들은 이전 공정의 산출물을 구매해 다음 공정을 수행하는 제조 업체에 매각하고 그 대가로 수수료를 챙겼다. 요약하자면 당시의 철강 생산은 매우 비효율적이고 노동집약적으로 이루어졌기 때문에 쉽사리 가격을 낮출 수 없는 구조였다.

정체된 세계 철강 산업에 활력을 불어넣은 것은 영국의 기술자 헨리 베세머(Henry Bessemer)가 새롭게 발명한 제강 방식이었다. 이 제강법의 핵심은 용해된 철에 인위적으로 공기를 불어넣어 선철 내에 존재하는 규소, 탄소 등 불순물을 제거하고, 이때 발생하는 연소열을 제강에 이용한다는 점이다. 베세머법의 도입으로 더 단단한 철을 생산할 수 있게 되었고, 효율적으로 운영되는 대규모 철강 회사가 탄생했다.

카네기는 영국 여행을 하던 차에 우연히 베세머 제강법 시연 행사에 참석했다. 그는 이 새로운 제강 기술이 앞으로 세계 철강 산업을 완전히 바꿔놓을 것이라는 사실을 직감적으로 깨달았다. 미래의 철강 산업에 대한 명확한 비전을 세운 그는 주식 투자를 포함해 자신이 몸담고 있던 모든 사업을 정리하고 철강 기업 경영에만 집중했다.

영어에는 분산투자를 강조하는 말로 "한 바구니에 달걀을 모두 담지 마라"라는 표현이 있다. 카네기는 1902년 출간한 『사업의 정석』에서 이를 비틀어 "달걀을 모두 한 바구니에 담고 이를 지켜보라"라고 말하며 철강 사업에 열중했던 시절을 회상했다. 오직 한 가지 일에만 집중해야 사업에 성공할 수 있음을 강조한 것이다.

그러나 베세머 제강법이 가져다줄 기회를 포착한 것은 카네기뿐만이 아니었다. 베세머 제강법의 미국 사용 면허를 가장 먼저 취득한 인물은 알렉산더 홀리(Alexander Holley)라는 다재다능한 기술자였다. 이후 카네기 철강보다 규모도 훨씬 크고 경험도 풍부한 많은 미국 철강 회사들이 베세머 제강법으로 철을 제련하기 시작했다. 하지만 최후의 승자는 카네기였다. 변화의 소용돌이 속에서 카네기는 다른 누구보다 혁신적인 해결책을 제시함으로써 세계 철강 산업을 평정했다.

수직적 계열화를 이룬 카네기의 혁신

경영의 역사는 사실 혁신의 역사라고 할 수 있다. 그리고 카네기의 혁신은 1872년 에드거 톰슨 철강 회사(J. Edgar Thomson Works)라는 제거 공장을 설립해 유 공규의 일종의 베세머 전화로를 설치하면서부터 시작되었다.

공장 설립 과정에서 그는 미국 내에서 베세머 제강법에 대해 그 누구보다 잘 알고 있는 알렉산더 홀리를 고용해 공장 디자인 및 초기 운영을 맡겼다. 또한 코크스 원료의 안정적 공급을 위해 헨리 프릭(Henry Clay Frick)이 소유하고 있던 코크스 회사를 인수합병했고, 유능한 화학자로 하여금 제강 과정을 지속적으로 연구하도록 했으며, 초기 투자 비용이 너무 높다고 경쟁 업체들은 사용을 꺼린 지멘스(Siemens) 가스 용광로를 과감히 도입했다.

그뿐만 아니라 철도 산업에서 축적된 회계 지식을 습득하기 위해 윌리엄 쉰(William P. Shinn)과 같은 인재를 데려왔으며, 빌 존스(Bill Jones)를 영입해 전체 철강 생산공정을 신속하게 진행하기 위한 디자인과 실행을 책임지도록 했다.

카네기는 여기저기 흩어져 있던 철강 생산의 각 공정을 하나의 회사 울타리 안으로 통합함으로써 연속생산공정(continuous production process)을 실현했다. 이로써 그는 자신이 오래전에 세운 철강의 대량생산 및 유통, 그리고 규모의 경제에 따른 원가절감이라는 목표를 달성했다.

카네기가 원가에 대해 남다른 집착을 보인 것은 펜실베이니아 철도회사에서 일하면서 얻은 대니얼 매컬럼의 가르침 때문일 것이다. 매컬럼은 미국 철도 산업 경영에 가장 큰 영향을 미친 인물 가운데 한 명으로, 철도 운행의 각 과업 및 공정 완수에 소요되는 비용을 산출하기 위한 정보 시스템의 중요성을 강조했다. 카네기는 매컬럼의 가르침대로 원자재 가격, 임금 및 부대 비용을 정확히 측정하고 각 용광로의 생산량 정보를 수집하는 시스템을 구축했다.

원가에 대한 카네기의 집착은 결국 그를 성공으로 이끈 비결 중 하나가 되었다. 그는 언제나 정확한 비용 정보를 알고 있었기 때문에 경쟁자보다 더 공격적으로 입찰에 참여할 수 있었고, 1873~78년의 경기 불황에도 불구하고 시장점유율을 꾸준히 높일 수 있었다. 또한 정보 시스템을 통해 비용을 절감할 수 있는 부문을 보다 쉽게 찾아냄으로써 원가절감 목표를 수월하게 달성했다. 그 결과 경쟁자들보다 현저히 낮은 가격으로 철로를 판매하면서도 많은 이익을 낼 수 있었다.

1890년대에 접어들어 카네기의 철강 왕국은 완성에 이른다. 못과 같이 작은 부속품에서부터 교량 건설에 필요한 대형 자재에 이르기까지 거의 모든 종류의 철강 제품을 생산할 수 있는 연속생산공정이 구축되었다. 철광석 채굴, 원자재 운송을 위한 철도 및 선박, 철강 생산 및 유통에 이르는 수직적 계열화 역시 완성되었다. 1892년 당시 카네기 트러스트에서 생산한 철강은 미국 전체 철강 생산량의 4분의 1 이상을 차지했다고 한다.

한마디로 카네기는 수직적 계열화를 통해 연속생산공정을 실현함으로써 철강 제품의 대규모 생산 및 유통 혁신을 주도한 인물이다. 베세머가 19세기 세계 철강 산업의 혁신을 불러온 기술자라면, 카네기는 그 혁신을 완성한 경영자였다.

15

파괴적 혁신

자동차를
처음 발명한 사람은
누구일까?

파괴적 혁신 : 기존 시장과 가치 네트워크를 파괴해 새로운 시장과 가치 네트워크를 창조하는 유형의 혁신.

대학에 진학해 경영학 공부를 진지하게 하기 전까지만 해도 나는 헨리 포드가 자동차를 발명한 사람인 줄로만 알았다. 내연기관을 사용한 자동차를 처음 만든 인물이 포드가 아니라 카를 벤츠라는 사실을 아는 사람은 생각보다 많지 않다. 자동차의 역사와 관련해 벤츠보다 포드를 우리가 먼저 떠올리는 이유는 오늘날과 같은 자동차 산업의 모습을 만든 사람이 포드이기 때문일 것이다.

벤츠가 자동차를 처음 발명한 것은 사실이지만, 그가 아니었더라도 동시대의 누군가가 몇 년 내로 최초의 자동차를 만들었을 것이다. 다시 말해, 벤츠가 없었다 해도 자동차는 언제고 발명될 터였기 때문에 자동

포드 자동차의 모델 T

차의 역사에서 벤츠는 그리 영향력이 큰 인물이 아니다. 또한 오늘날 우리가 벤츠를 기억하는 것은 벤츠 자동차 회사 때문이지 발명가 벤츠 때문은 아니다. 벤츠 자동차 회사의 설립과 발전에 큰 기여를 한 인물이 발명가 카를 벤츠가 아니라 자산가이자 뛰어난 사업가였던 그의 아내 베르타 벤츠(Bertha Benz)였다는 점도 카를 벤츠의 인상을 희미하게 만드는 데 한몫한 것 같다.

1906년 벤츠가 처음 자동차를 발명한 이래 거의 30년 동안 자동차는 고가의 사치품으로 인식되었기 때문에 극소수의 부자들만 이를 구매할 수 있었다. 자동차가 발명된 이후에도 대다수 사람들의 이동 수단은 마차였다. 자동차 출시가 운송 시장에 미친 영향은 지극히 제한적이었던 것이다.

그러나 1908년 포드 자동차에서 출시한 모델 T는 일반 대중이 구매할 수 있을 정도로 가격이 저렴했기 때문에 기존의 대중 운송 수단인 마차를 대체하게 된다. 헨리 포드가 없었다면 지금도 자동차는 소수의 부자들만 살 수 있는 사치품에 머물러 있었을지도 모르고, 동적조립라인*과 같은 대량생산 기법의 발명과 전파 또한 늦어져 많은 산업의 발전 속도가 더디어졌을 가

동적조립라인
헨리 포드가 모델 T를 개발하면서 고안해 낸 생산 방식이다. 작업자는 한 장소에 머무르고 부품을 운반하는 컨베이어 벨트가 작업자 앞으로 이동해 오도록 함으로써 작업 시간을 획기적으로 줄이는 결과를 낳았다. 동적조립라인에 대한 보다 자세한 설명은 4장을 참고하기 바란다.

능성이 높다. 포드는 비록 자동차를 발명하지는 않았지만 오늘날의 자동차 산업을 만들었고, 자동차의 역사에서 가장 영향력이 큰 인물로 평가받을 만하다.

창조하기 위해 파괴하라

벤츠와 포드 두 사람 모두 위대한 혁신가였다. 벤츠는 자동차를 발명했고, 포드는 자동차 산업을 창조했다. 하버드 경영대학원 교수 클레이튼 크리스텐슨은 이 둘의 혁신에 대해 벤츠의 혁신은 '존속적 혁신(sustaining innovation)'이고 포드의 혁신은 '파괴적 혁신(disruptive innovation)'이라고 말했다.

존속적 혁신이란 자동차 엔진의 연료 분사 기술 발명과 같이 기존의 기술을 지속적으로 개선하되 기존의 시장에는 큰 영향을 주지 않는 부류의 혁신이다. 벤츠의 자동차가 혁신적인 발명품인 것은 분명하지만 기존의 마차 운송 시장을 대체하지는 않았기 때문에 이는 존속적 혁신에 해당한다.

반면 파괴적 혁신은 기존 시장과 가치 네트워크를 파괴해 새로운 시

장과 가치 네트워크를 창조하는 혁신을 말한다. 포드 자동차의 모델 T는 외양이나 성능 면에서는 기존의 자동차와 큰 차이가 없었을지 모르지만 결과적으로 마차 산업을 붕괴시키고 자동차 산업을 창조한 파괴적 혁신이다.

파괴적 혁신은 개발에 따른 위험도 크고 개발 시간도 오래 걸린다. 또한 개발에 성공한다고 해도 기존 산업을 파괴할 것이기 때문에 이익을 창출할 때까지 상당한 시간이 소요된다. 파괴적 혁신을 주도하는 것은 보통 기존 산업 외부에 존재하는 기업들이다. 기존 산업 내에서 잘나가는 기업, 특히 선도 기업은 현재의 사업 환경을 파괴하고 싶어 하지 않기 때문이다. 선도 기업은 존속적 혁신에 대부분의 자원을 사용하기 때문에 파괴적 혁신에 사용할 여유 자원이 부족하다.

크리스텐슨은 "파괴적 혁신은 기업을 향해 날아드는 미사일 공격과 같다"라고 했다. 눈앞에 보이는 적의 총구를 피하는 데만 정신이 팔려 산업 바깥에서 자신의 산업을 파괴하려는 움직임, 즉 미사일 공격을 놓치고 만다는 것이다. 위키피디아가 종이 백과사전을, 전화가 전보를, 개인용 컴퓨터(PC)가 대형 컴퓨터(mainframe)를, 스마트폰이 휴대용정보단말기(PDA)와 개인용 컴퓨터를, 디지털미디어가 CD와 DVD를, 자동차가 마차를, 디지털 사진 기술이 필름을 대체하면서 기존의 거대 기업이 무너지고 새로운 신입 신도자기 등장하는 것은 우리는 지켜봐 왔다.

파괴적 혁신의 결과로 생산된 제품은 보통 기존 제품보다 가격이 저렴하고 사양은 떨어지는 경향이 있다. 포드 자동차의 모델 T 또한 기존의 사치품 자동차에 비해 가격이 저렴한 대신 성능이 다소 떨어지는 제품이었다. 하지만 이들 혁신 제품은 가격 면에서 큰 이점을 갖기에 이전에는 해당 품목을 아예 구매하지 않았던 고객이 지갑을 열기 시작하면서 새로운 시장 또는 산업이 형성된다.

고객 숫자가 늘고 시장이 점차 커지면 제품의 성능도 점진적으로 개선되어 결국에는 기존 산업을 대체하기에 이른다. 포드 자동차, 코닥 브라우니 카메라, 개인용 컴퓨터 등이 기존 산업을 파괴하고 새로운 산업을 창조하는 과정에는 이와 같은 공통점이 있었다.

파괴적 혁신으로부터 스스로를 보호하는 가장 좋은 방법은 회사의 자원 가운데 일부를 따로 떼어내 파괴적 혁신에 투자하는 것이다. "스스로 파괴자가 되어라"라고 크리스텐슨은 권한다. 구글과 같은 혁신적인 기업들이 끊임없이 신생 기업들을 인수합병하는 데에는 장차 파괴자가 될 만한 기업을 미리 매수하려는 의도가 있는 듯하다.

파괴적 혁신을 내부에서 주도할 것인지 외부로부터 끌어들일 것인지는 중요치 않다. 스스로 인지하지 못하는 파괴적 혁신의 결과로 자신의 사업이 하루아침에 몰락할 수 있다는 가능성을 항상 열어놓고 이에 대비하는 자세가 필요하다.

16

창조적 파괴

아시아의 시대는
과연 올 수 있을까?

창조적 파괴 : 혁신적인 제품의 출시는 새로운 가치를 '창조'하는 행위인 동시에
기존의 열등 제품을 시장에서 퇴출시키는 '파괴' 행위이다.

2013년 말 《애틀랜틱》은 혁신에 관한 흥미로운 기사를 한 편
실었다. 여러 전문가들과의 인터뷰를 통해, 6000년 전 바퀴가 발명된 이
래 인류 역사에 가장 큰 영향을 미친 혁신 제품 및 아이디어 50개를 선
정해 발표한 것이다. 선정된 50개 혁신의 내용도 흥미로웠지만, 나는 50개
의 혁신이 이루어진 시점과 장소에 더 관심이 갔다.

먼저 50개 혁신 가운데 반수 이상이 지난 200년 사이에 이루어졌다.
오랜 옛날의 혁신은 알 수 없는 힘에 의해 무작위로, 드물게 일어나는
현상이었다. 하지만 200년쯤 전부터 서유럽과 미국을 중심으로 혁신을
인위적으로 만들어낼 수 있는 환경이 조성되면서 혁신의 출현 빈도가

현저히 높아졌다. 특히 기업은 혁신을 체계적으로 만들어내고 관리할 수 있는 대표적인 조직이다. 이는 앞으로 우리 생활을 바꿔놓을 혁신이 점점 더 늘어날 것이라는 뜻이다.

한편 혁신이 무작위로 발생하던 과거에는 중국, 이집트, 중동, 그리스, 유럽 등 다양한 지역에서 혁신 제품이 발명되었다. 이 시기에는 인구가 많고 역사가 오래된 나라일수록 혁신이 일어날 확률이 높았다. 그러나 102쪽 표에서 볼 수 있듯이 19세기에는 유럽, 20세기에는 미국에서 대부분의 혁신 제품이 발명되었다. 안타깝게도 지난 200년 동안 아시아에서 나온 혁신은 단 한 건도 없다. 21세기는 아시아의 시대가 되리라는 의견이 많이 있지만, 21세기의 대표 혁신 명단에 아시아 혁신가의 제품이 올라가리라는 보장은 없다.

혁신은 "창조적 파괴의 강풍"

혁신은 경영학에서 가장 비중 있게 다뤄야 할 주제다. 인류 역사에 가장 큰 영향을 미친 혁신 50선도, 인류 경제사를 바꿔놓은 산업혁명도, 경영학 교과서에 등장하는 수많은 기업 사례도 모두 혁신과 관련된 일화다. 하지만 학자들이 혁신을 연구하기 시작한 것은 극히 최근의 일이다.

조지프 슘페터(Joseph Schumpeter)는 혁신을 체계적으로 연구한 최초의 경제학자이다. 생전에는 존 메이너드 케인스의 그늘에 가려 큰 주목을 받지 못했으나, 1980년대 이후 혁신적 자본주의 시대*가 도래하면서 케인스를 능가하는 경제학자로 재조명받았다.

그는 먼저 혁신을 구체적으로 ① 신제품 개발, ② 새로운 생산 방식의 도입, ③ 새로운 시장의 개척, ④ 새로운 원료 및 반제품 공급선 개척, ⑤ 독점의 구축과 와해 혹은 새로운 조직 구축이라는 다섯 가지 형태로 정리

연도	혁신의 종류	혁신가 (국적)
1820s	사진	조세프 니에프스 (프랑스)
1837	전보	윌리엄 쿡, 찰스 휘트스톤 (영국)
1846	마취제	윌리엄 모튼, 찰스 잭슨, 호레이스 웰스 (미국)
1847	정유	다수 (스코틀랜드 등)
1851	산업용 철강	헨리 베세머 (영국)
1856	냉장 기술	제임스 해리슨 (스코틀랜드)
1859	유정 굴착	에드윈 드레이크 (미국)
1860s	내연기관	다수 (벨기에/독일 등)
1863	저온살균	루이 파스퇴르 (프랑스)
1876	전화	알렉산더 벨 (영국)
1880s	전기	다수 (미국/영국 등)
1884	증기터빈	찰스 파슨스 (영국)
1885	자동차	베르타 벤츠 (독일)
1902	에어컨	윌리스 캐리어 (미국)
1903	항공기	라이트 형제 (미국)
1906	라디오	다수 (이탈리아/캐나다)
1913	조립라인	헨리 포드 (미국)
1918	질소고정(비료)	프리츠 하버 (독일)
1926	로켓	로버트 고다드 (미국)
1927	텔레비전	필로 판스워스 (미국)
1928	페니실린	알렉산더 플레밍 (영국)
1938	핵분열	오토 한, 프리츠 슈트라스만 (독일)
1947	트랜지스터	윌리엄 쇼클리 외 2인 (미국)
1950s	녹색혁명	노먼 볼로그 (미국)
1960	피임약	존 로크, 그레고리 핀커스 (미국)
1960s	인터넷	미 국방부 (미국)
1970s	개인용 컴퓨터	다수 (미국)

지난 200년간 등장한 혁신 제품 및 아이디어

했다. 혁신가(entrepreneur)는 이 다섯 종류의 혁신을 통해 기존 시스템을 뒤흔들고, 그 결과 많은 이익을 얻을 수 있다.

슘페터는 혁신을 "창조적 파괴의 강풍(gale of creative destruction)"이라고 표현했다('창조적 파괴'라는 표현을 처음 사용한 학자는 슘페터가 아니라 독일 경제학자 베르너 좀바르트(Werner Sombart)이다). 혁신적인 제품의 출시는 '창조' 행위이지만, 혁신적인 제품이 출시됨에 따라 기존의 열등 제품이 시장에서 '파괴'되거나 퇴출당한다는 의미로 창조적 파괴라는 용어를 사용한 것이다.

혁신적 자본주의 시대

1980년대 초 미국의 레이건 대통령과 영국의 대처 수상은 신자유주의 경제 이념을 채택하며 혁신을 경제성장의 핵심 수단으로 삼는다. 이후 각국 지도자들은 좌우 구분 없이 혁신이라는 복음을 전파하는 데 앞장서고, 기업 역시 관리보다는 혁신이나 핵심 인재와 같은 주제를 경영의 핵심 요소로 여기게 된다.

혁신적 자본주의 시대에는 조직에 충성하는 사람보다 총명하고 창의적인 사람이 더 대우를 받는다. 또한 혁신적 자본주의가 도래하면서 구조조정이 일상화되는 등 기업과 종업원 간의 끈끈한 사회적 계약이 파기되는 결과를 낳기도 했다.

예컨대 카세트테이프는 레코드판 산업을 파괴했고, CD는 카세트테이프 산업을 파괴했으며, 온라인 음악 스트리밍 서비스나 음원 다운로드 산업은 CD와 같은 아날로그 음향 산업을 파괴했다. 음반 산업에서 일어난 이와 같은 일련의 혁신으로 오늘날의 소비자는 보다 선명한 음질의 음악을 한층 저렴한 비용으로 들을 수 있게 되었다. 또한 음반을 사기 위해 발품을 팔 필요도 없고, 언제든지 모바일 음원 서비스를 통해 원하는 가수의 특정 곡만을 골라 들을 수 있다.

혁신은 경제성장의 원동력인 동시에 경기순환이 발생하는 원인 또한 제공한다는 것이 슘페터의 주장이다. 창조적 파괴를 통해 얻은 혁신의 산물인 독점적 이윤은 오래 지속되지 않는다. 독점 이윤이 존재하는 분야에서는 언제든지 이를 모방하는 경쟁자가 시장에 진입할 수 있기 때문이다. 시간이 지날수록 더 많은 모방자가 시장에 가담하게 되고, 결국 혁신가가 더 이상 독점 이윤을 벌어들일 수 없게 되는 균형(equilibrium) 상태가 이루어진다.

슘페터는 경기순환을 가리켜 시장에 새로운 혁신이 등장해 이익이 창출되는 시기인 '호황'과 점점 더 많은 모방자가 시장에 진입해 이익이 소멸되는 시기인 '불황'이 반복되는 과정이라고 설명했다.

마르크스의 영향을 많이 받아서인지, 슘페터 역시 자본주의는 결국 와해될 것이라고 예측했다. 그러나 자본주의가 종말을 고하는 이유에 대해서는 마르크스와 달리 설명했다. 그는 자본주의 도입의 결과로 모든 계층의 생활수준이 고르게 향상될 것이기 때문에 프롤레타리아가 자본주의 시스템을 전복할 이유가 사라지게 된다고 주장했다. 대신에 자본주의는 그 성공의 초석이 된 가치를 스스로 파괴하면서 결국 자연스럽게 자멸하리라는 것이다.

기업의 규모가 커짐에 따라 기업가정신은 사라지고 자본주의는 관료화되어, 자본주의 본연의 가치 대신 안전, 평등, 규제에 대한 욕구가 늘어나 결국 사회주의의 도래를 불러올 것이라는 슘페터의 예측은 다소 비장한 느낌마저 준다.

17 비생산적 혁신

혁신에도
품질이 있다

비생산적 혁신 : 기술혁신이 생산적 혁신의 대표적인 예라면, 진입 장벽 구축을 통한 독점, 정부 로비를 통한 특혜 사업권 취득, 대기업의 하청기업 착취는 비생산적 혁신의 대표적인 예이다.

2008년 말 미국 금융계의 거물이던 버나드 매도프(Bernard Madoff)가 금융 사기로 구속됐다는 언론 보도로 미국이 발칵 뒤집혔다. 매도프는 미국장외주식시장인 나스닥의 회장까지 지낸 월스트리트의 유명인이다. 그런 그가 미국 역사상 최대 규모의 금융 사기를 자행했다는 보도 앞에 많은 사람들이 귀를 의심했다.

피해 금액이 무려 650억 달러에 이르렀다. 피해자의 면면도 화려해, 스티븐 스필버그와 같은 유명 인사를 비롯해 HSBC, 노무라증권 등 세계적 금융기관을 망라했다. 매도프는 결국 150년 형을 선고받고 현재 보스턴연방형무소에 수감 중이다.

매도프가 저지른 사기 수법은 폰지 사기(Ponzi scheme)의 일종으로, 1920년대 초 찰스 폰지(Charles Ponzi)가 저지른 금융 사기에서 유래한 것이다.

우연찮게 폰지는 국제우편의 회신 쿠폰(postal reply coupon)을 이용한 아비트리지(arbitrage)의 기회를 포착했다. 아비트리지란 동일한 상품이 두 지역 또는 시장에서 서로 다른 가격으로 판매되는 경우, 가격이 낮은 시장에서 상품을 구입해 가격이 높은 시장에서 되팔아 이익을 얻는 행위를 말한다.

폰지는 1차 세계대전 후 불어닥친 인플레이션 때문에 발생한 이탈리아와 미국의 환율 차이를 이용해 이탈리아에서 저가로 쿠폰을 구입해 미국에서 고가로 판매하는 합법적인 사업을 시작했다.

그러나 그는 빠른 사업 확장을 위해 적극적으로 투자자를 모집하는 과정에서 90일 안에 100퍼센트의 이자를 지급한다는 비현실적인 광고를 낸다. 폰지의 탁월한 영업력과 더불어 일부 초기 투자자가 막대한 수익을 올렸다는 소문이 퍼지면서, 그는 미국 전역으로부터 천문학적인 액수의 투자금을 확보한다. 그러나 우편 회신 쿠폰을 되팔아 얻을 수 있는 차익은 실제로 그리 크지 않았다. 그 때문에 폰지의 사업은 신규 투자자의 투자금으로 기존 투자자에게 지급할 이자를 충당하는 일종의 고용 다단계 사기로 변질하게 된다.

마침내 그의 사기 행각이 만천하에 드러나자 많은 이들이 경악을 금치 못했다. 이는 피해액 규모가 2,000만 달러(현재 화폐가치로 2억 3,000만 달러)에 달하고 4만 명 이상의 피해자를 낸 대규모 금융 사기 사건이었다.

생산적 혁신과 비생산적 혁신

슘페터 이후 혁신을 연구한 경제학자와 경영학자 가운데 가장 주목할 만한 사람은 윌리엄 보몰(William Baumol)이다. 그는 슘페터가 제시한 다섯 가지 유형의 혁신이 사회 전체에 미치는 득과 실에 주목했다.

우리는 혁신이 언제나 옳고 좋다고 여기는 경향이 있는데 이는 잘못된 생각이다. 보몰은 혁신을 가치중립적인 개념으로 파악한다. 그는 혁신가를 단순히 "창의적인 방법으로 자신의 재산을 증식하거나 권력과 명성을 얻고자 노력하는 사람"이라고 정의한다. 혁신가가 실현하는 혁신이 어떤 것이냐에 따라 사회에 득이 될 수도 있고 해가 될 수도 있다. 즉 혁신에도 '품질'이 있는 것이다. 이러한 관점에서 보면 찰스 폰지나 버나드 매도프도 창의적인 방법으로 부를 축적하려 했던 혁신가인 셈이다.

보몰은 사회에 득이 되는 생산적 혁신과 사회에 해를 끼치는 비생산적 혁신을 엄격하게 구분한다. 보몰에 따르면 스탠더드 오일 트러스트와 같이 독점적 조직을 구축한 혁신은 사회에 부정적 영향을 미친 비생산적 혁신이고, 축음기의 발명과 같은 혁신은 사회에 긍정적 혜택을 제공한 생산적 혁신이다.

생산적 혁신의 대표적인 사례는 기술혁신이다. 기술혁신은 보통 사회 전반에 걸쳐 연쇄적인 혁신을 유발하는 특성이 있다. 예를 들어 고든 무어(Gordon Moore)가 마이크로프로세서를 발명하지 않았다면 스티브 잡스의 개인용 컴퓨터 혁신은 불가능했을 테고, 잡스의 혁신이 아니었다면 마이크로소프트나 구글과 같은 기업이 탄생할 수 없었을지도 모른다.

한편 비생산적 혁신의 대표적인 예로는 진입 장벽 구축을 통한 독점, 정부 로비를 통한 특혜 사업권 취득, 대기업의 하청기업 착취 등 일종의 정치적인 지대추구(rent-seeking)* 행위를 들 수 있다. 비생산적 혁신은 건전한 상행위나 기술혁신보다 법이나 정치적 환경을 활용해 이익을 획득하는 행위이기 때문에, 보통 다른 사회 구성원의 부를 빼앗는 제로섬 게임*의 성격을 갖는다.

> **지대추구**
>
> 사회 전체의 부를 늘리지 않은 채, 다른 사람이 가진 부를 빼앗아 자신의 부만 늘리는 행위.
>
> **제로섬 게임**
>
> 제로섬 게임이란 게임 참여자들 중 승자들의 이득과 패자들의 손해를 합하면 0(제로)이 되는 형태의 게임이다. 제로섬 게임이라는 용어는 경제학의 게임이론에서 처음 쓰였지만, 일반적으로 무한 경쟁 상황에서 승자가 모든 이익을 챙기는 현상을 표현할 때 사용한다.

법과 제도가 혁신의 질을 결정한다

혁신은 인간의 본성이기 때문에 국가와 시대를 막론하고 항상 존재해 왔다는 게 보몰의 주장이다. 혁신가는 자신의 노력과 자원을 기술혁신과 같은 생산적인 활동에 배분할지 아니면 로비와 같은 정치적 활동에 배분할지 선택할 권리가 있다. 이때 혁신가가 어느 쪽을 선택할지는 각 활동의 수익률에 달려 있고, 그 수익률을 결정하는 것은 바로 국가의 법과 제도이다.

만약 국가가 개인의 사유재산권을 확실히 보장하고, 사법 체제가 공정하고 균형이 잡혀 있으며, 각종 세금이나 규제를 통해 부를 재분배하는 정부의 권한을 법적으로 조율한다면, 정치적인 지대추구 행위를 할 여지가 줄어들어 비생산적 혁신의 수익성이 낮아진다. 이런 국가에서는 생산적 혁신의 수익성이 비생산적 혁신에 비해 상대적으로 높기 때문에 혁신가가 생산적 혁신을 통해 부를 창출하는 데 전념하게 된다. 즉 국가의 법과 제도가 혁신의 수익률 또는 보상을 결정하고 이에 따라 혁신의 방향이 결정된다.

보몰의 이론을 이렇게 설명할 수도 있다. 혁신에 대한 의지는 누구나 갖고 있는 인간의 보편적 속성이다. 그러므로 국가 지도자의 역할은 국민 모두가 단순히 혁신에 매진하도록 하는 것이 아니라 비생산적 혁신을 회피하고 생산적인 혁신에 매진할 수 있도록 만드는 것이다. 예컨대 기업가는 자신이 사업을 영위하는 국가의 제도, 즉 게임의 법칙에 따라 혁신 활동의 종류를 결정한다. 따라서 국가 지도자는 기업가가 생산적인 혁신에만 매진하게끔 그에 적합한 제도를 마련해야 한다.

당신 사업에 투자해야 할 이유를 1분 안에 설명하라

비즈니스 모델 : 어떤 사업이 고객과 기업을 위해 가치를 제공하는 방법을 구체적으로 설명한 것.

지금은 잘 사용하지 않지만 1970~80년대에 해외로 출장이나 여행을 갈 때면 아메리칸 익스프레스에서 발행한 여행자수표를 한 묶음씩 가져가곤 했다. 1990년대 이후로 신용카드, 직불카드, 현금자동입출금기 등 보다 편리한 대체 수단이 등장하면서 찾아보기 어려워졌지만, 여행자수표는 한때 해외여행의 필수품이었다.

아메리칸 익스프레스(줄여서 '아멕스')는 원래 특급우편 사업을 하던 기업이다. 1888년부터 1890년 사이에 아멕스의 사장 제임스 파고(James Fargo)는 유럽 출장을 떠났다. 이때 그가 겪은 외화 환전 경험이 아멕스의 미래를 바꾸게 되리라고는 아무도 알지 못했다. 파고는 분실 위험이 있는 현지 화폐 대신 은행에서 발행한 신용장(letter of credit)을 가져갔는데, 대도시를 제외한 곳에서 신용장을 현지 화폐로 바꾸는 데 어려움을 겪었다.

출장에서 돌아온 파고는 직원을 불러 해외여행자의 현금 문제를 획기적으로 해결할 비즈니스 모델을 개발하라고 지시했다. 아멕스 사장이 환전에 어려움을 겪을 정도라면 일반 여행자는 훨씬 더 큰 불편을 겪을 터이기에, 이 문제를 해결할 방법만 있다면 좋은 돈벌이가 되리라 확신했던 것이다. 이리하여 1892년 '여행자수표'라는 아멕스 역사상 최고의 비즈니스 모델(business model)이 탄생하게 된다.

아멕스의 여행자수표 사업이 성공하기 위해서는 전 세계 상점이 아멕스가 발행한 수표를 현금과 다름없이 취급하도록 만들어야 했다. 이에 아멕스는 전 세계 은행, 호텔, 상점, 식당 등 여행자가 수표를 사용할 가능성이 있는 모든 점포를 대상으로 자신의 브랜드를 알리는 데 총력을 기울였다.

아멕스 여행자수표는 고객, 상점, 아멕스 모두에게 혜택을 제공하는 좋은 비즈니스 모델이다. 고객은 아멕스 여행자수표를 구매하면서 약간의 수수료를 지불하는 대가로 월등히 편리한 환전 서비스를 제공받는다. 과거의 은행 신용장과는 달리 거의 모든 상점에서 아멕스 브랜드를 인지하고 여행자수표를 받기 때문에 사용하기 편리하다. 또한 현금은 분실하면 그걸로 끝이지만 수표의 경우에는 보험을 통해 보상 혜택을 받을 수 있다.

한편 여행자수표 시장이 정착된 것은 점포 입장에서도 반가운 일이다. 예전에는 수많은 은행이 발행한 신용장의 진위 여부를 일일이 확인하는 과정이 불편해 신용장을 아예 취급하지 않는 점포가 많았다. 그러나 아멕스 여행자수표의 경우에는 그런 문제가 없다. 또한 여행자수표 시장이 형성되어 해외여행자의 방문과 소비가 늘어나면 상점 주인에게도 이득이다.

비즈니스 모델의 세 가지 요소

'비즈니스 모델'이라는 용어는 IT 벤처기업들이 우후죽순처럼 생겨나던 1990년대 무렵부터 경영자들의 입에 자주 오르내리기 시작했다. 하지만 경영학자들은 오래전부터 다른 용어를 사용해 비즈니스 모델을 연구해 왔다.

비즈니스 모델이란 해당 사업이 고객과 기업을 위해 가치를 제공하는 방법을 구체적으로 설명한 것이라고 정의할 수 있다. 우리는 앞서 아멕스 여행자수표가 고객, 상점, 기업에 어떤 가치를 제공했는지 살펴보았다. 마이클 루이스(Michael Lewis)는 비즈니스 모델을 "돈 버는 계획"이라고 보다 간결하게 정의했고, 조안 마그레타(Joan Margretta)는 "사업의 작동 원리를 설명하는 이야기"라고 정의했다. 피터 드러커는 비즈니스 모델이라는 용어 대신 "비즈니스 이론(theory of the business)"이라는 용어를 사용했다.

최근 경영학자들은 비즈니스 모델이 의미하는 바를 구체화하기 위해 노력하고 있다. 마크 존슨은 그 대표적인 인물이다. 그는 비즈니스 모델이 고객 가치 제안(customer value proposition), 이익 창출 방정식(profit formula), 핵심 자원과 프로세스(key resources & processes)라는 세 가지 요소로 구성되어 있다고 말한다.

이는 투자자에게 당신 사업의 비즈니스 모델을 설명할 때 해당 사업을 통해 고객에게 어떤 가치를 제공하는지, 이익은 어떻게 창출되는지,

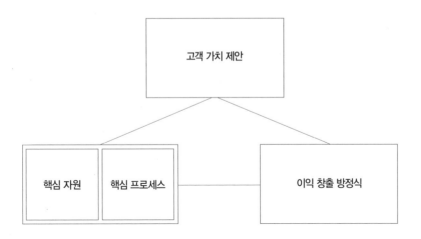

비즈니스 모델의 세 가지 구성 요소

(도표 내용: 고객 가치 제안 / 핵심 자원 / 핵심 프로세스 / 이익 창출 방정식)

그리고 경쟁사가 당신의 비즈니스 모델을 따라 하기 어렵게 만드는 핵심 자원과 프로세스는 무엇인지를 언급해야 한다는 뜻이다.

고객 가치를 제안하라

성공적인 비즈니스 모델은 표적 고객이 중요하게 여기는 문제에 대한 해결책을 제시한다. '고객 가치 제안'이란 고객에게 자사 제품 및 서비스를 구매해야 하는 이유를 제시하는 일이다.

나는 종종 벤처 사업의 성공 가능성 또는 투자 타당성을 평가해 달라는 요청을 받곤 한다. 그럴 때면 우선 해당 벤처가 표적 고객의 '중요하지만 아직 충족되지 않은' 욕구를 다루고 있는지를 살펴본다. 그러고는 해당 벤처가 그 문제를 해결하기에 적합한 제품 및 서비스를 제시하고 있는지 평가한다.

아멕스 여행자수표는 이 점에서 훌륭한 비즈니스 모델의 모범이라고 할 수 있다. 당시의 해외여행자들은 현금이나 신용장 대신 사용하기에 편리한 지불 수단을 필요로 했고, 아멕스는 여행자수표를 통해 해외여행자의 환전 문제를 현명하게 해결했다.

조안 마그레타는 고객 가치 제안의 중요성을 강조하며 "새로운 비즈니스 모델을 창조하는 행위는 새로운 글을 쓰는 일과 유사하다"라고 말한다. 우리는 텔레비전 드라마를 볼 때마다 매번 사랑, 증오, 배신 등과 같은 뻔한 주제를 재탕하는 데 불만을 토한다. 하지만 사랑이나 전쟁과 같은 보편적 주제를 매력적으로 재구성하거나 변형하는 것이야말로 소설가와 드라마 작가의 임무다.

새로운 비즈니스 모델도 이와 마찬가지다. 고객이 원하는 보편적 가치인 편리함, 즐거움, 간편함, 경제성 등을 이전까지의 비즈니스 모델과는 다른 방식으로 재구성해 표적 고객에게 제공해야 한다.

고객마다 자신이 원하는 보편적 가치가 다르기 때문에 비즈니스 모델을 만들 때에는 표적 고객 선정이 중요하다. 20세기 초 유리판 사진을 필름 형태로 대체한 코닥의 기술혁신에 대해, '간편한' 사진 촬영을 원하는 일반인은 긍정적으로 받아들였지만 '정교한' 사진 촬영을 원하는 전문 사진사들은 불필요한 혁신이라며 비판의 날을 세우기도 했다.

이익 창출 방정식을 이해하라

한편 아무리 고객이 간절히 원하는 가치를 제공한다 해도 수지타산이 맞지 않는 비즈니스 모델은 탁상공론이나 다름없다. 장기적으로 이익을 내지 못하는 회사는 살아남을 수 없다. 1990년대 후반 닷컴 버블*이 정점에 달했을 때 수많은 벤처기업들이 도산한 것은, 수지타산이 맞지 않는 사업은 망할 수밖에 없다는 이익 창출 방정식의 원리를 이해하지 못했기 때문이다.

1996년 루이 보더스(Louis Borders)는 온라인 식료품 배달 서비스 회사 웹밴(Webvan)을 화려하게 창업했다. 그는 1971년 대형 오프라인 서점인 보더스를 연 후 미국에서 손꼽히는 서점 체인으로 성장시킨 베테랑 사업가이다.

웹밴이 영업을 시작하고 얼마 지나지 않아 벤치마크 캐피탈, 세콰이어 캐피탈, 소프트뱅크, 골드만삭스 등 세계 최고의 벤처 캐피탈 회사들이 4억 달러를 웹밴에 투자했다. 1999년 말 기업공개(IPO, initial public offering)※ 당시 웹밴의 가치는 무려 48억 달러를 넘어섰고 세간의 주목을 한몸에 받았다.

그러나 설립 이후 기업공개 시점까지 웹밴의 누적 매출액은 고작 40만 달러 정도밖에 되지 않았다. 원래 식료품 사업은 마진이 매우 낮은 분야이다. 또한 웹밴 이용 고객은 식료품 배달 서비스에 그리 큰 가치를 부여하지 않았기 때문에 높은 가격을 지불하려 하지 않았다. 즉 온라인 식료품 배달 서비스 사업은 애초부터 수지를 맞추기가 어려웠기에 실패할 수밖에 없었던 것이다.

아멕스는 자신들이 발행한 여행자수표가 전 세계의 상점에서 유통되도록 하기 위해 많은 비용을 지불해야 했지만, 여행자수표를 발행할 때 받는 수수료로 이 비용을 충당할 수 있었다. 아멕스의 이익 창출 방정식

한 대의 스쿠터 위에 탄 인도인 4인 가족의 모습. 타타가 새로운 운송
수단을 개발하게 된 동기가 되었다

이 탁월했던 또다른 이유는 고객이 여행자수표를 사용하기에 앞서 아
멕스 측에 현금을 지불하고 여행자수표를 구매한다는 점이다.

아멕스는 고객으로부터 현금을 수령한 시점부터 고객이 여행자수표
를 사용한 후 상점 측이 현금 지급을 요청하는 시점까지 상당 기간 동
안 무이자로 돈을 사용할 수 있다. 게다가 금상첨화로 일부 여행자수표
는 현금화 과정을 거치지 않고 분실되거나 묻혀버리기도 했기 때문에
아멕스로서는 더 큰 이익을 볼 수 있었다. 이 점에서 백화점 상품권은
아멕스 여행자수표와 유사한 특성을 갖고 있다.

인도 최대의 기업인 타타그룹 회장 라탄 타타는 2002년 인도 방갈로
르에서 한 대의 스쿠터에 4인 가족이 위험스럽게 올라탄 채 빗길을 미끄
러져가는 모습을 목격했다. 인도에서는 흔히 볼 수 있는 광경이라 보통

사람 같으면 그냥 그러려니 하고 지나쳤을 것이다. 하지만 타타는 스쿠터만큼 저렴하면서 4인 가족이 비를 맞지 않고 안전하게 타고 다닐 수 있는 운송 수단을 개발하기로 결심한다. 이후 각고의 노력 끝에 그는 판매가 2,500달러의 초저가 자동차 나노(Nano)를 출시하는 데 성공한다.

타타의 고객 가치 제안은 스쿠터만큼 저렴하지만 승용차만큼 안전한 운송 수단을 제공하는 것으로, 누구나 한 번쯤 떠올릴 법한 아이디어이다. 그러나 자동차 한 대 값으로 2,500달러만 받고 이익을 낼 수 있는 이익 창출 방정식은 만들어내기 쉽지 않은 법인데, 타타는 이 난제를 슬기롭게 풀어냈다.

경쟁자를 따돌릴 핵심 자원과 프로세스를 가졌는가

그러나 제아무리 탁월한 고객 가치 제안과 이익 창출 방정식으로 무장한 비즈니스 모델이라고 해도 이를 지속할 수 없다면 별 의미가 없다. 눈이 번쩍 뜨일 만큼 혁신적인 제품이나 사업 아이디어를 갖고 있어도 경쟁자가 이를 쉽게 모방할 수 있다면 좋은 비즈니스 모델이 아니라는 말이다.

당신은 해당 사업을 다른 사람들보다 더 잘 수행할 수 있는 이유를 투자자에게 설명하고 설득할 수 있어야 한다. 보통 새롭게 사업을 시작하는 벤처기업은 미래의 경쟁자를 따돌릴 만한 핵심 자원과 프로세스를 갖춘 경우가 드물다. 그러므로 사업계획서를 통해 향후 사업을 장기적으로 지속해 나가고 경쟁자의 도전을 이겨낼 수 있는 자원 및 프로세스를 어떻게 구축할 것인지를 설명해야 한다.

경쟁자가 모방하기 어려운 나만의 핵심 자원과 프로세스를 갖추었다면 고생해서 만들어낸 비즈니스 모델을 장기적으로 지켜나갈 수 있다.

제약회사가 신약 개발과 함께 취득한 특허권이 그런 핵심 자원의 대표적인 예이다. 3장에서 보다 자세히 다루겠지만, 어떤 분야든 세계적인 명성을 쌓은 회사들은 대개 경쟁자가 복제하기 어려운 핵심 자원과 프로세스를 보유하고 있다. 예를 들어 월마트는 좋은 입지의 선점, 첨단 물류 시스템, 기업 문화 등 다른 소매점이 쉽게 따라 하기 어려운 자원과 프로세스를 갖고 있다.

19

비즈니스 모델 혁신

벤처는
공대생의 전유물이
아닙니다

비즈니스 모델 혁신 : 사업 방식을 바꿈으로써 고객에게 새로운 가치를 제공하는 비즈니스 모델 혁신에 주력해야 한다.

'혁신'이라고 하면 우리는 가장 먼저 기술혁신을 떠올리는 경향이 있다. 박정희 대통령 시절부터 경제개발을 위한 핵심 정책으로 과학기술을 육성해야 한다는 이야기를 반복해서 들어온 나머지, 혁신은 과학기술 분야의 전유물이라고 여기게 된 모양이다.

한국의 국내총생산 대비 연구개발 투자 비중은 4.15퍼센트로 세계 최고 수준이다. 국내 기업들 역시 막대한 연구개발 비용을 써가며 애플의 아이폰, 소니의 워크맨, 코닥의 사진 필름, 제록스의 복사기, 파이자의 비아그라, 바이엘의 아스피린 등과 같이 새로운 산업의 지평을 열 수 있는 제품을 출시하려 안간힘을 쓴다.

최근 선진 기업들은 천문학적인 연구개발 투자 비용이 소요되는 기술혁신의 대안으로 비즈니스 모델 혁신에 주목하고 있다. 기업 및 국가 간 연구개발 경쟁이 치열해지면서 전과 같은 투자 효율성을 기대하기가 어려워졌다는 판단 때문이다.

제품수명주기가 점점 짧아지는 소비자 환경의 변화 역시 기업들이 기술혁신을 꺼리는 이유이다. 다른 기업과 차별화된 기술혁신은 상대적으로 어려워진 반면 혁신 제품 개발에 투입된 자본을 회수할 수 있는 기간은 점점 짧아지고 있다.

비즈니스 모델 혁신은 사업 방식 자체를 바꿈으로써 고객에게 새로운 가치를 제공하는 것이다. 예컨대 자라는 기존 의류 업체들이 고수해 오던 디자인, 생산, 판매 방식을 완전히 바꿔놓으며 패스트패션(fast fashion) 산업을 선도하고 있다.

일반 패션 업체는 보통 연간 4~5차례 계절에 따라 신상품을 출시하지만 자라와 같은 패스트패션 업체는 1~2주 단위로 신상품을 선보인다. 미세한 트렌드 변화를 신속히 반영해 제작한 의류를 시험 삼아 일부 매장에 소량으로 판매해 보고, 수요를 확인한 후 점차 생산을 늘려나간다는 점이 자라 혁신의 핵심이다. 자라가 패션 산업에 이와 같은 비즈니스 모델을 도입할 수 있었던 것은 신상품 디자인에서 완제품 출시까지 걸리는 시간을 획기적으로 단축할 수 있었기 때문이다.

애플의 비즈니스 모델 혁신

기술혁신을 통해 성공했다고 알려진 기업들 중에도 실상을 자세히 들여다보면 제품 그 자체보다는 독특한 비즈니스 모델에 핵심 경쟁력의 기반을 둔 경우가 많다.

경영학자들이 애플에 열광하는 것은 단지 아이폰이나 아이팟과 같은 제품의 뛰어난 디자인이나 성능 때문이 아니다. 2001년 애플이 선보인 아이팟은 혁신적인 제품으로 평가받았지만 이는 성능의 탁월함 때문이 아니었다. 세계 최초의 디지털 음원 재생기는 다이아몬드 미디어(Diamond Media)가 1998년에 출시한 리오(Rio)라는 제품이다. 제품 디자인이나 성능만 놓고 본다면 애플의 아이팟은 리오에 비해 크게 개선된 점이 별로 없다.

대신 애플은 아이팟 구매자가 음악을 다운로드하는 일을 훨씬 쉽고 편리하게 만들어주었다. 디지털 음원, 하드웨어, 소프트웨어를 사용하기 쉽도록 하나의 패키지로 묶은 아이튠즈 스토어(iTunes Store)를 개설해 사람들이 음악을 듣는 방식을 완전히 바꿔놓은 것이다. 애플은 아이튠즈 스토어를 통해 디지털 음원 소비 생태계를 창조하는 비즈니스 모델 혁신을 주도했다. 그 결과로 애플은 아이팟 판매에 더해 아이튠즈 스토어에서 음원을 판매함으로써 추가적인 수익을 창출해 냈다.

아이튠즈 스토어를 통해 저렴하고 편리하게 구매할 수 있는 수많은 음원 콘텐츠가 아이팟의 가치를 현저히 높여 아이팟 판매가 급신장하는 계기를 마련했음은 물론이다. 아이튠즈 스토어 개설 3년 만에 아이팟과 아이튠즈 스토어를 합한 매출액이 100억 달러를 돌파해 애플 총매출액의 절반 이상을 차지하게 된다. 또한 애플의 시장가치가 2002년 26억 달러에서 2007년 1,330억 달러로 무려 50배나 뛰어오른 것도 아이튠즈 스토어 덕분이라고 할 수 있다.

2007년 아이폰을 출시할 때도 애플은 유사한 전략을 구사했다. 기존의 휴대전화가 '언제 어디서나 의사소통할 수 있는' 서비스를 제공하는 기기였다면, 아이폰은 여기에 덧붙여 '사용자의 생활을 끊임없이 편리하게 해주는' 서비스를 제공하도록 고안되었다. 오늘날 우리는 스마트폰으로 자투리 시간을 활용해 주식 투자, 이메일 발송, 신문 잡지 기사 읽기, 게임 플레이, 트위터 접속, 카카오톡 문자 메시지 전송, 사진 찍고 편집하기, 여행 스케줄 검색, 항공권 예약 등을 한다. 실제로 지하철에 탄 사람들 10명 중 7~8명은 스마트폰으로 무언가를 하고 있다.

애플은 우리 생활을 편리하게 해주는 수많은 서비스를 자신이 직접 개발해 제공하는 대신에 '앱스토어(App Store)'라는 모바일 콘텐츠 시장을 새롭게 만들어냈다. 앱스토어를 통해 수십만 명의 응용프로그램 개발자들을 확보함으로써 아무런 추가적 노력도 들이지 않고 아이폰의 가치를 끊임없이 높일 수 있는 새로운 비즈니스 모델을 다시금 창조한 것이다. 아이튠즈 때와 마찬가지로 앱스토어에서도 추가 수익을 창출할 수 있다는 것은 덤이다.

20

전략혁신

캐논은
카메라 회사가 아니라
복사기 회사

전략혁신 : 기존의 비즈니스 모델을 혁신하려면 표적 시장, 제품 및 서비스, 사업 방식의 3가지 요소를 바꿔야 한다.

기존의 사업 방식, 즉 비즈니스 모델을 바꿔 고객에게 새로운 가치를 제공하려면 구체적으로 무엇을 해야 할까? 전략혁신 분야의 전문가인 콘스탄티노스 마르키데스(Constantinos Markides) 교수는 기존의 비즈니스 모델을 혁신해 경쟁사와 차별화된 전략을 수립하려면 표적 시장(Who), 제품 및 서비스(What), 사업 방식(How)의 세 가지 요소를 바꾸라고 제안한다.

표적 시장을 바꾼 코닥

1839년 프랑스의 루이 다게르(Louis Daguerre)가 사진 촬영 및 인화

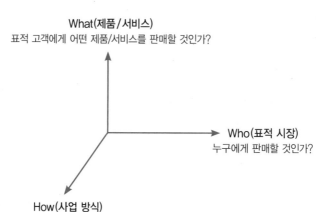

What(제품/서비스)
표적 고객에게 어떤 제품/서비스를 판매할 것인가?

Who(표적 시장)
누구에게 판매할 것인가?

How(사업 방식)
제품/서비스를 어떤 방식으로 판매할 것인가?

비즈니스 모델 혁신의 세 가지 방향

기술을 발명한 이래 사진을 찍고 인화하는 일은 전문 사진사의 전유물이었다. 커다란 사진기는 작동 방법이 복잡했고 암실이 없으면 사진을 인화할 수도 없었다. 특히 감광유제를 덧칠한 수십 장의 무거운 유리판을 들고 다니며 사진기 셔터를 누를 때마다 유리판을 교체하는 일은 여간 성가신 게 아니었다.

1885년 코닥은 무거운 유리판을 대체할 수 있는 혁신적인 수단인 사진 필름을 개발해 시장에 출시한다. 그러나 결과는 참담했다. 필름은 운반하기에 가볍고 편리했지만 유리판에 비해 사진의 선명도가 다소 떨어진다는 단점을 갖고 있었다. 보통 사람들에게는 그리 큰 문제가 아니었을지 몰라도 직업 사진사에게 사진의 선명도는 가장 중요한 부분이었다.

고객이 등을 돌리자 코닥은 거의 도산할 지경에 이른다. 바로 이 시점에 코닥의 역사, 그리고 사진 산업의 역사를 바꾼 새로운 비즈니스 모델

124

New Kodak Cameras.

"*You press the button,
we do the rest.*"

(OR YOU CAN DO IT YOURSELF)

20세기 초 코닥의 광고

이 등장한다. 그 변화는 표적 시장을 직업 사진사에서 일반 대중으로 바꾸는 데에서부터 시작되었다. 직업 사진사와는 달리 일반 대중은 사진의 선명도보다 촬영의 편의성을 훨씬 중요시할 테니 승산이 있다고 판단한 것이다.

표적 시장을 바꾸기로 하자 코닥이 해야 할 일은 분명해졌다. 당시 돈으로 25달러(오늘날의 화폐가치로 약 2,000달러) 가까이 하던 카메라는 일반인이 소유하기에 너무 비쌌다. 10년 이상 연구개발에 노력을 기울인 결과 코닥은 단돈 1달러짜리 카메라를 출시하는 데 성공한다. 1900년 코닥이 출시한 브라우니(Brownie)는 누구나 사진을 찍을 수 있는 시대를 열었다.

코닥의 비즈니스 모델에서 또 하나 주목할 점은 사진 현상 대행 서비스를 제공하기 시작했다는 것이다. 전문 사진사가 아닌 일반인이 집에

암실을 만들고 사진을 인화한다는 것은 힘든 일이다.

당시 코닥이 판매한 브라우니 사진기에는 사진 100장을 찍을 수 있는 필름이 내장되어 있었다. 사진을 다 찍은 후 고객은 필름이 든 상태로 브라우니를 코닥에 보냈고, 코닥은 인화한 사진과 함께 새 필름을 장착한 브라우니를 고객에게 우송했다. 당시 코닥의 유명한 광고 슬로건인 "당신은 셔터만 누르세요. 나머지는 우리에게 맡기세요"를 문구 그대로 실현한 것이다.

표적 시장을 바꾸면서 코닥은 사진 필름 제조 업체에서 카메라 제조, 필름 제조, 인화 서비스를 아우르는 사진 산업의 생태계를 조성한 업체로 거듭났다. 그리고 이 비즈니스 모델 혁신 덕분에 코닥은 1970년대 말까지 세계 사진 시장을 거의 독점하다시피 할 수 있었다.

판매 회사에서 관리 서비스 회사로

힐티(Hilti)는 건설업자에게 소형 전동 공구를 판매하는 글로벌 기업이다. 오랫동안 건설업자들 사이에서는 프리미엄 브랜드로 통했지만, 1990년대 후반 이후 해당 산업 전체의 코모디티화(commoditization)*에 따라 힐티의 시장점유율은 급격히 떨어졌다. 이에 힐티는 생존을 위해 사업을 혁신할 아이디어를 필요로 했다.

코모디티화
한 산업 분야 내에서 자신만의 독특한 제품 속성을 지닌 브랜드들이 서로 모방하고 경쟁함에 따라 결국 모든 브랜드가 동질화되는 현상을 말한다.

코모디티화와 더불어 전동 공구 가격 지지선이 파괴되자 건설 노동자들은 공구 관리를 소홀히 하기 시작했다. 비가 와도 공구를 치우지 않거나 작업 종료 후에도 정리하지 않는 일이 잦았다. 이에 따라 공사 기간 동안 필요한 공구 세트를 관리하는 일이 건설업자의 골치를 썩였다. 공구 수리에 드는 비용도 늘어났고 분실하거나 짝이 맞지 않는 부속을 수시로 구입해야 했다.

힐티는 여기서 실마리를 찾았다. 건설업자에게 신품 전동 공구를 판매하는 대신 매월 수수료를 받고 필요한 공구 일체를 임대, 수리, 관리해주는 사업을 시작하기로 한 것이다. 건설업자가 공구를 구매하는 것은 공구를 소유하기 위함이 아니라 공사를 시간에 맞추어 마무리하기 위함이라는 데에 착안한 아이디어였다.

건설 근로자들은 건물을 짓는 일에 집중하고 골치 아픈 소형 전동 공구 관리는 힐티에게 맡기라는 제안은 많은 건설업자들에게 매력적으로 다가왔다. 힐티는 공구 판매 회사에서 공구 관리 서비스 회사로 변신하는 비즈니스 모델 혁신을 이루어냄으로써 스스로를 다른 기업들과 차별화할 수 있었다.

사업 운영 방식을 바꿔라

한편 생산 프로세스, 배달 방식, 판매 채널 등 사업 운영 방식을 바꾸는 경우에도 비즈니스 모델을 혁신할 수 있다. 예를 들어 대부분의 개인용 컴퓨터가 영업사원과 전자제품 전문점을 통해 판매되던 1980년대 중반 처음 전화로 PC를 판매하기 시작한 델(Dell)은 회사 설립 15년 만에 컴팩(Compaq)을 제치고 세계 최대 PC 판매 업체의 자리에 올랐다.

유사한 비즈니스 모델 혁신의 예로 인터넷 채널을 통해 최초로 서적을 판매하기 시작한 아마존을 들 수 있다. 아마존은 기존 오프라인 서점이 실행에 옮기기 어려운 각종 서비스를 제공함으로써 순식간에 세계 최대 규모의 서점으로 부상했다.

비즈니스 모델 혁신을 어디서부터 시작할지는 기업이 처한 상황에 따라 다르다. 그러나 출발점은 다르더라도 일단 혁신이 시작되면 표적 시장, 판매 제품 및 서비스, 사업 운영 방식의 세 가지 요소가 모두 바뀌는 경향이 있다.

그 예로 캐논의 복사기 시장 진입 전략을 살펴보자. 제록스는 1949년 '제록스 모델 A'를 출시한 이래 복사기 시장에서 거의 독점적 지위를 유지해 왔다. 5장에서 자세히 살펴보겠지만, 제록스는 복사기를 판매하지 않고 임대해 주며 매달 사용량에 따라 사용료를 청구하는 가격차별화 전략을 실시했다. 제록스의 표적 고객은 기업이었고, 판매 제품은 기업용 대형 복사기 임대 서비스였으며, 판매 방식은 영업사원의 기업 방문을 통한 것이었다.

후발 업체 캐논은 복사기 시장에 진입하면서 제록스와의 경쟁을 최소화하고자 개인 또는 가족을 표적 고객으로 설정했다. 표적 고객이 다르니 판매 제품도 달라져야 했다. 캐논이 판매하기 시작한 개인용 복사기는 제록스의 기업용 대형 복사기보다 가격이 저렴하고 부피가 작은 대신 복사 속도가 느렸다. 그러나 개인이 복사하는 물량은 그리 많지 않으니 속도는 큰 문제가 되지 않았다. 또한 캐논은 전자제품 전문점을 통해 자사의 개인용 복사기를 판매하기 시작했다.

즉 캐논은 표적 시장, 판매 제품, 판매 방식이라는 세 가지 구성 요소를 모두 제록스와 차별화함으로써 복사기 산업에 새로운 비즈니스 모델을 제시했고, 그 결과 제록스와의 경쟁을 최소화하며 성공적으로 시장에 진입할 수 있었다.

지난 반세기 동안 한국 기업들은 유능한 엔지니어와 적극적인 연구개발 투자를 통해 괄목할 만한 성과를 거두었다. 하지만 연구개발 투자 경쟁이 심화되고 소비자의 기호는 더욱 빠르게 변화하는 새로운 글로벌 기업 환경에서는 비즈니스 모델 혁신이 보다 효과적일 수 있다.

미국의 전설적인 벤처 투자가 로버트 히긴스(Robert Higgins)는 자신의 오랜 투자 경험을 바탕으로 "기술을 보고 투자한 경우보다 비즈니스 모델 때문에 투자한 벤처의 성공 확률이 현저히 높았다"라고 털어놓은 바 있다. 기술혁신과는 달리 비즈니스 모델 혁신에는 큰 투자 비용이 들지 않는다. 기존 사업을 달리 볼 수 있는 창의성이 필요할 따름이다. 국내에서도 비즈니스 모델 혁신을 통해 성장한 기업이 많이 나오기를 바란다.

3장

전략

경영의
마스터플랜을 세운다

국어사전을 찾아보면 전략(strategy)은 "전쟁을 전반적으로 이끌어가는 방법이
나 책략, 전술(tactic)보다 상위의 개념"이라고 나와 있다. 이처럼 전략이라는 용어
는 수천 년 전부터 사용되어 왔지만 주로 전쟁이나 정치 분야에 쓰임새가 국한되는
경향을 보였다.

　전략이 경영학의 세부 전공으로 자리를 잡기 시작한 것은 1960년대의 일이다.
피터 드러커, 알프레드 챈들러, 이고르 앤소프, 마이클 포터 등 탁월한 경영학자들
이 전략을 경영학의 개념으로 만드는 데 공헌했다. 경영학자들이 체계적으로 전략
이라는 주제를 연구하기 시작한 후로 이는 실무 경영자가 가장 빈번히 이용하는 경
영 주제가 되었다. 그뿐 아니라 오늘날에는 일반인들조차 공부 잘하는 전략, 연애
에 성공하는 전략 등 어떤 과업을 성공적으로 수행하는 방법을 일컬을 때 전략이
라는 용어를 사용하게 되었다.

　이 책에서 다루는 전략은 경영 전략(strategic management)을 의미한다. 이는
보통 사람들이 사용하는 전략과는 다른 개념이다. 경영 전략은 "주어진 환경에서
성과를 극대화하기 위해 자신의 명영 자원을 효율적으로 이용하는 계획 또는 방
법"이라고 정의할 수 있다. 즉 전략은 기업 경영에서 일종의 마스터플랜 역할을 한
다. 예컨대 집을 짓는 일이 목표라면 전략은 설계도 같은 것이다. 그러므로 전략은
4장부터 살펴볼 생산 및 운영, 마케팅, 인사 조직, 재무 회계와 같은 기능을 한데
아우르는 기업의 미래 청사진 역할을 한다.

3장의 주제인 전략은 경쟁자를 인식하는 것으로부터 시작된다. 보다 구체적으로 우리는 경제학, 특히 산업경제학에서 오랫동안 연구해 온 경쟁 구조의 기본 개념을 알아보고, 경쟁을 회피하기 위해 진입 장벽을 구축하는 방법, 기업의 목표인 가치 창조의 개념을 구체화하기 위한 가치사슬에 대해 살펴볼 것이다.

이익, 시장점유율, 매출 등 기업의 성과를 결정하는 대표적 이론들인 SCP 패러다임과 자원준거 이론, 성공한 기업들은 원가 우위, 차별화, 집중화 중 하나의 전략을 선택한다는 본원적 경쟁 전략의 개념, 규모의 경제, 수직적 통합 전략, 앤소프 매트릭스, 스왓 분석, 시장 선도자와 모방자의 장단점, 전략의 변곡점 등 다양한 전략 주제들이 3장에서 다룰 내용이다.

기업을 지키는 최선의 방법은 독점이다

독점과 완전경쟁 : 독점은 경쟁 기업이 없는 시장을, 완전경쟁은 경쟁자가 무한히 많은 시장을 말한다.

경제학자는 복잡한 사회현상을 이해하기 위해 세상을 단순화하는 여러 가지 가정을 동원한다. 현실의 기업 세계에서 일어나는 일들 또한 그와 마찬가지다. 수많은 기업 간 경쟁 관계가 복잡하게 얽혀 있고 기업 밖에서 일어나는 다른 사회현상들과 뒤섞여 있어 이해하기가 쉽지 않다. 그렇기에 현실 세계의 경쟁을 올바르게 이해하려면 우선 독점 (monopoly)과 완전경쟁(perfect competition)이라는 두 가지 대립적인 가정을 도입할 필요가 있다.

한마디로 독점은 경쟁 기업이 없는 시장이며, 완전경쟁은 경쟁자가 무한히 많은 시장이다. 엄밀한 의미의 독점과 완전경쟁은 현실 세계에 존재하지 않는다. 독점에 근접한 시장의 예로는 한국통신(KT)의 유선전화, 한국전력의 전기, 한국수자원공사의 수돗물 등을 들 수 있다. 특허권을 보유한 제약회사의 경우도 법에 의해 한시적으로 독점적 기업 운영을 보장받는다.

반면 완전경쟁 시장은 독점 시장과 정반대의 성격을 띠며, 동일한 상품을 생산하는 경쟁 업체가 무수히 많고 한 기업의 생산 규모가 산업 전체의 공급량에 비해 미미한 시장이다. 완전경쟁 시장에서는 개별 기업의 가격 전략이 존재하지 않고 가격은 시장에서 결정된다. 이 경우 기업은 시장에서 정해진 가격을 그대로 받아들이는 가격 수용자(price taker)의 입장에 놓인다.

완전경쟁은 고객에게는 바람직하지만 기업 입장에서는 피해야 할 시장이다. 독점은 그와는 반대로 고객에게는 혐오스럽지만 기업에게는 달콤한 시장이다.

대한민국은 시장자유경쟁을 신봉하는 국가다. 우리는 경쟁이 사회에 긍정적인 영향을 미친다며 끊임없이 경쟁을 칭송하고, 경쟁을 유발하는 제도와 문화를 정착시키기 위해 노력한다. 이러한 노력은 어느 정도 성공을 거둔 듯하다. 소비자 입장에서 볼 때에는 그렇다.

반면 기업 입장에서는 하루하루가 치열한 경쟁의 연속이다. 무료 배송과 같은 획기적인 아이디어로 경쟁자를 제치려 해봐도 경쟁자가 재빠르게 이를 모방하면 원점에서 다시 시작해야 한다. 최적의 날씨로 벼농사 풍년을 맞이한 농민의 기쁨도 잠깐이다. 주위의 모든 '경쟁' 농민의 벼 출하량이 늘어 쌀값이 폭락하기 때문이다. 풍년이든 흉년이든 농민들은 항상 어렵다고 한다. 누구도 이길 수 없는 달리기 시합을 해야 하는 시장자유경쟁을 선택한 대가다.

'자본의 성'을 지켜라

대부분의 기업 경영자는 자유시장경쟁의 절대적 신봉자이지만, 아이러니하게도 자신의 기업이 시장을 독점하기를 바란다. 경영학은 자유시장경쟁의 수호자이지만, 동시에 경영 전략의 목표는 완전경쟁에서 벗어나 독점으로 가는 방법을 제시하는 것이다.

워렌 버핏은 《뉴욕타임스》와의 인터뷰에서 자신의 회사 버크셔 해서웨이를 '자본의 성(castle of capital)'이라고 부르며 매일같이 경쟁사와 치러야 하는 전쟁을 다음의 비유로 표현했다. "경쟁사는 끊임없이 우리의 성을 빼앗기 위해 공격해 온다. 나는 종업원들에게 성 주위에 웅덩이를 파라고 지시한다. 그래도 경쟁사의 공격이 수그러들지 않으면, 웅덩이를 더 깊고 넓게 파고 그곳에 악어를 풀어놓으라고 지시한다."

자유시장경쟁을 지지하는 국가에서도 한시적으로 특정 기업의 독점 행위를 허용하는 경우가 있다. 철도, 전기, 수도와 같은 산업은 막대한 기반 투자를 필요로 하고 규모의 경제가 존재하는 산업이다. 이런 산업 분야에서 민간 기업끼리 자유롭게 경쟁하도록 놔두면, 얼마 지나지 않아 선도 기업이나 자본력이 풍부한 대기업이 시장점유율 증대와 함께 원가 우위를 확보한다. 이것이 후발 업체의 시장 진입을 어렵게 만드는 진입 장벽 역할을 해 결국 1~2개의 독과점 기업이 전체 산업을 지배하게 된다.

이러한 '자연적 독점(natural monopoly)'이 발생할 여지가 있는 산업의 경우에는 국가가 직접 독점적 공기업을 설립하는 경우가 많다. 독과점 민간 기업의 폐해를 막는 것은 물론이고, 하나의 공기업이 모든 생산 및 서비스를 도맡도록 함으로써 규모의 경제도 실현하자는 취지이다.

특정 기업의 독점 행위를 허용하는 또다른 경우가 특허권(patent)이다. 자신이 발명한 제품에 대한 특허권을 국가로부터 획득하면, 특허 등록 후 20년 동안 독점적으로 해당 제품을 판매할 수 있다. 정부가 특허 제도를 두는 것은 연구개발에 인센티브를 부여하고, 초기 연구에 투입되는 막대한 고정비용을 회수할 시간적 여유를 주기 위함이다.

특허권을 취득할 수만 있다면 더 바랄 나위가 없겠지만 그렇지 못한 경우에도 많은 기업들은 경쟁 기업으로부터 '자본의 성'을 지키기 위해 끊임없이 노력한다. 독점을 실현하려면 자사 제품을 경쟁사 제품과 완벽히 차별화해 소비자가 자사 제품을 구매하려 할 때 비교할 다른 대안을 떠올리지 못하도록 해야 한다.

이때 실제로 대안이 존재하는지 여부는 중요하지 않다. 표적 고객이 자사 제품을 대체할 경쟁 제품이 없다고 믿으면 성공이다. 브랜드를 알리기 위해 천문학적인 돈을 광고에 쏟아붓고, 단골 고객에게 포인트를 적립해 주고, 최신 공장 설비에 막대한 자본을 투자하고, 드론으로 상품을 배송하겠다는 계획을 발표하는 것 또한 모두 독점으로 가려는 전략의 단면이다.

물론 '자본의 성'을 지키는 전략은 어디까지나 법의 테두리 안에서 수행되어야 한다. 독점을 목적으로 특정 물품을 대량으로 구매해 시장에 품귀 현상이 나타나 가격이 오르면 고가로 되팔아 이익을 취하는 매점매석, 시장가격을 올릴 목적으로 산업 내 경쟁 업체와 서로 짜고 가격을 올리는 담합이나 공급량을 제한하는 행위, 직접적인 경쟁을 피할 목적으로 경쟁사와 지역을 나눠 각자 맡은 지역에서 독점을 하기로 약속하는 시장 분할 행위, 역시 경쟁을 회피할 목적으로 경쟁자와 정기적으로 만나 가격, 생산량 따위의 정보를 교환하는 행위 등과 같이 책략으로 경쟁을 완화시키는 일은 공정거래법을 위반하는 명백한 범법 행위이다.

그러나 특정 경쟁 완화 행위가 합법인지 불법인지 구분하기 어려운 경우도 있다. 마이크로소프트는 윈도 시장에서, 구글은 검색 시장에서 명백히 독점적 지위를 누리고 있다. 이들이 혁신적인 기술로 막대한 가치를 창출해 인류의 복지에 기여한 것 역시 사실이다. 마이크로소프트와 구글이 자신들의 독점적 지위를 남용했는지에 대한 최종 판단은 법원의 몫이겠지만 현재까지 여론은 이들에게 우호적인 듯하다.

네이버와 대한항공, 누가 더 많은 가치를 창출하고 있나?

경쟁과 전략 : 기업이 창출한 가치를 이익으로 환원하려면 경쟁자와 차별화된 전략을 수립해야 한다.

　　많은 가치를 창출한다고 꼭 많은 이익을 내는 것은 아니다. 경쟁 기업이 나의 가치 창출 노하우를 쉽게 모방할 수 있다면, 어렵게 창출한 가치로 인한 혜택은 대부분 고객에게 돌아가고 나의 이익으로는 적립되지 않는다.

　국내 항공 산업과 인터넷 포털 서비스 업체를 비교해 보자. 국내 항공사는 매년 수천만 명의 승객을 실어 나르며 천문학적인 가치를 창출한다. 국토교통부에 따르면 2015년 1분기 국내 항공기에 탑승한 승객은 2,169만 명에 이른다고 한다. 하지만 국내 최대 규모의 항공사인 대한항공의 기업가치는 2조 원에도 채 미치지 못한다(2015년 12월 15일 기준).

아시아나 항공의 기업가치는 8,500억 원으로 대한항공의 절반에 못 미친다. 반면 네이버의 기업가치는 21조 원으로 국내 모든 항공사를 합한 것의 5배에 해당한다.

이런 현상은 국내 항공사의 경우만이 아니다. 『제로 투 원』 저자 피터 틸에 따르면 구글의 기업가치는 미국의 모든 항공사의 기업가치를 합한 것의 3배가 넘는다. 매출액 규모로만 보면 미국 항공 산업이 구글보다 훨씬 크지만 구글의 이익률은 항공 산업보다 100배 이상 높다.

미 항공 산업 내의 치열한 경쟁의 결과로 2012년 편도 요금 평균 가격은 178달러까지 떨어졌고, 항공사들이 승객 일인당 벌어들이는 이익은 고작 37센트에 불과하다. 기업가치를 결정하는 것은 매출이 아니라 이익이기 때문에 구글의 가치가 미국 항공 산업의 가치보다 높을 수밖에 없다.

네이버의 기업가치가 대한항공의 10배라고 해서 네이버가 대한항공에 비해 10배나 높은 가치를 창출한다는 뜻은 아니다. 아마도 많은 사람들은 포털 사이트 없이는 살아도 항공 산업 없이는 살 수 없다고 생각할 것이다.

하지만 대한항공이 사라지면 아시아나항공을 비롯한 수많은 항공사가 그 빈자리를 쉽게 메우겠지만, 네이버나 구글을 대체할 포털 서비스 업체는 당분간 나타나기 어려울 것이다. 즉 네이버는 강력한 경쟁자가 없어서 자신이 창출한 가치를 대부분 수익으로 환원할 수 있지만, 대한항공은 수많은 경쟁 항공사들 때문에 혜택의 대부분이 고객에게 돌아가는 셈이다.

월마트를 1위로 만든 세 가지 전략

전략에 대한 고민은 경쟁자를 인식하면서부터 시작된다. 경쟁자가 존재할 경우에는 단순히 가치를 창조하는 것 이상의 구체적인 전략이 필요하다. 고객에게는 우리 제품 외의 대안이 있기 때문이다. 당신이 아무리 큰 가치를 창출했다 해도 경쟁자가 더 적은 비용으로 더 큰 가치를 창출한다면 고객은 당신을 외면할 것이다.

전략의 핵심은 선택이다. 마이클 포터는 "전략의 요체는 무엇을 하지 않을지를 선택하는 것"이라고 말한 바 있다. 여기서 월마트의 사례를 한 번 살펴보기로 하자.

월마트는 1962년 설립되어 눈부신 성장을 거듭한 끝에 2002년 매출액 기준 세계 1위로 등극한 기업이다. 하지만 설립 당시 월마트는 일개 할인점에 불과했다. 월마트는 새로운 산업의 지평을 열지도 않았을 뿐더러 특별한 자원이나 역량을 보유하고 있지도 않았다.

백화점이 제공하는 온갖 사치스러운 장식과 서비스를 대폭 줄이는 대신 백화점보다 훨씬 저렴하게 제품을 공급한다는 할인점의 개념은 이미 1950년대부터 미국 사회에 널리 확산되었다. 그러나 월마트의 창업자 샘 월튼은 경쟁자와는 다른 방식으로 할인점을 운영하는 '전략적 마인드'를 갖고 있었다. 설립 초기에 월마트는 최소한 세 가지 점에서 기존 할인점들과 다른 전략을 선택했다.

첫째, 기존 할인점은 주로 미국 내 10대 대도시에 입지해 있었지만, 월마트는 인구 5,000명에서 2만 5,000명 규모의 작은 시골 마을에 점포를 개설했다. 그렇게 함으로써 월마트는 다른 할인점과의 경쟁을 최소화할 수 있었다. 미국은 땅이 넓어 월마트가 입지한 시골 마을에서 대도시까지 자동차로 이동하기가 어려웠다. 또한 월마트가 선택한 입지 조건상 경쟁 할인점이 하나 더 진출하기에는 시장 규모가 작았기 때문에 미래의 잠재적 경쟁자 역시 배제할 수 있었다.

1993년 월마트 전체 매장 가운데 55퍼센트가 케이마트(K-Mart)와 경쟁을, 23퍼센트가 표적 고객과 직접적 경쟁을 하는 장소에 위치해 있었

미국 블랙프라이데이 때 사람들로 북적이는 월마트

던 반면, 케이마트는 전체 매장의 82퍼센트가 월마트와 경쟁을, 85퍼센트가 표적 고객과 직접적 경쟁을 하는 곳에 자리해 있었다고 한다.

월마트와 케이마트의 운명은 2002년에 이르러 극명하게 갈린다. 당시 미국 2위의 할인점이었던 케이마트는 결국 경쟁에 시달린 끝에 도산하고 말지만, 경쟁을 두려워했던 월마트는 전 세계 모든 산업을 통틀어 매출액 1위 기업의 자리에 오른다.

둘째, 월마트는 기존 할인점과는 달리 'EDLP(Every Day Low Pricing)' 가격정책을 시행했다. 기존의 할인점들은 대부분의 제품에 대해 '하이로(High-Low)' 가격정책을 시행해 왔기에 월마트의 이런 시도는 그야말로 파격적이었다.

하이로 가격정책이란 평소에는 높게 책정된 정상가격(High)으로 상품을 판매하지만, 정기적인 할인 행사 기간에는 할인된 가격(Low)으로 저럼하게 판매해 가격에 민감한 소비자를 추가적으로 끌어들이는 전략이다. 즉 하이로 가격정책은 일종의 가격차별화 정책으로서 가격을 별로 신경 쓰지 않는 소비자는 정상가격으로, 가격에 민감한 소비자는 할인가격으로 제품을 구매하도록 유도하는 효과가 있다.

반면 EDLP 가격정책은 하이로 가격정책의 정상가격보다는 싸고 할인가격보다는 다소 비싼 가격을 책정해 일관성 있게 유지하는 전략이다. 월마트가 EDLP 가격정책을 시행하자 기존 할인점에서 정상가격으로 제품을 구매하던 많은 소비자들과 할인가격으로 제품을 구매하던 소비자들 가운데 일부가 월마트로 발길을 돌렸다.

하이로 가격정책을 시행하는 할인점은 이 정책의 특성상 특별 할인 행사를 할 때마다 광고 전단을 만들어 돌리고 이를 홍보하는 데 막대한 광고비를 지출할 수밖에 없다. 반면 월마트는 변함없이 항상 저렴한 가격에 상품을 판다는 EDLP 가격정책을 시행함으로써 광고비를 줄이고 이를 고객의 이익으로 돌려준다는 긍정적 이미지를 형성할 수 있었다.

셋째, 월마트는 정보 기술 및 물류 인프라에 막대한 투자를 했다. 소매점 경영의 핵심은 품절 가능성을 최소화하는 동시에 재고 또한 최소화하는 것이다. 재고를 늘리면 품절 가능성은 줄지만 재고관리 비용이 올라간다. 반면 재고를 줄이면 재고관리 비용은 줄어들지만 고객이 원하는 물건이 재고가 없어 판매 기회를 놓칠 가능성이 있다.

월마트는 정보 기술에 투자해 품절 가능성과 재고를 동시에 줄이고자 노력했다. 지속적인 재고관리를 위해 월마트 매장 종업원은 이미 1983년부터 휴대용 스캐너를 활용했고, 각 제조 업체가 월마트의 실시간 판매 및 재고 정보에 접근할 수 있도록 했다.

소매점 경쟁에서 우위를 점하려면 효율적인 물류 시스템을 구축해 한 번에 대규모 물량을 처리함으로써 단위 물류 원가를 낮추는 일이 중요하다. 월마트는 항상 경쟁사보다 한발 앞서 대도시 터미널 집중 방식(hub-and-spoke)*, 크로스도킹(cross docking)* 등 첨단 물류 시스템에 과감히 투자했다.

물론 경쟁사와 다르게 한다고 해서 경쟁사보다 잘할 수 있는 것은 아니다. 하지만 경쟁사를 따라만 하다가는 언제까지나 2인자 자리에 머무를 수밖에 없다. 남과 다르게 하면 최소한 경쟁을 피할 수 있고, 결과적으로 이길 수 있는 가능성이 생긴다. 월마트는 인구밀도가 낮은 시골에 입지함으로써 경쟁 할인점과의 직접 경쟁을 피할 수 있었고, EDLP라는 색다른 가격정책을 시행함으로써 경쟁 할인점과 차별화된 고객을 유치할 수 있었다.

대도시 터미널 집중 방식

허브앤드스포크 물류 방식이라고도 불린다. 여기서 허브(hub)는 자전거 바퀴의 축에 해당하며 물류의 중심지를 의미하고, 스포크(spoke)는 자전거 바퀴살로 물류의 출발점과 목적지를 뜻한다. 월마트는 여러 제품 공급 업체의 물품을 대도시에 소재한 허브로 집결 운송하고 허브에서 각 점포 또는 스포크로 배달함으로써 물류 효율성을 증진시켰다.

크로스도킹

크로스도킹이란 하나의 운송 수단으로 배달된 물건을 창고에 저장하지 않고 하역장에서 곧바로 다른 운송 수단에 옮겨 실음으로써, 창고 저장 비용과 시간을 절약하는 물류 기법이다. 이는 원래 1930년대 미국 트럭 운수 산업에서 고안해 낸 기법으로, 월마트는 1980년대 말부터 이를 개선한 방식을 소매업에 처음 적용한 기업으로 알려져 있다.

경쟁사와 다른 선택을 하는 방법은 무수히 많다. 월마트와 같이 표적 고객을 달리하는 방법도 있고, 기업용이 아닌 가정용 소형 복사기를 출시한 캐논처럼 판매 상품을 차별화하는 방법도 있다. 전화를 통해 개인용 컴퓨터를 처음 판매하기 시작한 델처럼 판매 방식을 차별화할 수도 있다. 물론 이 모두를 다르게 해 새로운 고객에게 경쟁사와는 차별화된 제품을 독창적인 방식으로 판매한다면 더 바랄 나위가 없을 것이다.

가치사슬

보증금 2,000만 원은 돌려받아야 마땅하다

가치사슬 : 기업이 시장에 가치 있는 제품 및 서비스를 제공하기 위해 수행해야 할 일련의 활동.

십여 년 전 교환교수로 1년간 해외에 나갈 일이 있었다. 내가 거주하던 아파트를 전세로 내놓기로 했기 때문에 세간을 정리해 일부는 해외로 발송하고 나머지는 국내의 이삿짐 창고에 1년 동안 2,000만 원을 보증금 삼아 보관하기로 했다. 다행히 국내 이사, 해외 이삿짐 박송, 나머지 이삿짐의 창고 보관 등을 일괄적으로 처리해 주는 이름 있는 회사가 있어서 안심하고 일처리를 맡길 수 있었다.

그런데 귀국 후 창고에 보관된 이삿짐을 찾는 과정에서 예상치 못한 문제가 발생했다. 창고 보관 서비스를 제공한 업자가 도주하는 바람에 보증금 2,000만 원을 돌려줄 수 없다는 통보를 받은 것이다. 유명 이사 종합 서비스 회사와 일괄로 계약을 맺었기 때문에 나는 그 회사에 보증금을 돌려달라고 요청했다. 그러나 그 회사는 브랜드만 갖고 이사에 관련된 여러 업무를 결합한 종합 서비스를 제공할 뿐이라고 했다. 국내 이삿짐 발송 업체, 해외 이삿짐 발송 업체, 이삿짐 보관 업체 등 각각을 책임지는 회사가 따로 있기 때문에 보증금 반환 책임이 없다는 설명만이 돌아왔다.

독자 여러분 생각은 어떠한가. 이사 종합 서비스 회사는 위탁업자가 떼어먹은 보증금에 대한 책임을 져야 할까 말아야 할까. 선뜻 판단하기 어려운 문제다. 하지만 1985년 마이클 포터가 발표한 가치사슬(value chain) 이론은 내 보증금에 대한 책임 소재를 명쾌히 설명해 준다.

가치사슬이란 "기업이 시장에 가치 있는 제품 및 서비스를 제공하기 위해 수행해야 할 일련의 활동"을 의미한다. 기업은 원자재 구매, 연구개발, 생산, 마케팅, 물류, 서비스 등의 활동을 수행함으로써 가치 있는 제품을 소비자에게 제공할 수 있다.

기업 활동을 '투입(input) → 변형(transformation) → 산출(output)'로 파악한 기존의 경제학 이론과 포터의 가치사슬 이론은 크게 다르지 않아 보인다. 그러나 포터 이론의 독특한 점은 각 단계의 기업 활동을 비용으로만 파악하지 않고 최종 제품 가치 창출에 더해 부가적 가치(value added)를 창출하는 과정으로 파악했다는 것이다. 예컨대 200만 원 가치의 갤럭시 제품에는 연구개발, 브랜드, 물류 등 각각의 기업 활동이 기여한 부가가치 지분이 존재한다.

가치사슬 이론 이후 기업의 변화
가치사슬 이론은 이후 많은 기업들이 사업을 정의하는 방식을 획기적

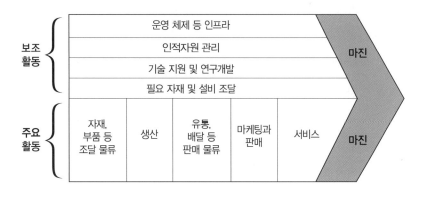

마이클 포터의 가치사슬

으로 바꾸어놓았다. 예전에는 일반인이 주식 투자를 하려면 증권회사의 주식 중개인을 통할 수밖에 없었다. 대부분의 경우 주식 중개인의 서비스는 주식 관련 자문과 주식거래 대행이라는 두 가지 활동으로 구성된다. 각각의 활동은 고객에게 추가 가치를 제공하지만 동시에 비용을 발생시킨다. 중개인은 매달 고객이 관심을 가질 만한 주식들의 분석 보고서와 함께 주식거래 명세서를 발송하는 등의 서비스를 제공하고 그 대가로 상당한 수수료를 청구했다.

1975년 찰스 슈왑(Charles Schwab)은 중개인의 자문이 비용 대비 가치가 낮다고 생각하는 고객들이 존재한다는 데 착안해, 주식거래 대행만을 원하는 고객을 표적으로 삼아 '할인중개업(discount brokerage)'이라는 새로운 사업을 시작했다. 이는 주식 분석 보고서와 같은 서비스를 제공하지 않는 대신 주식거래 수수료를 획기적으로 할인해 주는 증권회사였다.

가치사슬 이론을 통해 포터는 추상적인 가치의 개념을 구체화하는

148

데 성공했다. 대학에서뿐 아니라 기업 현장에서도 가치사슬은 기업의 내부 역량을 분석하는 도구로 널리 활용되고 있다.

가치사슬 이론에 따르면 이사 종합 서비스 회사는 보증금 2,000만 원을 내게 돌려줘야 한다. 이삿짐과 관련된 일련의 활동을 회사 내부에서 직접 수행했는지 아니면 외부 용역 업체에 하청을 주었는지는 중요치 않다. 회사 측의 주장대로 모든 활동을 하청 업체가 수행했다고 하더라도 결론은 바뀌지 않는다는 뜻이다. 이사 종합 서비스 회사가 창출한 가장 가치 있는 서비스는 서로 다른 활동을 하나로 묶어 판매한다는 점, 그리고 개별 활동을 수행할 하청 업체를 해당 기업이 직접 선정했다는 점이다.

예를 들어 맥도날드 햄버거에 든 고기가 상해서 고객이 배탈이 났다면, 설령 햄버거 고기를 납품하는 회사가 상한 고기를 제공했다 할지라도 최종 책임은 맥도날드가 져야 한다. 물론 고객과의 분쟁을 수습한 후에 맥도날드는 납품 업체 측에 피해 보상 요구와 같은 조처를 취할 수 있다.

그러나 고객은 맥도날드가 햄버거 고기를 직접 만드는지 아니면 외부 업체로부터 공급을 받는지에 별 관심이 없다. 햄버거 고기의 질은 맥도날드가 제공하는 제품 및 서비스를 구성하는 가치사슬의 중요한 구성 요소이기 때문에 어디까지나 맥도날드가 책임져야 할 부분이다.

이삿짐 보관 업체가 햄버거 고기 납품 업체라면 이사 종합 서비스를 제공하는 회사는 맥도날드인 셈이다. 그러므로 이사 종합 서비스 회사는 이삿짐 보관 업체의 도산에 따른 책임을 면할 수 없다.

24 SCP 패러다임

저유가,
축복인가 재앙인가?

SCP 패러다임 : 시장 환경이 산업구조에 영향을 미치고, 산업구조는 개별 기업의 경제적 행위에 영향을 미치며, 기업의 행위는 기업 및 산업의 성과에 영향을 미친다.

석유와 같은 주요 원자재 가격의 급격한 변화는 세계 경제에 큰 영향을 미친다. 우리는 1970년대에 있었던 두 차례의 석유파동을 통해 이러한 사실을 절감했다. 1973~1974년과 1978~1980년에 있었던 1, 2차 석유파동이 직접적 원인은 중동 지역의 정치적인 상황이었지만, 세계적인 중동 석유 의존도 증가 등 다양한 경제적 이유가 얽혀 있었다.

석유파동 기간에 중동 산유국들이 원유 생산량을 제한하며 원유 가격을 서너 배나 올리자 세계 경제는 큰 타격을 입었다. 특히 수입 석유 의존도가 높은 국가의 경제는 인플레이션과 불황을 겪었고, 전 세계적으로 자원의 중요성이 부각되는 계기가 되었다.

지금은 정반대의 상황이 전개되고 있다. 지난 몇 년간 유가는 배럴당 100달러를 상회했지만, 2015년 12월 14일 기준 중동산 두바이유 현물가격은 배럴당 33.5달러로 11년 만에 가장 낮은 수준으로 떨어졌다. 유가가 낮아진 것이 전반적으로 우리 경제에 긍정적인 영향을 미치리라는 예상이 일반적이지만 산업에 따라 희비가 엇갈릴 것이다.

일단 유류비의 원가 비중이 높은 항공 산업과 해운 산업, 이와 관련된 여행, 운송, 자동차, 물류 산업은 저유가로 큰 혜택을 보게 될 것이다. 하지만 저유가가 지속되면 유전 개발의 필요성이 줄어들어 이와 관련 있는 조선, 철강, 기계 산업이 피해를 입을 것이다. 또한 유가 하락으로 중동 지역 석유 수출국들의 경제가 침체됨에 따라 관련 수출 산업이 간접적으로 피해를 볼 것이라고 전문가들은 예측한다.

기업 행위의 원인과 결과 : SCP 패러다임

산업조직론(industrial organization)을 연구하는 경제학자들은 유가 변화와 같은 시장 환경이 산업구조(structure)에 영향을 미치고, 산업구조는 개별 기업의 경제적 행위(conduct)에 직접적으로 영향을 미치며, 기업의 행위는 해당 기업 및 전체 산업의 성과(performance)에 영향을 미친다고 주장한다.

이 이론을 구조-행위-성과의 영어 머리글자를 따서 'SCP 패러다임'이라고 부른다. SCP 패러다임을 발전시킨 대표적인 연구자로는 조 베인(Joe Bain), 프레드릭 셰러(Frederic Scherer), 마이클 포터 등이 있다.

SCP 패러다임에 대해 좀더 구체적으로 살펴보자. 먼저 산업구조(S)의 특성을 나타내는 대표적인 요소로는 제품 구매자 및 공급자의 수와 크기, 제품의 차별화 정도, 진입 장벽의 정도, 기업의 수직적 통합과 다각

산업구조	기업 행위	성과
구매자와 판매자의 수 제품차별화의 정도 진입 장벽 비용 구조 수직적 통합	가격, 제품, 광고 전략 연구개발 공장과 설비에 대한 투자 인수합병 담합	**기업 수준의 성과** 정상, 이하, 이상의 성과 **사회 수준의 성과** 생산/분배 효율성 고용 창출 경제성장

SCP 패러다임

화 정도 등을 들 수 있다. 이들 중 특히 공급자의 수와 진입 장벽의 정도
는 기업 행위에 결정적 영향을 미친다. 다음으로 기업의 행위(C)란 가격,
담합, 광고, 연구개발, 공장 및 설비 투자 등 기업의 의사결정 활동을 말
한다. 마지막으로 성과(P)는 매출, 이익, 주가, 성장률 등 기업의 성과와
고용 창출, 경제성장 등의 사회적 성과를 모두 포함한다.

　SCP 패러다임에 따르면 S→C→P 순으로 영향 관계가 성립한다. 산
업구조는 행위, 행위는 성과에 영향을 미치는 것이다. 예를 들어 제품
공급자의 수가 무한히 많고 제품차별화가 전혀 되어 있지 않은 완전경쟁
에 가까운 시장구조에서 기업이 취할 수 있는 행위는 극히 제한적이다.
시장에서 정해진 가격으로 제품을 판매해야 하고, 효과가 별로 없으리
라는 것을 알기 때문에 광고 및 연구개발에 대한 투자는 거의 하지 않
는다. 따라서 완전경쟁 시장에서 경쟁하는 기업들의 성과는 그리 좋지
않다.

　많은 산업은 몇몇 강력한 기업들이 서로 경쟁하는 과점(oligopoly) 형
태를 띠고 있다. 예컨대 세계 반도체 DRAM 시장은 세 개 회사가 전 세

계 시장의 90퍼센트 이상을 점유하는 구조적 특성을 보인다. 삼성전자가 약 40퍼센트, SK 하이닉스가 25퍼센트, 미국 기업인 마이크론 테크놀로지가 25퍼센트 전후의 시장점유율을 차지하고 있다.

이들 세 개 회사가 생산하는 제품은 크게 차별화되어 있지 않지만 진입 장벽은 매우 높은 편이다. 만드는 제품은 서로 엇비슷한 반면 공장 및 설비에 이미 막대한 투자가 이뤄진 상태이기 때문에, DRAM 수급에 문제가 생기면 쉽게 가격경쟁에 휘말릴 가능성이 높고 기업 성과가 악화되는 결과를 낳을 수 있다.

DRAM 제조사는 미래 기술을 선점하기 위해 연구개발에 과감히 투자하고, 원가 경쟁력을 확보하기 위해 설비 투자에 적극적인 경향이 있다. 세 개의 과점 업체가 세계 DRAM 수급에 적절히 대응해 가격 안정화를 꾀한다면 지속적으로 높은 수익을 낼 수 있을 것이다.

SCP 패러다임의 장단점

기업의 경영 의사결정 및 수익성은 자신이 속한 산업의 구조적 특성, 즉 매력도에 따라 결정된다. SCP 패러다임은 해당 산업이 현재 얼마나 매력적이며 미래에 얼마나 매력적일 것인지를 산업의 구조적 특성을 바탕으로 예측하는 데 유용한 분석 도구이다.

그러나 SCP 패러다임은 하나의 산업 내에 속한 기업들 간 수익성의 차이는 설명하지 못한다는 한계를 갖고 있다. 다시 말해, 산업구조의 특성에 따라 결정된 기업의 행동과 수익성은 해당 산업 내에서 평균적인 기업의 행동과 수익성을 의미한다. 하지만 같은 인터넷 검색 업체라도 구글은 천문학적인 이익을 창출하고 있는 반면, 한때 세계 검색 시장을 호령했던 야후는 도산할 위기에 몰려 있다.

역스핀오프

스핀오프(spin-off)란 모회사로부터 일부 자산, 종업원, 기술, 제품 등을 분리해 자회사를 신설하고, 자산 감소분만큼의 주식을 자회사로부터 나누어 받는 회사분할의 한 형태이다. 야후의 경우는 알리바바 지분을 남기고 거꾸로 모회사가 떨어져 나가는 형태라 역스핀오프라고 부른다.

최근 야후는 더 이상의 경영 악화를 두고 보지 못하고 검색을 포함한 인터넷 사업 부문을 매각하기로 결정했다. 야후는 중국의 온라인 상거래 업체인 알리바바의 지분 15퍼센트(약 320억 달러 가치)를 소유하고 있기 때문에, 인터넷 사업 부문을 매각하고 나면 야후는 알리바바 지분을 관리하는 회사로 전락하게 된다.

야후가 알리바바 지분을 매각하지 않고 핵심 사업인 검색 및 인터넷 사업 부문을 역스핀오프(reverse spin-off)*하기로 결정한 것은 매각 차익에 따른 세금 문제 때문이라고 하는데, 보통 사람들이 보기에는 어안이 벙벙한 일이 아닐 수 없다.

성공하려면
표적 고객과
경쟁의 범위를 정하라

본원적 경쟁 전략 : 성공적인 기업이 되려면 원가 우위, 차별화, 집중화 가운데 하나의 전략을 선택해야 한다.

산업경제학적 관점을 유지하면서 SCP 패러다임의 한계를 어느 정도 보완한 모형으로 마이클 포터의 '본원적 경쟁 전략(generic competitive strategy)'이 있다. 포터의 이론 역시 해당 산업에 대한 면밀한 분석으로부터 출발한다. 전략을 세우기에 앞서 기업은 진입 장벽, 대체재의 존재 여부, 고객의 협상력, 산업 전반의 수익성, 주요 경쟁사의 강점과 약점, 산업 내 세분 시장의 종류와 특성 등 산업의 전반적 특성을 먼저 파악해야 한다.

산업 전반에 대한 분석 정보가 어느 정도 갖추어지면 이를 기초로 기업은 두 가지 의사결정을 해야 한다. 첫째는 표적 고객의 선정, 즉 경쟁의

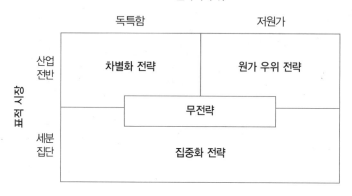

마이클 포터의 본원적 경쟁 전략

범위를 결정하는 일이다. 경쟁의 범위를 작게 선택했다면 기업은 집중화 (focus) 전략을 추구해야 한다. 반면에 광범위한 시장을 표적 고객으로 선택했다면 그다음으로 할 일은 경쟁 우위 요소를 결정하는 것이다. 다시 말해 경쟁사보다 더 나은 성과를 내기 위한 우리만의 경쟁 우위 요소로 원가를 선택한다면 원가 우위(cost leadership) 전략을, 차별화를 선택한다면 차별화(differentiation) 전략을 추구해야 한다.

한마디로 성공적인 기업이 되려면 원가 우위, 차별화, 집중화 가운데 하나의 전략을 선택해야 하고, 이 세 가지 전략 중 무엇을 선택할지에 따라 생산, 마케팅, 재무 등 기능별 전략에 일관성을 유지하며 변화를 주어야 한다.

원가를 낮춰라

원가 우위 전략을 추구한 대표적인 사례로는 포드 자동차의 모델 T를 들 수 있다. 헨리 포드는 자동차 제조원가를 최소화하기 위해 하나의 자동차 모델, 한 가지 색상(검정색)의 자동차만 생산했다. 체계적인 원가절감 노력의 결과로 포드는 자동차 가격을 획기적으로 인하했고, 일반 대중들이 자동차를 구매하는 시대가 열렸다.

자동차가 대중화되자 포드 자동차 판매는 더욱 늘어났고, 규모의 경제를 실현함으로써 원가를 더욱 낮추는 선

순환이 이루어졌다. 이처럼 포드는 원가절감과 생산성 향상에 중점을 둠으로써 경쟁사에 비해 확고한 경쟁 우위를 유지할 수 있었다.

1980~90년대 마케팅 능력이 부족했던 우리나라 대기업들은 선진국의 브랜드 제품을 주문자상표부착생산(OEM)* 방식으로 제작해 판매하곤 했다. 이 또한 원가 우위 전략을 선택한 경우로 볼 수 있다. 과거 우리나라 노동자의 인건비가 낮았던 시절에는 원가 우위 전략을 추구한 국내 기업들이 많았다. 그러나 우리의 소득 수준이 높아짐에 따라 각 산업에서 원가 우위 전략을 추구하는 기업들은 대부분 중국 기업으로 바뀌었다.

남들과 다르게 하라

차별화 전략은 경쟁사와는 다른 실질적 또는 인지적 제품 속성으로 경쟁 우위를 확보하려는 전략이다. 애플 아이폰, 벤츠 자동차, 할리데이비슨 오토바이, 나이키 신발. 구글 검색엔진 등이 대표적인 예다. 이들은 혁신적인 디자인, 최상의 품질, 뛰어난 기술, 독특한 이미지를 무기로 소비자를 사로잡아 경쟁 브랜드보다 높은 가격을 책정할 수 있다.

1920년대 포드 자동차가 원가 우위 전략으로 미국 자동차 산업을 평정하던 무렵, 미국 소비자들은 천편일률적인 검정색 포드 모델 T에 점차 싫증을 느끼고 있었다. GM은 미국 소비자의 이러한 기호 변화를 간파하고 모델 T와는 차별화된 캐딜락(Cadillac), 폰티악(Pontiac), 올즈모빌(Oldsmobile) 등 다양한 자동차 브랜드를 출시해 성공을 거두었다. 이는 차별화 전략의 좋은 예이다.

차별화 전략이 성공만 한다면 프리미엄 가격을 책정함으로써 높은 이윤을 보장받을 수 있다. 하지만 우리 제품만이 갖고 있는 독특한 차별화 요소를 지속적으로 유지하려면 경쟁사가 그 요소를 쉽게 모방할 수 없도록 해야 한다. 코카콜라의 브랜드, 제약회사의 특허권, 애플의 디자인 역량, 픽사(Pixar)의 창의성, 삼성전자의 연구개발 인력 등과 같은 남이 갖지 못한 자원과 역량을 보유해야 한다는 것이다. 즉 광고와 연구개발 및 인재 육성에 대한 막대한 투자 없이는 차별화 역량을 지속적으로 보유하기가 어렵다.

특정 고객에 집중하라

집중화 전략은 표적 고객을 특정 지역에 거주하거나 특별한 인구통계적 특성을 지닌 고객으로 제한하는 전략이다. 이는 틈새 마케팅(niche marketing)이라고도 불리는데, 교섭 기회에 주어지지 않은 중소기업이 대기업을 상대로 경쟁하는 경우에 효과적이다.

예를 들어 1922년 설립된 USAA(United States Automobile Association)는 현역 및 퇴역 군인과 그들의 가족만을 대상으로 보험, 저축 등 금융 상품을 판매한다. USAA는 성장률이나 이익률 면에서 업계 최고 수준의 기업이다. USAA에서 자동차보험을 구매한 고객의 보험유지율은 98퍼센트에 이르는데, 이는 동종 업계의 다른 기업에서는 꿈꿀 수 없는 수치이다.

USAA는 군인들 사이에 너무 잘 알려져 있기에 텔레비전 등을 통한 매스마케팅은 거의 하지 않고, 대부분의 영업 및 판매를 직접우편발송(DM, direct mail)이나 텔레마케팅(TM, telemarketing)을 통해 한다. 군속으로 표적 고객을 제한한 시장에 모든 마케팅 역량을 집중해 왔기 때문에 경영 프로세스가 매우 효율적이다.

틈새 전략을 사용하는 기업은 우리 주위에서도 흔히 찾아볼 수 있다. 스페인, 말레이시아 등 특정 국적을 내건 식당을 운영하거나 칼국수, 곰탕 등 1~2가지 메뉴만 제공하는 식당도 틈새 전략을 활용한다고 볼 수 있다. 에르메스나 샤넬, 쇼메(Chaumet)나 바쉐론 콘스탄틴(Vacheron Constantin), 키톤(Kiton) 등 초고가 명품 제조업체들도 '희소성'이라는 가치를 고객에게 제공하는 틈새 마케팅 전략을 추구하는 기업들이다.

전략의 핵심은 선택이다. 성공적인 기업은 보통 원가 우위, 차별화, 집중화 전략 중 하나를 일관성 있게 추구한 경우가 많다. 모든 것을 다 잘해 보겠다는 기업은 이도 저도 아닌 상태(stuck in the middle)에 빠져 결국 경쟁에서 무엇 하나 확실한 우위를 갖지 못하는 어중간한 기업이 된다. 무엇을 해야 할지 결정하는 일보다 무엇을 하지 않을지를 선택하는 일이 전략에서는 더 중요하다.

20세기 초 원가 우위 전략에 전념함으로써 포드 자동차는 시대를 대표하는 자동차 회사가 되었고, 차별화에 매진하는 지금의 벤츠 역시 최고의 수익성을 자랑하고 있다. 반면 크라이슬러는 일관된 전략의 부재로 특색 있는 자동차를 지속적으로 생산하지 못하고 합병, 매각, 도산 등의 수모를 겪은 끝에 지금은 명맥만 유지하는 상태이다.

희소 자원을 갖고 있어야 대접받는다

자원준거 관점 : 기업이 보유한 일련의 유무형 자원이 해당 기업의 경쟁 우위와 수익성을 결정한다.

동일한 산업 내에서 경쟁하는 기업들의 성과가 큰 차이를 보이는 이유는 무엇일까? 인터넷 검색엔진 산업에서 구글은 세계 최강이다. 2014년 한 해 동안 집계한 자료에 따르면 구글은 대부분 국가에서 60퍼센트 이상의 시장 점유율을 유지하고 있다.

특히 독일, 스페인, 이탈리아, 프랑스, 덴마크 등 유럽 선진국에서는 구글의 점유율이 95퍼센트 이상이고, 2위 업체인 마이크로소프트의 빙(bing)은 1~3퍼센트의 낮은 점유율을 보인다. 반면에 한국과 중국의 검색 시장은 구글이 맥을 못 추는 대표적인 경우에 해당한다. 이들 간의 시장점유율 차이를 어떻게 설명할 수 있을까?

앞서 설명한 SCP 패러다임은 기업이 속한 산업의 구조적 특성과 같은 외부적 환경 요인이 기업의 전략과 수익성을 결정한다고 주장하기 때문에 개별 기업의 능력이나 의지는 부차적 관심사일 수밖에 없다. 그러므로 SCP 패러다임은 동일한 산업 내에서 경쟁하는 기업들 간의 수익성 차이에 대해서는 명쾌한 설명을 제시하지 못한다.

즉 구글이 어떻게 대부분 국가에서 2위 검색 업체보다 월등히 높은 시장점유율을 유지하는지, 구글은 검색엔진 기반 광고를 통해 천문학적인 수입을 벌어들이는 반면에 2위 기업 빙은 적자를 면치 못하는 이유가 무엇인지 설명하지 못한다는 말이다.

자원이 수익성을 결정한다

자원준거 관점(resource-based view)은 이와 같은 SCP 패러다임의 이론적 결함을 극복한 대표적 이론이다. 자원준거론자들은 기업이 보유한 일련의 유무형 자원이 해당 기업의 경쟁 우위와 수익성을 결정한다고 주장한다. 구글이나 네이버는 빙이나 다음이 갖지 못한 독특한 자원을 갖고 있기 때문에 점유율과 수익성이 높다는 것이다.

기업을 '제품과 서비스의 집합'으로 보는 산업경제학자와는 달리, 자원준거론자는 기업을 '다양한 자원의 집합'으로 간주한다. 구글은 경쟁사와 동일한 부류의 제품과 서비스를 제공한다. 인터넷 검색 산업에서 성공하기 위한 전략에는 별로 특이할 것이 없다. 고객이 원하는 빠르고 편리한 검색 서비스를 제공하는 것이 성공의 비결이다.

문제는 이 전략을 성공적으로 수행하려면 탁월한 기술력, 방대한 정보통신 인프라 등의 자원이 필요하다는 것이다. 구글은 검색엔진 산업이 필요로 하는 핵심 자원을 갖고 있지만 경쟁 업체들은 그렇지 못하다는 것이 자원준거론자의 설명이다.

자원준거 관점이라는 용어는 1984년 비거 웨르너펠트(Birger Wernerfelt)가 논문 「기업의 자원준거 관점(*Resource-Based View of the Firm*)」을 발표하면서 처음 쓰이기 시작했다. 하지만 그보다 훨씬 전부터 로널드 코스, 에디스 펜로즈(Edith Penrose), 알프레드 챈들러, 올리버 윌리엄슨 등과 같은 경제학자들은 '자원준거'라는 용어만 사용하지 않았을 뿐 자원의 중요성을 인식하고 기업 성과에 자원이 큰 영향을 미친다는 주장을 했다.

웨르너펠트 이후 많은 학자들이 자원준거 이론을 발전시키는 데 기여했지만, 특히 제이 바니(Jay Barney)의 주장이 눈길을 끈다. 바니는 기업들마다 수익성이 제각기 다른 이유는 그들이 보유한 자원이 다르기 때문이며, 지속적인 경쟁 우위를 유지하기 위해 기업은 가치 있고 (valuable), 희귀하고(rare), 모방할 수 없고(inimitable), 대체 불가능한 (non-substitutable) 자원을 보유해야 한다고 말했다.

바니가 언급한 네 가지 특성을 각 단어의 머리글자를 따서 'VRIN'이라고 부른다. 기업이 보유한 자원이 VRIN 특성을 충족하면 그 기업은 지속 가능한 경쟁 우위를 갖고 있는 셈이기 때문에 높은 수익성을 유지할 수 있다.

이때 특히 중요한 것은 모방하기 어려운 자원을 보유해야 한다는 것이다. 이때 기업이 기법해 만라오드 근 시공을 서주었다면 상생사는 당연히 이를 모방하려 할 것이다. 가장 손쉬운 방법은 성공적인 전략 수행에 필요한 자원을 요소 시장에서 구입하는 것이다. 예컨대 어떤 기업이 A사의 고객관계관리(CRM) 소프트웨어를 구입해 보다 성공적으로 고객관리를 할 수 있게 되었다면, 경쟁사 역시 동일한 소프트웨어를 장착해 고객관리를 하려 할 것이다.

그러나 어떤 자원은 다른 것에 비해 쉽게 모방할 수 없게 마련이고, 그런 자원을 기반으로 한 전략은 좀처럼 따라 하기 어렵다. 잘 알려진 브랜드, 독특한 기업 문화, 효율적인 경영 시스템, 창의성과 학습 능력이 뛰어난 종업원, 경영자의 탁월한 리더십 등의 무형자산은 유형자산에 비해 훨씬 모방하기가 어렵다.

거시적인 관점에서 보면, 산업경제 시대에서 지식경제 시대로 넘어오며 기업이 중요하게 취급해야 할 자원의 종류가 바뀐 것 같다. 과거 산업경제 시대에는 막대한 자금력과 영업 인력, 거대한 공장 설비 등 유형자산을 통해 구축한 진입 장벽으로 경쟁사의 공격을 막아냈다. 그러나 오늘날 지식경제 시대에는 브랜드, 지적 소유권, 신상품 개발 능력, 고객 서비스, 고객 정보 등 경쟁사가 모방하기 어려운 무형자산으로 경쟁 우위를 유지하는 편이 훨씬 효과적이다.

구글의 VRIN

지속적인 경쟁 우위를 유지하기 위한 자원의 네 가지 속성, VRIN의 관점에서 구글이 보유한 자원을 살펴보자.

먼저 구글이 보유한 '귀중한(valuable)' 자원으로는 검색엔진을 들 수 있다. 2014년 구글의 총매출액 400억 달러 가운데 90퍼센트 이상을 검색 광고 수입이 차지할 정도로 구글의 검색엔진은 세계 최고 수준임을 인정받고 있다. 한편 끊임없이 창의적인 서비스와 도구를 만들어내는 유능한 종업원들 또한 구글의 귀중한 자원이다.

구글이 보유한 '희귀한(rare)' 자원으로는 특허 기술을 들 수 있다. 2014년 미국 특허 등록 현황에 따르면 구글은 전년 대비 39퍼센트 증가한 2,566건의 특허를 등록해 전체 8위를 기록했다.

구글이 보유한 '모방하기 쉽지 않은(inimitable)' 자원으로는 방대한 정보통신 인프라가 있다. 구글 측에서 공개를 꺼려 정확히 파악하기는 어렵지만, 구글은 전 세계에 걸쳐 막대한 규모의 데이터 센터와 서버를 보유한 것으로 알려져 있다. 또한 창업 이후 오늘날까지 구글이 쌓아온 성공의 역사, 성취감, 경험은 누구도 쉽게 모방할 수 없는 값진 자원이다.

여기서 '성공의 역사'라는 자원은 여러 가지 의미로 해석할 수 있지만, 나는 단순히 구글이 적절한 시기에 사업을 시작했음을 지적한 것이다. 1990년대에 구글이 창업했을 무렵만 해도 인터넷 관련 산업 내 경쟁은 지금처럼 치열하지 않았다. 수많은 경쟁자가 존재하는 지금은 구글과 같은 성공적인 인터넷 기업을 육성하기가 훨씬 어려워졌다.

끝으로 군더더기 하나 없이 깔끔한 구글의 사용자 인터페이스는 '대체 불가능한(non-substitutable)' 자원이다. 이는 신속히 원하는 정보를 찾아내는 데 최적화되어 있기에 다른 방식으로 대체하기가 어렵다.

구글과 같이 지속적으로 남다른 성과를 내는 기업들은 대부분 VRIN 특성을 갖는 자원을 다수 보유하고 있다. 다른 예로 월마트가 보유한 탁월한 물류 시스템은 귀중하고, 희귀하며, 모방할 수 없고, 대체 불가능한 자원이기 때문에 시장에서 월마트의 경쟁 우위를 지켜주고 있다.

자원준거 이론은 동일한 산업 내에서 경쟁하는 기업들의 차별적 성과를 합리적으로 설명한다. 기업은 오랫동안 자신만의 자원을 축적하기 위해 노력하고, 바로 이 자원이 기업의 경쟁 우위를 좌우한다. SCP 패러다임을 주장하는 학자들은 시장 지배력이나 진입 장벽 형성의 결과로 초과이윤이 발생한다고 말한다. 반면 자원준거론자들은 VRIN 자원을 보유함으로써 초과이윤을 창출할 수 있다고 주장한다.

250년 전부터 대량생산 시스템을 실현한 공장

규모의 경제 : 생산량이 증가할수록 단위 생산원가가 낮아짐으로써 얻게 되는 경제적 이익.

오래전부터 경제학자들은 산업의 특성을 결정하는 중요한 변수 중 하나로 '규모의 경제(economy of scale)'를 연구해 왔다. 규모의 경제란 생산량이 증가할수록 단위 생산원가가 낮아짐으로써 얻게 되는 경제적 이익을 말한다.

이 개념을 처음 언급한 학자는 애덤 스미스이다. 1776년 그는 『국부론』에서 핀 생산 공장의 예를 들며 분업의 중요성을 강조했다. 보통 노동자가 홀로 핀을 만들면 하루에 하나 만들기도 쉽지 않지만, 핀 제조공정을 18개의 세부 과정으로 나누면 생산성을 눈에 띄게 높일 수 있다. 한 사람은 철사를 펴고, 다음 사람은 그것을 똑바로 다듬고, 세 번째 사람은 자르는 등 18개 과정을 10명이 분업하여 핀을 만들면 하루에 4만 8,000개의 핀을 생산할 수 있다는 것이 스미스의 주장이었다.

이런 분업을 실현하려면 대량의 핀을 판매할 시장이 존재해야 하기 때문에 자유무역이 반드시 이루어져야 했다. 즉 '자유무역 → 시장 확대에 따른 판매량 증대 → 대량생산 → 보나 정교한 분업 실현 → 단위원가 하락'이라는 선순환을 통해 규모의 경제를 실현할 수 있는 것이다.

왜 규모의 경제인가

규모의 경제가 존재하는 이유로는 크게 두 가지를 들 수 있다. 첫째는 생산량이 증가하면 노동의 특화가 가능하기 때문에 작업에 필요한 기술을 쉽게 습득할 수 있고 과업을 바꾸는 데 필요한 시간을 절약할 수 있다는 점이다. 애덤 스미스의 핀 공장이 좋은 예이다.

둘째는 생산량이 증가하면 설계비, 임대료, 연구개발비 등의 고정비용을 증가한 생산량에 맞추어 배분할 수 있기 때문에 단위 생산원가가 하락한다는 점이다.

한 영화의 관객 수가 100만에서 200만 명으로 두 배 늘어나면 매출액은 두 배가 늘어날 테지만 비용은 그보다 훨씬 덜 증가하기 때문에 관객이 늘수록 이익은 기하급수적으로 불어난다. 이때 비용이 두 배로 증가하지 않는 것은 영화 제작비 등의 고정비용은 관객 증가에 비례해 늘어나지 않기 때문이다.

이런 종류의 규모의 경제는 생산 영역뿐만 아니라 물류, 구매, 마케팅 영역에도 존재한다. 대량의 화물을 5톤 트럭으로 한 번에 운송하는 경우와 1톤 트럭 5대에 나누어 운송하는 경우를 비교해 보면, 5톤 트럭으로 운송할 때 드는 비용이 훨씬 적음을 알 수 있다.

규모의 경제가 존재하는 산업에서는 되도록 높은 시장점유율을 유지하는 것이 바람직하다. 높은 시장점유율은 낮은 생산원가를 보장해 주므로 가격경쟁에서 우위를 확보하는 데 도움이 된다. 또한 반도체 산업과 같이 막대한 초기 고정비용 투자가 필요한 산업은 규모의 경제가 존재하기 때문에 전 세계적으로 몇 개의 업체만이 존재하고 규모 그 자체가 진입 장벽이 될 수 있다.

한편 규모의 경제가 존재하는 산업을 그대로 놔두면 자연적 독점이 출현할 가능성이 높다는 주장도 있다. 전력이나 수도 산업과 같이 자연적 독점이 출현하기 쉬운 산업의 경우, 많은 국가에서 민간 독점의 폐해를 막고자 정부가 직접 공기업을 설립, 운영하곤 한다.

그러나 밀턴 프리드먼은 국가가 운영하는 공기업보다는 민간 독점기업이 더 나은 대안이라고 주장했다. 공기업의 비효율적인 조직 운영보다는 사기업의 독점으로 인한 폐해가 사회 전체적으로 보았을 때 덜 치명적이라는 것이다.

범위의 경제와 경험의 경제

규모의 경제와 비슷한 개념으로 범위의 경제(economies of scope)가 있다. 규모의 경제를 지탱하는 기반이 되는 것이 생산량이라면, 범위의 경제는 다양성으로부터 힘을 얻는다. 예를 들어 현대자동차가 소나타와 그랜저를 따로 생산할 때보다 하나의 생산라인에서 생산할 때 비용을 더 절감할 수 있다면 범위의 경제가 존재한다고 볼 수 있다.

범위의 경제는 서로 다른 분야 간에 공동으로 이용하는 자원이나 기능이 있을 경우에 존재한다. 만약 소나타 도색을 할 때 사용하는 설비를 그랜저 도색에도 이용할 수 있다면 범위의 경제를 활용해 도색 비용을 절감할 수 있다. 신용카드 고객에게 보험 상품을 판매하는 교차판매(cross-selling)의 경우도 고객이라는 공동의 자원에 대해 범위의 경제를 활용한 마케팅 전략이라고 할 수 있다.

한편 '경험의 경제(economy of experience)'라는 용어도 있다. 규모의 경제가 일정 시점 이후로 생산 규모가 커질수록 개당 생산 비용이 줄어드는 현상을 가리키는 말이라면, 경험의 경제는 시간이 흘러 경험이 축적될수록, 즉 누적 생산량이 증가할수록 개당 생산 비용이 줄어드는 현상을 말한다.

규모의 경제는 생산 과정에 대한 학습이 그리 오래되지 않은 경우에도 큰 폭으로 나타날 수 있다. 규모의 경제가 반도체, 철강 등 자본집약적인 산업에서 흔히 나타나는 현상이라면, 경험의 경제는 보통 스위스의 기계식 시계 산업처럼 상당 수준의 학습 비용을 필요로 하고 노동집약적인 성격을 갖는 산업의 경우에 나타난다. 즉 기업을 자본집약적으로 만들지 아니면 노동집약적으로 만들지는 기술 및 경쟁의 정도와 종류 등 산업의 성격에 따라 결정된다.

수직적 통합

도살장과 자동차 조립 공장의 공통점

수직적 통합 : 자사 제품의 원료를 공급하는 기업이나 완제품을 판매하는 유통 채널을 제휴, 인수함으로써 원가 경쟁력과 시장 지배력을 확보하려는 전략.

20세기 중반까지 시카고는 미국 정육 산업의 중심지였다. 한때 미국 전역에서 사육된 가축들은 모두 시카고 인근 교외까지 열차로 수송되어 와 도살당했는데, 1년에 시카고에서 도살되는 가축의 수가 무려 1,500만 마리에 이르렀다고 한다. 이후 정육 산업이 각 지역으로 분산되면서 가축 도살과 관련된 시카고의 유명세도 잠잠해졌다. 하지만 시카고 정육 산업의 발전사는 오늘날의 경영인들에게도 많은 교훈을 준다.

19세기 말 시카고를 세계 정육 산업의 중심지로 만든 사람은 구스타부스 스위프트(Gustavus Swift)라는 탁월한 사업가였다. 당시 미국 인구는 동부 지방에 집중해 있었던 반면 가축은 대부분 중부 대평원에서 서부에 걸쳐 사육되었기 때문에 축산물 유통이 큰 골칫거리였다. 돼지고기의 경우에는 운송에 별 어려움이 없었다. 베이컨, 소시지, 훈제 햄 등의 가공식품이 미국인들의 입맛에 잘 맞았기 때문에 생산지에서 돼지를 도살한 후 고기를 소금에 절이거나 가공해 기차로 운반했다.

그러나 소고기는 달랐다. 미국인은 신선한 소고기를 원했고, 이런 소비자의 욕구를 충족하기 위해서 살아 있는 소를 동부 지방까지 기차로 실어 와 소비지 근처에서 도살하는 방식의 유통 시스템이 필요했다. 그러나 이 방식은 북미 대륙을 횡단하는 긴 여정 동안 소가 심하게 야위고 죽는 일이 잦아 효율이 떨어졌다.

스위프트는 수직적 통합(vertical integration)을 이룸으로써 이와 같은 전근대적 소고기 유통 방식에 일대 혁신을 일으켰다. 1881년 그는 냉장 기술 전문가의 도움을 받아 냉장 시설을 갖춘 기차를 개발한다. 서부에서 사육된 소를 산 채로 시카고까지 운송해 와 도축하고, 냉장 기차로 살코기를 동부까지 운송하는 새로운 소고기 유통 시스템을 도입한 것이다. 이 같은 유통 방식의 도입으로 운송 과정에서 소가 죽는 일은 거의 없어졌고, 시카고는 가축 도살 및 정육의 중심지로 자리매김했다.

공급에서 운송, 판매까지 하나로

스위프트가 처음부터 축산물 유통 사업의 수직적 통합을 넘두에 두었던 것은 아니다. 처음에는 철도 회사 측에 냉장 기차를 만들어달라고 요청했지만, 냉장 기차를 도입하면 가축 운반 사업이 축소될지 모른다고 우려한 철도 회사 측은 그의 제안을 거부했다. 이에 스위프트가 직접 냉장 기차를 개발하자, 이번에는 철도 회사들이 담합해 냉장 기차가 운행되지 못하도록 철도 노선 제공을 거부했다.

19세기 말 미국 정육산업의 중심지였던 시카고의 도살장

철도 노선을 확보하기 위해 스위프트는 직접 철도 회사를 인수해 운영에 나섰다. 그뿐 아니라 냉장 기차로 운송한 고기의 신선도를 유지하기 위해 동부 지방 곳곳에 대형 냉장 보관 창고를 건설했고, 동네 정육점에 고기를 공급하기 위한 유통센터를 세우고 거대한 판매원 조직을 구축했다.

스위프트는 가축의 안정적인 공급을 위해 구매 부서를 설립했고, 축산업자와의 대량 구매 계약을 정기적으로 체결했다. 또한 수많은 가축을 효율적으로 도살하고 부위별로 해체할 수 있는 정육라인을 설치해 훗날 헨리 포드의 자동차 조립 공장 설립에 아이디어를 제공하기도 했다.

스위프트의 가축 정육라인은 자동차 조립라인의 정반대 공정이라고 할 수 있다. 당시 스위프트가 관리하던 도축장에서 가축 한 마리를 도살해 각 부위별로 완전히 해체할 때까지 걸린 시간은 10분도 채 되지 않았다고 하니, 매우 효율적인 시스템이었던 듯하다. 이후 그는 가축 도살 및 정육 과정에서 파생된 부산물을 활용해 비료, 아교, 가죽, 비누 등의 사업 분야에도 진출한다.

스위프트는 앤드루 카네기와 함께 세계 최초로 수직계열화한 현대적 기업을 탄생시킨 인물이다. 그는 수직적 통합으로 얻은 원가 경쟁력을 바탕으로 저렴한 가격에 고품질의 고기를 공급함으로써 시장을 지배했고, 혼란에 빠져 있던 미국 정육 산업에 새로운 가능성을 제시해 보였다.

수직적 통합 전략의 장점과 단점

수직적 통합 전략은 통합 방향에 따라 후방통합(backward vertical integration)과 전방통합(forward vertical integration)으로 나뉜다. 현대자동차가 완성차 생산에 필요한 모듈 및 부품을 생산하는 현대모비스와 현대위아를 계열사로 통합하거나 자동차 강판을 생산하는 현대하이스코와 현대제철을 계열사로 거느린 경우는 후방통합의 예이고, 자동차 전문 수송 업체인 현대글로비스를 계열사로 통합한 경우는 전방통합의 예다.

후방통합을 통해 얻을 수 있는 이점으로는 원재료 및 부품 공급업자를 통합함으로써 원가를 절감하고 일관된 품질의 원재료를 안정적으로 공급받을 수 있다는 점 등이 있다. 반면 전방통합을 통해서는 안정적인 판매처 및 매출 일감를 확보할 수 있고, 이를 통해 적정 생산 규모를 유지하기가 용이해 원가절감 효과를 얻을 수 있다.

수직적 통합은 오늘날 대기업이 기업의 규모를 키우고 이를 통해 원가 경쟁력과 시장 지배력을 확보하기 위한 대표적인 전략이다. 하지만 이는 기업 환경 변화에 탄력적으로 대응하기 어렵다는 결정적 단점을 갖고 있다.

예컨대 자동차 구매자의 취향이 갑자기 바뀌어 대형차를 더 많이 생산해야 한다면, 수직적으로 통합된 자동차 회사의 경우 계열 부품 회사의 생산 시설을 변경해야 하기 때문에 변화에 대응하는 데 시간이 걸릴 수 있다. 하지만 부품을 외부로부터 구매하는 경우에는 보다 신속히 소비자의 수요 변화에 대응할 수 있다. 특히 시장 환경이 빠르게 변화하는 산업에서는 수직적 통합으로 얻는 이익보다 유연성 결핍에서 오는 폐해가 더 클 수도 있다.

29 다각화

신제품 출시와
신시장 개척,
어느 편이 더 쉬울까?

다각화 : 기업 규모를 확장하는 방법에는 시장 침투, 시장 개척, 신제품 개발, 다각화의 네 가지 방법이 존재한다.

서울대입구역 근처에서 작은 독립 커피전문점을 경영하는 김원두 대표는 사업을 확장할 아이디어를 고심 중이다. 바로 옆 치킨가게를 인수해 매장 규모를 키우는 방법부터 전국적인 커피 프랜차이즈 가맹점에 가입하는 방법까지 각 대안의 장단점을 따져보며 김원두 대표는 커피전문점의 다양한 성장 전략에 대해 고민했다.

반세기 전 이고르 앤소프(Igor Ansoff)는 성장 전략에는 크게 네 가지 대안이 있다고 주장했다. 이를 앤소프의 제품-시장 매트릭스 또는 앤소프 매트릭스(Ansoff matrix)라고 부른다. 그에 따르면 기업은 제품과 시장이라는 두 가지 차원의 확장 방향을 통해 성장할 수 있다. 기존

	기존 제품	신제품
기존 시장	시장 침투	제품 개발
신시장	시장 개척	다각화

앤소프의 제품 - 시장 매트릭스

제품을 계속 판매할지 아니면 신제품을 출시할지, 기존 시장에 계속 판매할지 아니면 새로운 시장을 개척할지에 따라 네 종류의 성장 전략이 존재한다.

첫째, 시장 침투(market penetration)는 기존 시장에서 기존 제품 및 서비스를 더 많이 판매해 성장을 꾀하는 전략이다. 김원두 대표의 경우에는 커피 가격을 인하하거나 주변 행인들에게 전단지를 돌리는 등의 광고를 적극적으로 실시해 매출과 시장점유율을 높일 수 있다. 시장 침투 전략은 보통 공격적인 마케팅 활동을 통해 신규 고객을 창출하거나, 경쟁사로부터 고객을 뺏어오거나, 아니면 기존 고객의 구매량을 늘림으로써 목적을 달성할 수 있다.

둘째, 시장 개척(market development)은 기존 판매 제품은 그대로 유지하면서 새로운 시장으로 진출하는 전략이다. 서울대입구역 커피전문점이 강남역에 분점을 낸다면 이는 시장 개척에 해당한다. 내수 시장이 포화 상태에 이른 기업이 해외 시장에서 활로를 찾으려 하는 경우 또한 전형적인 시장 개척 전략에 속한다. 새롭게 진출하는 시장의 고객이 기존 고객과 유사하다면 시장 개척 성공 가능성이 높겠지만, 그렇지 않다면 고객 특성의 차이를 극복할 만한 강력한 제품 속성을 보유해야 한다.

시장 개척에는 새로운 지역으로 진출하는 것뿐만 아니라 새로운 고객 집단에 제품을 판매하기 시작하는 것도 포함된다. 가정용 냉장고 제조 업체가 약간의 디자인 변경을 곁들여 아파트 건설 업체에 빌트인 냉장고를 판매하는 경우가 그 예다.

셋째, 제품 개발(product development)은 동일한 고객 또는 동일한 시장에서 새로운 제품 및 서비스를 판매하는 전략이다. 커피와 음료만 판매하던 커피전문점에서 샌드위치 등 가벼운 요깃거리를 판매하는 경우가 여기에 해당한다.

제품 개발 전략의 또다른 예로는 앞서 언급한 USAA를 들 수 있다. USAA는 원래 현역 및 퇴역 군인과 그들의 가족에게 자동차보험을 판매하기 위해 설립된 회사이다. 자동차보험 판매업에서 성공을 거둔 USAA는 기존의 고객 데이터베이스를 활용해 연금보험, 예금 서비스 등 다른 종류의 금융 상품을 판매하기 시작했고 이 역시 큰 성공을 거두었다.

마지막으로 신제품을 새로운 시장에 판매하는 다각화(diversification) 전략이 있다. 서울대입구역에서 커피전문점을 하던 김원두 대표가 동대문에서 옷가게 사업을 새로이 시작하는 경우가 그 예다. 판매 제품에 대한 지식이나 판매 경험도 없고 고객에 대한 이해도 부족하기 때문에 가장 쉽게 이룰이 그 전략이나고 할 수 있다.

관련 다각화와 비관련 다각화

다각화는 크게 관련(related) 다각화와 비관련(unrelated) 다각화로 나뉜다. 관련 다각화는 기업이 현재 수행하는 사업 영역과 기술, 고객, 유통망 등과 관련성이 있는 분야로 확장하는 경우이고, 비관련 다각화는 그런 관련성이 전혀 없는 분야로 확장하는 경우이다.

관련 다각화는 기업이 보유한 핵심 역량을 확장 가능한 여러 사업에 활용함으로써 시너지를 창출하려는 전략이다. 1953년 설탕(백설) 판매로 시작한 CJ제일제당은 밀가루(백설), 조미료(다시다), 즉석밥(햇반), 햄(프레시안), 고추장(해찬들), 올리브유(백설), 푸딩(쁘띠첼), 김치(하선정) 등 다양한 제품 분야에 진출하며 국내 최대 규모의 식품 기업으로 성장했다.

CJ제일제당의 다각화 전략은 기존 제품의 생산 및 판매를 통해 축적한 원료 구매, 제조, 마케팅, 유통, 연구개발, 상표 부문의 역량을 신규 제품과 공유함으로써 '범위의 경제'를 활용할 수 있었기에 성공 가능성이 높았다. 또한 다양한 제품을 판매함으로써 매출 성장 가능성을 높였고, 제품 간 매출이 서로 보완관계에 있으므로 매출 안정 효과를 동시에 꾀할 수 있었다.

관련 다각화와는 달리 비관련 다각화는 특별한 경우가 아니면 추천하기 어렵다. 이익을 낼 수만 있다면 기존 사업 분야와 아무런 관련이 없더라도 무조건 진출하고 보는 전략은 기업이 현재 보유하고 있는 핵심 역량을 활용할 수 없기 때문에 실패 위험이 매우 높다.

1960년대 미국에서 비관련 다각화가 유행했던 적이 있다. 이자율이 낮고 호경기와 불경기가 반복되는 상황 속에서 ITT 코퍼레이션(ITT Corporation), 텍스트론(Textron), 리튼 인더스트리스(Litton Industries) 등과 같은 대기업은 금융기관에서 자금을 차입해 다양한 산업의 기업들을 인수했다. 인수 기업의 이익이 이자 비용보다 크기만 하다면 투자 가치가 있다고 생각했기 때문이다.

그러나 이후 찾아온 인플레이션과 함께 이자율이 상승하고 경기 불황으로 인수 기업의 주가가 하락하자, 비관련 다각화에 몰두했던 많은 기업들이 도산을 맞이했다. 오늘날 대부분 미국 기업들은 비관련 다각화를 좋은 성장 전략으로 여기지 않는다.

1970년대 이후에도 꾸준히 비관련 다각화를 추진한 기업은 대부분 아시아 국가 기업들이다. 적극적으로 비관련 다각화 정책을 펼친 결과 거대한 기업집단으로 성장한 기업을 우리는 '재벌(conglomerate)'이라고 부른다. 이들이 비관련 다각화로 기업집단을 확장하는 것은 다양한 산업에 진출함으로써 경영 위험을 분산시켜 사업의 안정성을 높일 수 있기 때문이다.

또한 정부 정책이 기업 발전에 큰 영향을 미치는 국가의 경우, 기업은 되도록 외형을 키우는 편이 바람직하다고 여기는 경향이 있다. 1960~80년대 계획경제 정책 아래 국내 기업들이 '대마불사(大馬不死)'를 믿고 문어발 식으로 기업을 확장한 것이 대표적인 예이다.

지피지기면
백전백승

스왓 분석 : 신규 사업이나 프로젝트의 전략을 수립할 때, 자신의 장단점과 외부 환경을 체계적으로 분석하는 도구.

스왓(SWOT) 분석 또는 스왓 매트릭스는 경영학 용어 가운데 일반인들에게 가장 널리 알려진 말일지도 모른다. 국립국어원은 매년 주요 일간지와 방송 뉴스 등에서 사용된 신조어를 조사해 신어(新語) 보고서를 발간한다. 2004년 신어 보고서에 스왓은 욘사마, 니트족, 주말 창업, 매스티지 등과 함께 수록되기도 했다.

스왓 분석이 미국 경영학 교과서나 기업 보고서에 등장하기 시작한 것은 1960년대의 일이지만 누가 처음 이를 만들고 사용했는지에 대해서는 알려진 바가 없다. 나 또한 학술적으로 그 내용을 제대로 배운 적이 없는 것을 보면 아마도 현장 실무를 진행하던 중에 개발된 경영분석 기

	목표 달성에 득이 되는	목표 달성에 해가 되는
내부 역량 도출	장점	단점
외부 환경 분석	기회	위협

스왓 분석의 네 가지 요소

법이 아닐까 싶다.

스왓은 장점(Strengths), 단점(Weaknesses), 기회(Opportunities), 위협(Threats)의 머리글자를 따서 만든 용어다. 어떤 신규 사업이나 프로젝트의 전략을 수립할 때 경쟁자와 비교해 자신이 목표를 달성하는 데 어떤 장점과 단점을 갖고 있는지, 그리고 외부 환경이 자신의 사업에 득이 되고 해가 되는 측면이 무엇인지 체계적으로 분석하라고 스왓은 주문한다.

회사 내부 요소의 장단점을 분석할 때는 가격, 유통, 제품, 판촉 등 마케팅 요소뿐 아니라 제조, 연구개발, 자금, 인력 등 경영 전반에 걸친 경쟁력까지 분석에 포함하는 것이 바람직하다. 마찬가지로 외부 환경을 분석할 때는 기술적, 법적, 정치적, 인구동세적, 사회문화적, 국제적, 성쟁적 환경 모두를 분석 대상으로 삼아야 한다.

우리는 스왓 분석을 신규 벤처 사업에 대해서도 적용할 수 있고, 기업이 수행하는 하나의 작은 프로젝트에도 적용할 수 있다. 도시 개발 프로젝트의 경우에는 특정 도시가 스왓 분석의 대상이 되고, 선거에서는 특정 인물이 스왓 분석의 대상이 된다.

스왓 분석은 전략 수립이라는 최종 목표를 달성하기 위한 탐색 도구라고 할 수 있다. 프로젝트의 목표가 정해지면 우선 스왓 분석을 통해 해당 목표를 달성하는 데 긍정적 혹은 부정적 영향을 미치는 내부 요소(장점, 단점)와 외부 요소(기회, 위협)가 무엇인지 열거해야 한다.

스왓 분석을 성공적으로 해내기 위해서는 되도록 다양하고 많은 요소를 발굴할 필요가 있다. 각각의 요소를 발굴하고 열거하는 과정에서 우리는 프로젝트의 목표가 달성 가능한 것인지를 평가해야 한다. 일례로 기술적 진보, 소비자 기호의 변화, 규제 변화와 같은 환경 변화는 많은 기업에게 기회를 제공하지만 이 기회를 활용할 수 있는 역량을 갖추고 있는 기업은 소수에 불과하다.

단기적으로 목표를 달성하기가 어렵다면 보다 현실적으로 목표를 수정하는 것도 바람직하다. 목표 달성을 위해 새롭게 양성해야 할 내부 역량이 무엇이고 어떻게 양성할 수 있을지를 궁리하는 등 보다 장기적인 전략을 수립하는 일도 추천할 만하다.

무엇이
성공적인 선도자를
만드는가?

시장 선도 기업 : 시장을 개척한 기업은 후발 기업에 비해 다양한 경쟁 우위를 갖지만, 새로운 시장 개척에 따른 위험을 감수해야 한다.

옥스포드 영어 사전에 당신이 관리하는 브랜드 이름이 등재된다고 상상해 보라. 그 어떤 상보다 영광스러운 일임에 틀림없다. 옥스포드 영어 사전에 이름이 올라갈 정도의 브랜드가 되려면 해당 산업을 창조했다는 이미지가 너무도 강력한 나머지 많은 소비자가 해당 브랜드 이름을 보통명사로 사용하는 수준에 이르러야 한다.

소비자들이 당신의 브랜드를 보통명사로 부르기 시작한다면 날마다 엄청난 광고 효과를 공짜로 누리는 셈이다. 제록스는 세계 최초로 복사기를 시장에 선보였고 상당 기간 독점적 지위를 유지했다. 그렇기에 사람들은 '복사기(copier)'라는 보통명사 대신 제록스(xerox)를 사용하곤 한다. 제록스의 경쟁사 리코(Ricoh) 복사기 앞에서 소비자가 "어떻게 제록스(복사)하는 거야?(How do I make a xeroxed copy?)"라고 말한다면 리코 경영자의 기분이 어떻겠는가?

소비자에게 보통명사로 기억되는 일은 오직 소수의 글로벌 브랜드만이 누릴 수 있는 특권이다. 화장지를 뜻하는 크리넥스(Kleenex), 셀로판 테이프의 스카치테이프(Scotch tape), 휴대용 카세트 플레이어의 워크맨(Walkman), 첨단 아웃도어 소재의 고어텍스(Gore-Tex), 콜라의 코카콜라(Coke) 등이 그 영광의 주인공이다.

존슨앤드존슨(Johnson&Johnson)의 최대 발명품인 밴드에이드(Band-Aid)는 일회용 반창고를 가리키는 보통명사로 널리 쓰이고 있을 뿐 아니라 언론인들 사이에서는 미봉책을 뜻하는 단어로도 사용된다.

가장 최근에 옥스포드 영어 사전에 등재된 브랜드는 구글이다. 내가 아는 한 아직 우리나라 브랜드 가운데 옥스포드 영어 사전에 이름을 올린 경우는 없다. 크게 실망할 일은 아니다. 애플의 브랜드 중에서도 아이팟은 이름을 올리는 데 성공했지만 아이패드나 아이폰은 실패했을 정도로 어려운 일이니 말이다.

시장 선도의 가치

자신의 브랜드가 보통명사로 사용될 정도까지는 아니더라도 시장을 선도(first-mover)하거나 개척(pioneering)했다면 경쟁에서 커다란 우위를 점할 수 있다. 시장에 먼저 진입한 선도자는 후발 업체에 비해 여러 종류의 경쟁 우위를 갖기 때문에 시장점유율에서 큰 차이를 보인다.

미국의 경우 각 산업을 개척한 선도 기업의 시장점유율을 100이라고 가정하면 두 번째로 시장에 진입한 기업은 선도 기업의 75퍼센트, 세 번째로 진입한 기업은 60퍼센트로, 시장 진입 순서가 늦을수록 시장점유율이 낮았다는 조사 결과가 있다.

시장 선도 기업이 후발 기업에 비해 경쟁 우위를 갖는 데는 여러 이유가 있다. 첫째, 선도 기업은 희소한 자원을 선점할 수 있다. 여기서 희소 자원이란 사업을 영위하는 데 필요한 자원으로 특히 공급량이 제한적인 경우를 말한다. 니켈 광산이 그 대표적인 예인데, 품질이 좋은 니켈은 제한된 지역에 집중적으로 매장되어 있기 때문에 처음으로 니켈 채굴에 성공한 '선도' 광산업자가 거대한 자원을 선점한 독점기업이 될 가능성이 높다.

산업의 성격에 따라 원자재나 부품뿐만 아니라 유통망도 희소 자원이 될 수 있다. 특히 매력적인 세분 시장 또한 희소 자원이 될 수 있다는 사실이 흥미롭다.

예를 들어 치약 시장에서 가장 많은 소비자가 원하는 효과가 충치 예방이라면, 치약 산업에 처음 진출한 기업은 충치 예방 효과를 원하는 세분 시장의 고객을 표적으로 제품을 개발할 것이다. 그리고 후발 업체는 선도 기업이 이미 점유하고 있는 충치 예방 세분 시장을 피해 미백 효과와 같은 이차적인 요구를 갖고 있는 소비자 집단을 목표로 삼아 치약을 개발하고 판매할 것이다.

한편 특정한 기리저 공간도 희소 자원이 될 수 있다. 이를테면 신노시에 처음 할인점을 개점한 소매 업체는 가장 매력적인 위치를 선점할 수 있다.

둘째, 전환비용(switching cost)이 높은 산업일수록 선도 기업이 후발 기업에 비해 보다 강력한 경쟁 우위를 누릴 수 있다. 전환비용이란 고객이 기존에 즐겨 사용하던 브랜드의 제품을 더 이상 사용하지 않고 새로

184

운 브랜드 제품을 사용하고자 할 때 지불해야 하는 비용이다.

전환비용이 존재하는 데에는 이유가 있다. 우리의 본성이 여러 종류의 불확실성이 존재하는 대안을 선택하지 않으려 하기 때문이다. 우리는 특별히 불만스러운 점을 새롭게 발견하지 않는 한 자신이 오래 사용해 온 익숙한 브랜드의 제품을 계속 사용하려 한다. 아직 사용한 적이 없는 후발 브랜드의 품질이 만족스러울지에 대한 불확실성이 존재하기 때문이다.

대다수 고객이 한 은행과 오랜 기간 거래를 하는 것도 주거래 은행을 바꿀 경우 감수해야 할 여러 가지 불편함, 즉 전환비용 지불을 피하기 위함이다. 주거래 은행을 바꾸면 급여 이체 변경 건으로 회사 총무부 직원에게 바뀐 계좌번호를 알려줘야 하고, 신용카드, 전화요금, 보험료, 인터넷 사용료 등의 자동이체 변경을 위해 여러 기관에 이 사실을 알려야 한다. 현재 거래하는 은행의 서비스가 좀 마음에 들지 않아도 전환비용이 크기 때문에 참고 이용하는 사람들이 많을 수밖에 없는 것이다.

전환비용이 드는 또다른 예로 문서 작성, 통계 프로그램 등 컴퓨터 소프트웨어의 경우를 들 수 있다. 하나의 프로그램을 능숙하게 사용하기까지 상당 시간을 투자해야 하기 때문에 다른 소프트웨어로 옮겨 갈 가능성이 낮다.

셋째, 선도 기업은 기술 주도권을 쥐고 있기 때문에 후발 기업보다 강력한 경쟁 우위를 갖는다. 선도 기업은 오랜 연구개발을 통해 혁신적 제품을 시장에 처음 출시한 기업이므로 기술적 주도권을 갖는 경우가 많다. 혁신적 제품을 생산함으로써 새로운 산업의 문을 연 경우는 더욱 그렇다.

특허권을 취득해 자신이 개발한 창의적 기술을 20년 동안 독점적으로 사용하거나, 누적 생산량이 증가할수록 단위 제품 생산 비용이 떨어지는 현상, 즉 '경험의 경제'를 누릴 수도 있다.

선도자의 약점이 후발 주자에겐 기회다

그러나 선도 기업이라고 해서 장점만 갖고 있는 것은 아니다. 그리고 선도 기업의 취약점은 후발 기업에게는 장점이 된다. 선도 기업의 치명적 단점은 새로운 시장을 창조하는 데 위험이 따른다는 점이다. 각고의 노력 끝에 혁신적 제품을 개발해 출시해도 이를 구매할 충분한 수의 소비자가 존재하지 않는다면 아무런 의미가 없다. 기술적으로 훌륭한 신제품들이 시장에서 처참히 실패한 사례는 수없이 많다.

새롭고 혁신적일수록 실패 위험은 더 높아지는 경향이 있다. 자판기로 책을 판매하겠다는 것보다 자판기로 냉장고를 판매하겠다는 아이디어가 더 황당하고 혁신적이지만 실패 확률은 더 높다. 혁신적인 생각을 떠올리는 것은 어렵지 않다. 성공적인 생각을 하기가 어려운 것이다. 선도 기업이 되는 일이 어려운 것이 아니라 성공적인 선도 기업이 되는 일이 어렵다.

반면 후발 업체는 산업 또는 시장이 존재하는가라는 문제를 놓고 고민할 필요가 없다. 후발 업체는 수많은 선도 기업들이 새로운 시장을 개척하는 모습을 지켜보고 그중 이들 생도 수요가 확인된 산업으로만 진출하면 된다.

또한 후발 업체는 선도 업체의 기술과 전략을 모방하는 무임승차(free-ride) 전략을 채택할 수도 있다. 선도자의 혁신 비용에 비해 후발업체의 모방 비용은 턱없이 낮다. 이는 반대로 선도자가 후발 모방 업체 때문에 자신이 원하는 만큼 충분한 기간 동안 경쟁 우위를 유지하기가 쉽지 않음을 의미한다.

선도자가 이룬 혁신이 후발 업체에 확산되는 경로는 다양하다. 때로는 선도 기업의 연구개발 인력이 후발 업체로 이직하면서 혁신이 확산되고, 선도 기업의 기술혁신과 관련된 연구 논문을 학습하거나 연구자 간에 일상적인 대화를 나누는 과정을 통해서도 혁신이 확산될 수 있다.

종종 후발 업체는 선도 기업의 완제품을 해체해 제품에 적용된 핵심 기술과 설계 개념을 파악하는 리버스 엔지니어링(reverse engineering)을 적용하기도 하고, 선도 기업의 공장을 견학하면서 많은 것을 배우기도 한다.

창조적
모방가가 되라

후발 기업 : 선도 기업과 후발 기업의 장점만을 취한 창조적 모방가가 되기 위해 노력하라.

선도 기업과 후발 기업, 또는 혁신과 모방. 이 중 어떤 전략을 선택해야 좋을까? 우리는 애플의 아이폰이나 닌텐도의 위(Wii) 같은 혁신 제품에 열광한다. 반면 아이폰이나 삼성 갤럭시 휴대전화를 모방한 중국 샤오미 휴대전화를 '짝퉁'이니 '미투(me too)' 제품이니 하며 폄하하는 경향이 있다.

혁신과 모방 가운데 하나를 선택하는 문제는 비단 신제품 출시 전략에만 국한된 것이 아니다. 예술계에서는 이 문제의 해답을 찾아 오랫동안 고심해 왔다. 예컨대 이탈리아 르네상스 시대를 대표하는 3대 화가 라파엘로, 미켈란젤로, 레오나르도 다빈치의 경우를 살펴보자. 이 중 미

'후발 주자'였지만 르네상스 미술을 완성했다는 평가를 받는 라파엘로의
대표작 〈아테네 학당〉(1511)

미켈란젤로와 다빈치는 천부적인 재능의 소유자로 수많은 혁신적 창작품
을 남긴 스타 화가였다. 반면 라파엘로는 선배 화가들의 아이디어와 기
법을 자신의 것으로 만드는 데 탁월한 재능을 보인 모방형 화가였다.

후대의 미술사학자들은 미켈란젤로와 다빈치의 천재성을 인정하면서
도 르네상스 미술을 완성한 화가로는 라파엘로를 꼽는다. 예술의 발전
을 위해서는 미켈란젤로와 다빈치 같은 혁신가도 필요하지만 라파엘로
같은 모방가도 필요하다는 것이다.

선도 기업과 후발 기업은 저마다 여러 장단점을 갖고 있다. 최근 오데
드 센카(Oded Shenkar)는 『카피캣』에서 혁신과 모방을 흑백논리로 보지
말고 서로 보완하여 시너지 효과를 낼 수 있도록 하라고 권했다. 다시 말
해, 선도자와 모방가의 장점만을 취한 '창조적 모방가(imovator)'가 되도

록 노력하라는 것이다. 이는 1966년 시어도어 레빗(Theodore Levitt)이 주장한 '혁신적 모방(innovative imitation)' 전략을 보다 구체화한 것이라고 할 수 있다.

레빗은 시장을 선도하는 많은 혁신 기업이 사실은 모방 기업이라고 주장했다. 예를 들어 패스트푸드 체인 산업을 선도한 기업은 화이트캐슬(White Castle)이었고 맥도날드는 화이트캐슬의 모방 기업이라는 것이다. 또한 신용카드를 처음 선보인 기업은 다이너스클럽(Diners Club)이지만 대부분의 사람들은 모방 기업인 비자나 마스터카드를 더 많이 기억한다.

피카소는 "좋은 예술가는 복제하지만 위대한 예술가는 도용한다(Good artists copy, but great artists steal.)"라고 말했다. 위대한 예술가는 다른 예술가의 작품을 그대로 베끼지 않고 완전히 소화해 나만의 것을 창조해 낸다는 말일 것이다.

결국 최상의 전략은 경쟁 제품의 장점을 나의 것으로 소화해 낸 다음 이를 훌쩍 뛰어넘는 신제품을 출시하는 창조적 모방가가 되는 것이다. 이런 점에서 애플의 아이폰이나 삼성전자의 반도체는 기존의 기술과 재료를 조합해 기존 제품보다 월등한 제품을 만들어낸 창조적 모방에 해당한다고 볼 수 있다.

당신의
비즈니스 모델은
밤새 안녕하십니까?

전략적 변곡점 : 성공의 덫에 빠지지 말고 경영 환경의 변화에 따라 끊임없이 전략을 달리해 나가야 한다.

2008년 말 미국에서 발발한 금융위기*로 패니메이(Fannie Mae), 프레디맥(Freddie Mac), 리만 브라더스, AIG 등 미국 굴지의 기업들이 도산하고 정부로부터 긴급 구제금융을 지원받을 때에도 나는 미국이 GM만은 망하게 놔두지 않을 줄 알았다. GM은 미국 대기업과 산업이 발전해 온 역사를 상징하는 기업이기 때문이다.

그러나 내 예상과는 달리 2009년 7월 10일 GM은 결국 도산했고, 각종 언론을 통해 GM이 도산한 이유에 대한 격렬한 토론이 벌어졌다. 어떤 사람은 오만한 관료주의를 원인으로 들었고, 또다른 사람은 강력한 노동조합이야말로 GM 도산의 주원인이라고 주장했다.

그러나 GM이 도산한 것은 1920년대 말 포드 자동차가 GM에게 1등 자동차 회사의 영광을 빼앗겼을 때와 동일한 이유 때문이다. 포드 자동차는 모델 T의 성공에 취해 미국 소비자의 기호 변화를 감지하지 못하고 GM에게 선두를 내준 후, 지금까지 한 번도 GM의 매출을 능가해 본 적이 없다. GM 또한 포드 자동차와 마찬가지로 과거의 성공에 취해 새로운 자동차 시장 환경에 적응하지 못하는 '성공의 덫(success trap)'에 빠졌기에 위기를 맞이했다.

전략적 변곡점을 감지하라

1996년 앤디 그로브는 전략적 변곡점(strategy inflection point) 이론을 제시하며 경영 환경 변화에 따라 전략도 변화해야 한다고 주장했다. 그로브는 인텔 역사상 가장 위대한 최고경영자로 평가받는 인물이다. 그는 1987년부터 1998년까지 11년간 인텔의 최고경영자로 재임하면서 인텔의 기업가치를 4조 원에서 197조 원으로 높여, 인텔을 당시 세계에서 가장 기업가치가 높은 회사로 만든 전설적인 경영자이다.

그로브의 수많은 업적 중에서도 최고로 평가할 만한 것은 메모리칩 제조 업체였던 인텔을 마이크로프로세서 제조사로 변화시켰다는 점이다. 1980년대까지 세계 컴퓨터 산업은 IBM이나 델과 같은 메인프레임(mainframe) 컴퓨터 회사가 주도하고 있었다. 고가의 대형 컴퓨터를 주

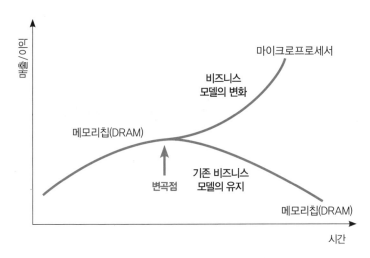

인텔의 전략적 변곡점

로 정부나 기업에 판매하던 시대였기 때문에 영업사원의 대면 판매가 주요 판매 방식이었다. 또한 대형 컴퓨터의 특성상 하드웨어, 운영 시스템, 소프트웨어 등을 한데 묶어 패키지 형태로 판매하는 수직적 판매 (vertical purchase)가 대세였다.

그러나 1990년대 중반부터 개인용 컴퓨터 가격이 획기적으로 인하되면서 시장이 폭발적으로 불어나자 컴퓨터 산업의 주도권이 대형 컴퓨터에서 개인용 컴퓨터로 넘어가게 된다. 저렴한 개인용 컴퓨터를 판매하는 데는 영업사원의 대면 판매보다 소매 점포나 전화를 통한 판매가 더 효과적이었다. 컴퓨터 시장도 메인프레임 시절과는 달리 한 회사가 전체 '패키지'를 좌지우지할 수 없게 되었고, 마이크로프로세서, 컴퓨터 본체, 운영 시스템, 소프트웨어 등의 판매가 각각 분리되는 수평적 판매 (horizontal purchase) 형태로 바뀌게 되었다.

그로브는 컴퓨터 산업의 급격한 환경 변화를 누구보다 빨리 감지했다. 시장 환경의 변화로 인텔이 전략적 변곡점에 놓여 있다고 판단한 그는 메인프레임이 컴퓨터 산업을 주도했던 시대에 적합한 메모리 반도체 생산을 과감히 줄였다. 그 대신 개인용 컴퓨터에 필요한 마이크로프로세서 생산량을 적극적으로 늘리는 전략적 변화를 주도했다.

창립 당시부터 메모리 반도체를 생산해 왔고 지금껏 성공 가도를 달려온 인텔의 기존 성공 모형을 포기하는 일은 물론 쉽지 않았다. 이 과정에서 그로브는 기업 내부의 갈등을 해결하고 특히 과거 인텔의 성공을 지켜봐 온 임원진을 설득하는 데 많은 노력을 기울여야 했다.

변화하거나 혹은 몰락하거나

오늘날 기업의 수명은 점점 더 짧아지고 있다. 유럽과 일본 기업의 평균 수명은 12.5년이고 우리나라 기업의 경우에는 10.4년이라고 한다.《포춘》선정 글로벌 500대 기업의 평균 수명도 약 40~50년 정도밖에 되지 않는다.

많은 기업들이 단명하는 가장 큰 이유는 급변하는 환경 변화에 적응하지 못하고 과거로부터 해온 방식을 더 잘하려고만 노력하기 때문이다. 환경이 변하면 전략도 바뀌어야 한다. 당신의 기업이 현재 전략적 변곡점에 와 있거나 않은지 끊임없이 사고하고 환경 변화를 수시해야 한다.

기업 경영에 영향을 미치는 환경으로는 경쟁 환경을 비롯해 경제적, 기술적, 사회적, 정치적, 인구통계적 환경 등이 있다. 그로브는 컴퓨터 산업의 기술적 환경이 메인프레임에서 개인용 컴퓨터로 변화하고 있음을 감지했고, 일본 기업들이 메모리 생산에 참여하면서 메모리 반도체 시장의 경쟁이 치열해지고 있음을 간파했다.

면밀한 환경 분석과 함께 전략적 변곡점 여부를 판단하는 유용한 도구가 있다. '현재 당신을 가장 괴롭히는 경쟁자는 누구인가?'라고 자문해 보는 것이다. 만약 떠올린 대상이 동일 산업에 속하지 않은 기업이라면 당신은 전략적 변곡점에 있을 가능성이 높다. 예를 들어 교보문고가 떠올린 경쟁자가 영풍문고라면 상관이 없지만, 예스24였다면 교보문고는 전략적 변곡점 위에 있을 가능성이 높다.

잘 해오던 많은 기업들이 하루아침에 도산하는 경우는 예측 가능한 동종 산업 내 경쟁자의 출현 때문이 아니라, 시장 환경이 급격히 바뀌면서 눈에 띄지 않던 경쟁자가 갑자기 출현했기 때문임을 유념해야 한다.

4장

생산 및 운영

과학적으로 시스템을 관리하라

생산은 마케팅과 함께 기업이 수행하는 가장 기본적인 기능으로, 생산 관리의 목표는 생산 활동을 계획·조직·관리하는 것이다. 원래 생산 관리 분야는 제조 기업의 공장 운영에서 출발했기 때문에 제품을 생산할 때의 투입량 대비 산출량, 즉 생산성을 극대화하기 위한 방법을 개발하는 일이 핵심 사안이었다. 이후 국민총생산에서 서비스가 차지하는 비중이 커지면서 서비스 생산성 문제를 연구 대상으로 삼는 운영(operation)까지 포함하게 되어, 오늘날에는 생산 및 운영 관리 전공이라고 부르는 대학이 많다.

생산 및 운영 관리 전공은 경영대학을 구성하는 세부 전공 가운데 회계학과 더불어 가장 역사가 오래된 분야이다. 일부 학자들은 애덤 스미스가 『국부론』에서 핀 제조 공장의 사례와 함께 제시한 분업 이론이 생산 관리 연구의 시작이라고 주장한다. 하지만 플라톤이나 크세노폰 같은 그리스 철학자들은 기원전에 이미 분업의 장점에 대해 언급한 바 있다. 또한 스미스의 분업 이론을 현대적 경영 이론이라고 보기에는 다소 추상적인 측면이 있다.

많은 경영학자들은 20세기 초 프레드릭 테일러가 제시한 과학적 관리법을 생산 및 운영 관리의 시작이라고 생각한다. 테일러는 공장 생산성을 올리기 위해 특정 작업 완수에 필요한 동작과 시간을 체계적으로 분석했다. 그는 작업을 여러 작은 단위의 과업으로 나누었고, 각 단계의 과업을 수행하는 최선의 방법을 찾아내려고 노력했으며, 작업 생산성을 극대화할 수 있는 도구를 개발했다. 또한 표준화한 방식으로 작업을 진행하기 위해 각각의 과정을 감독하고 통제해야 한다고 주장하기도 했다.

4장에서는 프레드릭 테일러의 과학적 경영 이론을 보다 구체적으로 살펴보고, 생산성 연구에서 테일러와 쌍벽을 이루는 길브레스 부부의 동작연구를 소개한다. 또한 대량생산 시스템을 완성한 것으로 평가받는 헨리 포드의 동적조립라인, 생산성 향상을 위해서는 작업환경이나 급여 등의 경제적 인센티브 외에 조직에 대한 감정 등 비경제적 인센티브 또한 중요하다는 사실을 발견하게 해준 호손 실험, 전사적 품질관리, 식스시그마, 공급사슬관리 등의 주제를 다룰 것이다.

34 과학적 경영

더 오래 일하지 말고
더 스마트하게 일하라

과학적 경영 : 특정 작업의 체계적인 분석과 연구를 통해 노동자의 생산성을 획기적으로 증진시킬 수 있다는 프레드릭 테일러의 경영 이론.

1936년 찰리 채플린이 각본을 쓰고, 연출하고, 감독하고, 주연 배우로도 출연한 무성영화 〈모던타임스〉는 코미디 장르로 분류된다. 영화에 등장하는 채플린의 우스꽝스러운 동작만 놓고 보면 코미디가 분명하다. 하지만 영화가 던지는 메시지의 내용과 무게감은 관객의 입가에 떠오른 웃음기를 싹 가시게 한다.

하루 종일 컨베이어 벨트 위에서 나사못 조이는 일을 하는 채플린은 주변의 모든 것들을 조이지 않으면 못 견디는 강박에 시달린 끝에 결국 정신병원에 입원하게 된다. 이는 테일러의 과학적 경영 이론 때문에 대부분의 공장 노동자가 단순한 일을 반복적으로 수행하는 것이 일상이

영화 〈모던 타임스〉에서 채플린이 톱니바퀴 위에서 나사를 조이는 장면

되었음을 풍자한 것이다.

〈모던타임스〉는 과학적 경영 또는 미국식 자본주의의 결과로 노동이 탈(脫)숙련화, 저급화되었고 인간이 기계 부품으로 전락해 버렸다는 메시지를 그 어떤 영화나 책보다 인상 깊게 표현한 작품이라고 평가받고 있다.

과학적 경영 이론의 탄생

프레드릭 테일러(Frederick Taylor)의 과학적 경영 이론이 태동하기 전까지만 해도 노동자는 자신이 정한 방식과 도구 및 속도로 작업을 수행했다. 1878년 미드베일 제철회사(Midvale Steel Company) 선반공으로 일하던 테일러는 이러한 주먹구구식의 공장 운영 방식을 획기적으로 바꿀 수 있는 아이디어를 떠올렸다.

당시 미드베일 제철소는 생산량에 따라 임금을 차등화해 지급하는 '생산량당 임금제도(piece-rate system)'를 채택하고 있었다. 이 방식은 열심히 일할수록 더 많은 돈을 벌 수 있는 합리적인 제도인 듯 보이지만 실상은 그렇지 않았다. 공장 경영자가 노동자 개개인의 급여를 지속적으로 관찰해 전체적으로 임금이 너무 높다고 판단하면 생산량당 임금 자체를 삭감했기 때문이다.

노동자들은 더 열심히 일해서 많은 제품을 생산한다 해도 결국 생산량당 임금이 낮아져 생산량을 늘리기 전과 동일한 액수의 월급을 수령하게 되리라는 것을 알았다. 이런 불합리한 임금제도에 맞서 노동자들 사이에서는 비공식적으로 적정 생산량을 정해 놓고 그 이상은 일하지 않는 태업이 성행했다.

이러한 경영자와 노동자 간 갈등을 해소하기 위해 테일러가 제시한 해결책이 바로 '차등 임금제도(differential rate system)'이다. 이 제도의 핵심은 성실한 노동자가 하루에 생산할 수 있는 '정당한 생산량'을 과학적인 방법으로 책정한다는 것이다. 이렇게 책정한 생산량을 기준으로, 그보다 더 많이 생산한 노동자는 그렇지 못한 노동자에 비해 50퍼센트 정도 더 많은 임금을 받도록 했다.

그런데 노동자마다 신체 조건이 다르고 그날그날의 몸 상태에 따라 생산량도 변할 수 있기 때문에, 정당한 생산량을 과학적으로 책정할 수 있다는 주장에는 비판의 여지가 많았다. 대개의 경우 테일러는 정당한 생산량을 매우 높게 설정하는 경향을 보여 경영자들로부터 호감을 샀지만 노동자들에게는 증오의 대상이었다.

차등 임금제도가 설득력을 가지려면 정당한 생산량을 도출하는 방법과 그 결과에 대해 노사 모두가 납득을 하고 합의에 이를 수 있어야 한다. 이를 위해 테일러는 특정 작업을 완수하는 데 소요되는 시간을 과학적으로 도출하고자 하나의 작업에 필요한 동작과 시간을 체계적으로 분석했다. 그는 먼저 작업을 여러 작은 단위의 과업으로 나누고, 각 단계의 과업을 수행하는 최선의 방법을 찾아내려 노력했다.

이 과정에서 그는 작업 생산성을 극대화할 수 있는 도구를 개발했고, 이를 유지하고 보수하는 방법을 표준화했다. 또한 표준화한 방식으로 작업을 진행하기 위해서는 각각의 과정을 감독하고 통제할 필요가 있음을 깨닫게 되었다. 이에 테일러는 주어진 과업을 가장 효율적으로 수행할 수 있도록 특정 작업 과정을 재설계했다. 그리고 감독자에게 새롭게 표준화한 작업 과정을 노동자에게 가르치고 노동자들이 정해진 대로 과업을 수행하는지 관리하는 임무를 맡겼다.

테일러주의의 빛과 그림자

노동자와 경영자의 화합을 무엇보다도 강조했던 테일러의 의도와는 달리, 노동조합과 진보 지식인들은 그를 극도로 증오했다. 1911년 한 육군 군수품 공장에서 테일러 시스템을 도입하려 하자 노동자들이 이에 반대해 동맹 파업을 결행하는 일이 벌어졌다. 갈등이 격화되자 결국 미국회가 나서서 특별 조사위원회를 구성했고, 테일러는 여러 차례 청문회에 출석해 증언을 해야 했다. 국회 조사위원회는 과학적 경영 방식이 해당 공장 노동자들을 학대했다는 결정적 증거가 없다고 결론 내렸지만, 테일러는 명성과 자존심에 큰 타격을 입었다.

테일러주의(Taylorism)에 대한 이와 같은 부정적 시각은 그의 사후까지도 지속되었다. 과학적 경영 이론이 발표되고 30년이 지난 후에도 일부

학자들은 "공장은 기계의 집합이 아니라 사회 조직"이라고 강조하며 테일러의 이론이 인간 사이의 관계를 송두리째 무시했다고 비판했다. 정작 테일러 자신은 노동자를 무시한 적도 없고 공장을 기계의 집합이라고 여긴 적도 없기 때문에 이러한 비판이 부당하다고 생각했을지도 모른다.

그러나 이 모든 비판과 비난에도 불구하고 테일러가 20세기 미국 대기업이 세계 경제를 지배하는 데 필요한 경영 철학과 구체적인 방법론을 제시했다는 점은 부인할 수 없다. 그가 없었다면 헨리 포드의 동적조립라인도 존재하지 않았을 테고 대량생산도 불가능했을지 모른다.

테일러의 과학적 경영 이론은 발표된 지 100년이 지난 지금까지도 영향력을 유지하고 있다. 예컨대 최근 경영자들 사이에서 큰 인기를 끌었던 리엔지니어링(reengineering)*이나 식스시그마 품질 혁신 운동 또한 테일러의 이론을 현대적으로 재해석한 것이라고 볼 수 있다.

피터 드러커는 테일러의 업적을 다음과 같이 평가했다.

"지식경제(knowledge economy)로 나아가는 데 필요한 가장 중요한 단계는 과학적 관리였다. 과학적 관리란 작업을 체계적으로 분석하고 연구하기 시작한 테일러의 이론을 말한다. (……) 과거에는 작업이 그저 주어진 것일 뿐 분석의 대상이 아니었다. 그랬기 때문에 더 많이 생산하려면 더 오래, 더 열심히 일해야 했다. 테일러는 이런 생각이 잘못되었음을 처음 지적한 사람이다. 그는 더 많이 생산하려면 '더 스마트하게 일하라'라고 주문했

> **리엔지니어링**
> 1990년 MIT 대학의 마이클 해머 교수가 고안한 경영 혁신 기법으로, BPR(business process reengineering)이라고도 부른다. BPR은 말 그대로 기업의 비즈니스 프로세스 또는 작업 흐름을 분석한 후 이를 새롭게 디자인하는 것을 의미한다. 해머는 미국 기업들의 경쟁력을 회복하기 위해서는 일하는 방법을 완전히 새롭게 혁신해야 한다는 취지에서 BPR을 주장했다.

다. 생산성의 열쇠가 땀이 아니라 지식이라고 말한 것이다. (……) 작업 자체를 체계적으로 연구한다는 생각은 순수하게 미국적인 발상이지만, 후일 세계 각지에서 받아들이게 되는 글로벌 경영 사상으로 발전한다. 과학적 경영은 다양한 분야에 적용되어 생산성을 높이는 데 기여했고, 노동자의 작업 시간과 육체적 노동의 강도는 줄어들었지만 급여 수준은 더 높아졌다."

드러커의 테일러 사랑은 무조건적인 듯하다. 『자본주의 이후의 사회』에서 그는 현대사회를 일으키는 데 가장 큰 공헌을 한 학자로 찰스 다윈, 지그문트 프로이트, 칼 마르크스를 언급하는 것은 잘못된 일이라며, 마르크스 대신에 테일러를 집어넣어야 한다고 주장하기도 했다.

1915년 테일러는 향년 59세에 폐렴으로 생을 마감했다. 그의 소원대로 묘비에는 '과학적 경영의 아버지'라는 문구가 새겨졌다.

35 동작연구

"한 다스면 더 싸다"

동작연구 : 작업을 수행하는 최적의 방법을 결정하기 위해서는 해당 작업을 구성하는 기본 동작들을 밝혀내야 한다.

1950년 20세기 폭스에서 제작한 〈한 다스면 더 싸다(*Cheaper by the Dozen*)〉라는 영화가 있다. 동작연구 및 효율성 연구의 대가인 프랭크 길브레스(Frank Gilbreth), 릴리언 길브레스(Lillian Gilbreth) 부부와 12명의 자녀에 대한 전기적 소설을 영화화한 작품이다. 소설은 이들 12명의 자녀 중 두 명이 공동으로 집필했다.

소설에 따르면 길브레스 부부는 신혼여행 중에 여섯 명의 아들과 여섯 명의 딸, 합계 12명의 자녀를 낳기로 약속했다고 한다. 그리고 결혼 18년 만에 이 계획을 실제로 달성했으니 미디어의 주목을 받을 만하다.

'한 다스면 더 싸다'라는 영화의 제목은 아버지 길브레스가 즐겨 사용

길브레스 부부와 12명의 자녀

하던 유머에서 따왔다고 한다. 길브레스 부부는 자녀들과 외출할 때마다 이웃 사람들로부터 아이들을 그렇게 많이 낳은 이유에 대한 질문을 받곤 했다. 그때마다 아버지 길브레스는 확신에 찬 어조로 "한 다스면 더 싸다", 즉 보다 많은 자녀를 낳아 키울수록 일인당 양육 비용이 적게 든다고 대답했다.

프랭크 길브레스는 프레드릭 테일러의 그늘에 가려 널리 알려지지는 않았지만, 20세기 초 테일러와 쌍벽을 이루며 과학적 경영의 시대를 열어젖힌 뛰어난 경영학자이다. 테일러가 자신의 연구를 '시간연구(time study)'라고 부르며 작업 효율성 증진에 영향을 미치는 각 동작 수행의 시간적 측면을 강조했다면, 길브레스는 잘못된 동작으로 인한 작업자의 피로를 최소화해야 한다며 '동작연구(motion study)'의 필요성을 주장했다.

테일러는 저서 『과학적 경영의 원리』에서 무려 8쪽에 걸쳐 길브레스가 수행한 벽돌공의 동작연구에 대해 상세히 설명할 정도로 그의 연구를 높이 평가했다. 길브레스 역시 테일러의 연구에 영향을 받아 점차 작업의 시간적 측면을 자신의 연구에 접목함으로써 테일러에 대한 존경심을 드러냈다.

'최적의 방법'을 찾아서

길브레스는 고등학교를 졸업할 무렵 인생의 전환점을 맞이했다. MIT 대학에 진학할 기회가 있었지만 집안에 경제적 부담을 주기 싫다는 이유로 이를 포기하고, 대신 벽돌공 견습생으로 취업해 효율적으로 벽돌을 쌓는 방법에 대한 진지한 탐구를 해나갔다. 견습생으로 일하는 와중에 길브레스는 숙련공마다 벽돌 쌓는 방법이 다르고 동일한 숙련공도 상황에 따라 작업 방식을 달리한다는 사실을 발견했다. 그는 벽돌을 쌓는 '최적의 방법(one best way)'이 존재한다고 믿었다.

오랜 관찰의 결과 길브레스는 기존의 숙련공들이 벽돌을 쌓는 과정이 18개의 구분 동작으로 이뤄져 있음을 발견했다. 그는 이 가운데 일부 불필요한 동작은 제거하고 몇 가지 동작을 하나로 합쳤다. 18개의 동작을 여섯 개로 줄이자 벽돌 쌓기 하루 작업량이 1,000개에서 2,700개로 늘어났다. 새로운 방식으로 작업을 하자 작업량은 늘어난 반면 노동자가 느끼는 피로감은 오히려 줄어들었다.

길브레스는 인간의 동작을 인간의 눈으로 면밀히 분석하는 데는 한계가 있다는 사실을 깨닫고 이를 극복하기 위해 두 가지 기술을 개발했다.

첫째로 그는 이 세상 모든 물질이 산소, 질소 등의 기본 원소로 구성되어 있듯 인간의 움직임에도 이를 구성하는 몇 개의 기본 동작이 존재한다고 생각했다. 길브레스는 결국 "찾다", "선택하다", "집다" 등 17개의 '동작 원소'를 찾아냈고, 이를 '서블릭(therblig, 자신의 이름 철자를 거꾸로 쓴 후 t와 h의 순서를 바꾼 것)'이라고 명명했다.

둘째로 그는 영화 카메라의 연속촬영 기술을 동작 분석에 활용했다. 이것이 미세동작연구(micromotion study)의 시작으로, 이후 간호사, 외과의사, 공장 노동자, 골프 선수, 야구 선수 등 다양한 직업의 동작을 연구하는 데 적용되어 큰 성과를 낳았다.

'효율성 전문가(efficiency expert)'라고 불린 길브레스는 집에서도 항상 자신의 철학을 실천하는 사람으로 유명했기에 이와 관련된 일화도 많다. 예컨대 조끼 단추를 채울 때는 아래서부터 채우면 3초, 위에서부터 채우면 7초가 소요되므로 반드시 아래서부터 채웠다. 면도를 위해 얼굴에 비누거품을 칠할 때는 두 개의 면도솔을 동시에 사용해 17초를 절약했다.

그는 면도 시간을 단축하기 위해 면도기 두 개를 동시에 사용하여 면도하는 데 드는 시간을 44초 줄일 수 있었다. 하지만 면도날에 베인 상처에 반창고를 붙이는 데 2분이 소요되므로 결국 이를 포기했다고 한다. 여기서 분명히 해두어야 할 점은, 면도날에 상처를 입기 때문이 아니라 상처 치료에 2분이 소요되기 때문에 두 개의 면도기를 사용하는 것을 단념했다는 사실이다.

평소 심장이 좋지 않았던 길브레스는 1924년 56세의 나이로 생을 마감했다. 이때부터 그의 아내 릴리언 길브레스가 남편의 연구를 이어받아 94세로 사망할 때까지 이를 세상에 널리 전파하는 데 큰 역할을 했다. 많은 경영사 학자들이 동작연구를 언급할 때 프랭크 길브레스 개인보다 길브레스 부부의 업적으로 평가하는 것은 그 때문이다.

자동차는 사치품인가, 필수품인가?

동적조립라인 : 작업자는 한 장소에 머무르고 부품을 운반하는 컨베이어 벨트가 작업자 앞으로 이동해 오도록 함으로써 작업 시간을 획기적으로 줄이는 생산 방식. 헨리 포드는 이를 통해 자동차를 사치품에서 필수품으로 바꾸었다.

밀레니엄 버그 또는 Y2K 공포가 기승을 부리던 1999년 말《포춘》은 20세기 최고의 경영자를 선정해 발표했다. 포드 자동차의 창립자 헨리 포드는 GM의 알프레드 슬론, IBM의 토머스 왓슨 주니어(Thomas Watson Jr.), 마이크로소프트의 빌 게이츠와 경합을 벌인 끝에 결국 20세기 백 년을 빛낸 최고의 경영자로 선정되었다.

비록 포드가 자동차를 발명하지는 않았지만 '자동차 산업을 발명한 인물'이라는 점이 선정의 주된 이유였다. 그는 가격은 비싸고 고장은 잦은 사치품이던 자동차를 저렴하고 튼튼한 일상생활의 필수품으로 변화시켜 우리 생활에 지대한 영향을 끼친 인물이다. 포드는 스스로 이룩한 혁신의 대가로 약 1조 원(현재 가치로 36조 원)의 개인 재산을 축적할 수 있었다.

자동차 산업은 20세기 미국을 경제 강국으로 부상하게 만든 일등 공신이다. 1903년 포드가 포드 자동차를 설립할 당시만 해도 미국 자동차 산업은 절대 강자의 부재 속에 수많은 자동차 회사가 난립하는 형국이었다. 이는 산업 발전 초기에 흔히 볼 수 있는 현상이다. 1895년부터 1926년까지 미국에는 무려 1,100개 이상의 자동차 회사가 설립되었고, 이들 중 대부분은 자동차 한 대도 만들어보지 못한 채 도산했다.

백가쟁명의 시대에 포드는 단연 군계일학이었다. 1913년부터 1925년까지 포드 자동차는 미국 내 시장점유율 40퍼센트 이상을 유지했고, 1921년에는 무려 미국 자동차 시장의 55.7퍼센트를 석권하는 등 미국 최대 기업으로 성장했다.

포드 자동차가 이렇게 자동차 시장을 제패하게 된 데는 단연 창업자 포드의 비전이 가장 중요한 요소로 작용했다. 하지만 모든 사람들이 사치품으로 여기던 제품을 대중 필수품으로 바꾸어놓겠다는 그의 생각은 당시로서는 현명하지도 현실적이지도 않아 보였다. 경쟁자들은 포드를 미쳤다고 여겼고, 친구들은 하나둘 그의 곁을 떠났다.

대중이 구매할 수 있을 만큼 저렴한 자동차를 만들기 위해서는 제조원가를 파격적으로 줄이는 방법밖에 없었다. 포드는 1923년 출간한 자서전 『헨리 포드』에서 다음과 같이 자신의 비전을 설명했다.

"우리의 목표는 가격을 낮추고 조업을 늘리고 품질을 증진시키는 것이다. 이 중 가격 인하가 최우선이다. 우리는 어떤 비용도 고정비용으로 생각하지 않는다. 가장 먼저 목표 판매 수량을 정하고 그만큼 팔려면 어느 수준까지 가격을 낮춰야 하는지를 추정한다. 원가를 신경 쓰지 않고 일단 가격을 먼저 정한다는 것이다. 원가는 이 과정에서 자연히 떨어진다. (……) 새롭게 책정한 낮은 가격으로 이익을 내야 하기 때문에 우리는 원가를 낮추기 위해 총력을 다한다. 편안한 환경에서보다 이렇게 강제로 조성한 열악한 환경에서 더 많은 혁신적 제조 방법을 고안해 낼 수 있다."

수많은 시행착오를 통한 포드의 '개선'

자동차 제조원가를 낮추기 위해 포드가 채택한 다양한 대량생산 기법들이 당시 이미 잘 알려진 것들로 그다지 혁신적이지 않았다고 주장하는 학자들도 있다.

18세기에 애덤 스미스는 분업을 산업화의 핵심 요소로 파악했고, 19세기 말 엘리 휘트니(Eli Whitney)는 기계가 숙련 노동자를 대체할 것이라는 예견과 함께 부품의 표준화 및 교환 가능 여부가 중요하다고 주장했다. 포드 성공 신화의 상징과도 같은 모델 T가 생산되기 시작한 1911년에는 이미 프레드릭 테일러가 『과학적 경영의 원리』를 출간하며 대량생산 시스템 구축에 필요한 이론과 구성 요소를 체계화했다.

포드 시스템의 백미라 불리는 동적조립라인(moving assembly line)마저도 시카고의 소 도살장에서 핵심 아이디어를 얻었다고 포드 스스로 고백한 바 있다. 20세기 초 어느 날 포드는 시카고의 소고기 가공업자를 만나러 갔을 때, 한 마리의 소가 도살당한 후 가공전차선(overhead trolley)에 걸린 채 부위별 전문 정육업자 앞을 차례로 지나가는 광경을 지켜보았다. 이때 포드는 자동차 조립공정이 소고기 정육 과정을 정반대로 수행하는 것과 유사하다는 아이디어를 떠올렸다고 한다.

포드의 업적은 대량생산 시스템과 관련해 기존에 존재하던 여러 개념

포드 자동차의 동적조립라인

들을 하나로 묶어 자동차 산업에 적용했고, 그 결과 획기적으로 원가를 절감하고 이를 핵심 경쟁력으로 내재화했다는 점이다. 포드의 대량생산 시스템은 한순간의 천재적인 발상으로 이루어진 혁신이라기보다, 1909년부터 1924년까지 수많은 실험과 시행착오를 거친 끝에 완성한 공정 '개선'의 결과였다.

포드는 1970~80년대 일본 제조 업체들의 품질 혁신 운동의 핵심인 '가이센(改善, kaisen)'을 반세기 이상 앞서 모범적으로 수행했다. 작업 선반의 높이, 부품 종류에 따른 컨베이어 벨트의 이동 속도, 일선 관리자가 통솔하는 작업자의 수 등 비용 절감과 관련이 있는 모든 요소들을 수많은 실험을 통해 개선해 나갔다.

효율성을 극한까지 높이기 위해 포드 자동차 작업장은 부품, 컨베이어 벨트, 작업자의 위치에 이르기까지 단 1센티미터도 불필요한 공간이 없도록 설계되었다. 즉 노동자가 작업을 찾아가는 것이 아니라 작업이 노동자를 찾아오도록 한 것이다. 또한 노동자는 한순간도 업무를 수행하는 데 불필요한 동작을 하지 않도록 훈련받았다.

포드의 이와 같은 병적인 노력의 결과는 달콤했다. 1909년 1만 3,840대이던 자동차 생산량이 1910년 1만 9,000대, 1911년 3만 4,500대, 1912년 7만 8,440대, 1914년 23만 788대, 1916년에는 58만 5,388대로 거의 매년 두 배씩 늘어갔다.

이와 같은 생산량 증가가 단순히 공장 규모나 노동자 수를 늘림으로써 이뤄진 것이 아니라는 점에 주목해야 한다. 예컨대 1914년 1만 3,000명의 포드 공장 노동자가 23만 788대의 자동차를 생산한 반면, 포드 자동차를 제외한 나머지 미국 자동차 회사들의 경우에는 6만 6,350명의 노동자가 28만 6,770대의 자동차를 생산했다. 포드 자동차의 생산성이 다른 자동차 회사의 거의 다섯 배에 이르렀던 것이다.

물론 이처럼 매년 생산량을 늘리기 위해서는 시장 수요가 그만큼 늘어나야 한다. 단기간에 시장 수요를 크게 늘리려면 과감한 가격 인하가 필요한데, 포드 자동차는 대량생산에 따른 생산성 향상으로 공격적인 가격정책을 펼칠 수 있는 유일한 자동차 회사였다.

1909년 950달러였던 모델 T의 가격은 1911년 690달러, 1912년 575달러로 떨어졌고, 1923년에는 295달러까지 내려갔다. 특히 1912년의 575달러라는 자동차 가격이 의미하는 바는 남다르다. 미국 역사상 처음으로 자동차 한 대 가격이 일인당 연간 소득보다 낮게 책정됨으로써 포드가 그토록 꿈꾸었던 자동차의 필수품화, 자동차의 민주화가 실현된 것이다.

가격 인하, 수요 및 시장점유율 증대, 대량생산을 통한 생산성 향상, 원가 인하, 가격 인하라는 선순환을 통해 포드는 순식간에 세계 자동차 산업의 절대 강자로 군림하게 된다. 미국 내 시장점유율은 1909년의

9.4퍼센트에서 1921년 55.7퍼센트까지 늘어났다. 공격적인 가격정책 때문에 자동차 한 대당 마진은 매년 줄어들었지만 판매량이 폭발적으로 늘어나 1909년 300만 달러에도 못 미치던 순이익이 1914년에는 2,500만 달러에 이르렀다.

자동차 제국의 몰락과 부활

포드 자동차가 세계 자동차 시장을 평정함에 따라 헨리 포드는 전 세계적 유명인이 되었다. 그의 비전대로 자동차는 이제 사치품이 아니라 필수품이 되었고, 모델 T의 개발을 통해 그가 완성한 생산 방식은 세계인의 이목을 집중시키기에 손색이 없었다. 미국 전역에서 포드를 대통령으로 추대하자는 단체들이 자발적으로 결성되기도 했다.

독일인들은 대량생산을 '포드주의(Fordismus)'라고 불렀고, 히틀러는 포드의 신봉자임을 자처하며 그의 이론을 실행에 옮기고자 최선을 다하고 있다고 밝혔다. 소비에트 연방조차 1920년부터 1927년까지 2만 5,000대의 포드 트럭을 구입했고, 새로 출생한 자녀 이름이나 지역 자치 단체 이름을 포드로 짓는 것이 유행할 정도로 포드는 소련에서도 유명 인사가 되었다.

그러나 영원할 것만 같았던 헨리 포드의 자동차 제국은 1920년대 중반에 들어서면서 몰락의 조짐을 보이기 시작했다. 포드 자동차가 몰락하게 된 결정적 원인은 바로 모델 T를 통해 자동차를 대중화하겠다는 포드의 비전이었다.

앞서 언급한 바와 같이 1920년대에 들어서면서 미국 자동차 시장 소비자의 요구는 빠르게 변화해 갔다. 다양한 색상, 외관, 성능을 지닌 자동차에 대한 수요가 고소득층으로부터 시작해 시장 전체로 점차 확산되었다. 하지만 포드는 이런 변화를 감지하지 못했다. 어쩌면 시장의 변화를 알아차리고는 있었지만 자신의 비전과 상충한다고 여겨 인정하지 않으려 했는지도 모르겠다. 포드는 모델 T로 성공했지만, 그 성공의 덫에 빠져 몰락의 길을 걷게 되었다.

포드 자동차가 몰락한 또다른 이유로 다른 사람의 의견을 받아들이려 하지 않았던 포드의 독단적 성격을 지적하는 사람들도 있다. 포드 자동차는 개인이 홀로 경영하기에는 너무나 크고 복잡한 조직이 되었지만, 정작 포드는 중간관리자를 극도로 싫어해 그들과 책임을 공유하려 하지 않았다. 그러면서도 대차대조표나 손익계산서에는 눈길도 주지 않았고, 조직도표나 업무 기술서는 무시했다. 수요 예측을 할 때도 체계적인 시장조사보다는 자신이 신뢰하는 딜러의 한마디에 의존하기 일쑤였다.

어느 날 한 관리자가 출근했다가 포드의 지시로 자기 책상이 남자 화장실 안으로 옮겨져 있고 책상과 변기 사이에는 얄팍한 칸막이 하나만 놓여 있는 것을 발견하고는 당장 회사를 그만두었다는 일화도 있다. 이처럼 포드 1인 독재로 회사가 운영되면서 다양한 능력을 갖춘 중간관리자를 양성하지 못한 점이 포드 자동차 몰락의 주원인 가운데 하나였다는 주장도 있다.

1927년 GM에게 1위 자동차 회사의 명성을 빼앗긴 이후로 포드 자동차는 한 번도 GM의 시장점유율을 넘어서지 못했다. 1936년 1위 GM의 시장점유율은 43퍼센트, 크라이슬러가 25퍼센트로 2위를 차지했고, 22퍼센트를 기록한 포드 자동차는 3위로까지 내려앉는 수모를 겪는다. 이후 20년 가까이 적자를 면치 못하던 포드 자동차는 1945년 손자인 포드 2세가 경영권을 물려받기에 이른다.

7장에서 보다 자세히 설명하겠지만, 포드 2세는 유능한 중간관리자의 부재가 포드 자동차의 결정적 문제임을 인정하고 GM 출신의 많은 관리자를 영입해 회사 조직 구조를 새롭게 개편한다. 특히 2차 세계대전 중 공군에 복무했던 10명의 분석 전문가를 채용한 점이 눈길을 끄는데, 이들은 후일 포드 자동차에 현대적 경영 기법을 도입하는 데 큰 역할을 한다.

조직이 안정을 다시 회복하자 포드 자동차는 머스탱(Mustang), 매버릭(Maverick), 핀토(Pinto) 등 미국인의 상상력을 사로잡은 성공적인 모델들을 차례로 출시한다. 헨리 포드의 모델 T 시절과 같은 스타 기업의 자리에는 다시 오르지 못했으나 소비자의 마음을 읽으려 노력하면서 포드 자동차는 안정적인 2위 기업으로 자리매김할 수 있었다.

작업 능률을 극대화하는 최적 조명 밝기는?

호손 실험: 조도와 같은 작업환경보다 종업원 스스로가 조직에 대해 갖는 감정이나 태도, 감독 방식 등 인간관계가 생산성 향상에 더 큰 영향을 미친다는 것을 보여주었다.

여러분은 저녁 시간 책을 읽거나 일을 할 때 얼마나 밝은 조명을 원하는가? 각자의 취향에 따라 차이는 있겠지만, 많은 경우에 사람들은 너무 어둡거나 너무 밝은 작업환경을 꺼릴 것이다.

제너럴일렉트릭은 1878년 천재적 발명가 토머스 에디슨이 설립한 전기 조명 회사를 모태로 하는 기업이다. 회사 설립 이듬해 에디슨은 백열전구를 발명했지만 처음부터 판매가 순조로웠던 것은 아니다.

1920년대에도 제너럴일렉트릭은 더 많은 전구를 팔기 위해 다방면으로 노력을 기울였다. 당시 많은 공장과 사무실에는 전기 조명 시설이 충분히 설치되어 있지 않았다. 이 점에 착안한 제너럴일렉트릭은 조도와 작업 효율성 간의 상관관계를 규명하는 연구를 적극적으로 후원했고, 이후 몇몇 사내 연구를 통해 조명이 밝을수록 생산성이 올라간다는 결과를 얻을 수 있었다.

그러나 보다 객관적인 연구 결과를 확보하기 위해 제너럴일렉트릭은 미국 국가연구재단(National Research Council)에 연구비를 제공하고 연구 인력 선발을 포함한 모든 진행을 재단 측에서 주관하도록 했다. 1924년 국가연구재단이 발주한 이 프로젝트는 MIT 대학의 전기공학자들 손에 넘어갔다. 실험 장소로 선정된 곳은 AT&T 산하 부품 공급 회사, 웨스턴일렉트릭(Western Electric Company)의 호손(Hawthorne) 공장이었다.

처음에는 연구가 순조롭게 진행되는 듯했다. 조명을 평소보다 밝게 하자 예상대로 작업자의 생산성이 올라갔다. 하지만 조명을 원래 수준으로 되돌려놓은 후에도 생산성은 떨어지지 않았다. 더 놀라운 사실은 조도를 실험 시작 전보다 더 낮춰 달빛 수준까지 떨어뜨렸는데도 오히려 생산성이 올라가는 기이한 현상이 관측되었다는 점이다.

담당 연구자들은 조도 실험 결과에 일관성이 없다며 프로젝트를 포기하기에 이르렀고, 제너럴일렉트릭과 국가연구재단도 더 이상 해당 연구를 후원하지 않기로 결정했다. 그러나 조도 이외의 무엇인가가 작업 생산성에 영향을 미친다고 생각한 웨스턴일렉트릭의 일부 관리자들은 실험을 계속했다.

이들은 통신 중계기 조립라인 작업자들의 생산성에 영향을 미칠 것으로 예상되는 조도 이외의 변수들(휴식 시간의 많고 적음, 간식의 제공 유무, 임금 수준 등)의 영향력을 측정했다. 그러나 이 실험 결과 또한 조도 실험 결과와 마찬가지로 일관성이 없어 보였다.

관심이 행동의 변화를 낳는다

1927년, 이번에는 하버드 경영대학원 엘튼 메이요(Elton Mayo) 교수 연구팀에 해당 책무가 주어졌다. 메이요 연구팀은 이후 5년간 다양한 실험과 설문 조사 등을 통해 작업 생산성에 영향을 미치는 새로운 요인을 찾아내고자 노력했다. 과거에 시행된 조도 실험과 통신 중계기 조립라인 실험 결과에 대해서도 이들은 새로운 해석을 시도했다.

메이요의 해석은 신선하고 설득력이 있었다. 그는 조도 실험에서 조도를 높이든 낮추든 생산성이 올라간 것은, 회사 경영진이 자신들의 작업환경에 관심을 갖고 있다는 사실을 종업원들이 인지했기 때문이라고 설명했다. 그러므로 조도와 같은 작업환경을 개선하는 것보다 종업원의 삶에 더 깊은 관심을 갖는 일이 생산성 향상에 보다 중요하다고 주장했다.

이후 학자들은 관심을 더 쏟는 것만으로 종업원의 행동에 변화가 일어나는 이러한 현상을 '호손 효과(Hawthorne effect)'라고 부르게 되었다. 행동에 변화가 일어나면 당연히 생산성도 변화할 것이다. 조도와 같은 작업환경도 생산성에 영향을 미치겠지만, 종업원 스스로가 조직에 대해 갖는 감정이나 태도, 종업원을 감독하는 방식 등의 인간관계가 생산성을 향상시키는 데 훨씬 더 중요하다는 것이다.

메이요 연구팀은 통신 중계기 조립라인 실험 결과에 대해서도 유사한 해석을 시도했다. 실험에 참여한 조립라인 작업자들의 생산성이 작업 조건과는 무관하게 일반적으로 향상된 것은, 호의적인 실험 관찰자를 포함해 실험에 참여한 작업자들 간에 형성된 끈끈한 사회적 유대감 때문이라는 설명이었다.

작업자들은 자신들만의 사회를 만들었고, 친절한 관찰자가 제공한 추가적인 자유를 만끽했으며, 작업 조건을 변경하기 전에 자신들과 먼저 논의를 했다는 데에 만족을 느끼고 일종의 참여 의식을 갖게 되었다. 이런 일체감이 형성된 작업자들의 경우에는 휴식 시간, 작업 시간, 임금 등의 작업 조건을 어떤 방향으로 변화시켜도 생산성이 올라간다는 것이다.

경제인인가 사회인인가

프레드릭 테일러는 공장에서 노동자들의 작업을 찾아내 이를 분석 및 연구의 대상으로 삼으면서 과학적 경영의 시대를 열었다. 그러나 그는 공장 노동자들을 경제적인 인센티브에 의해서만 움직이는 경제인(economic man)으로 간주했다. 특정 작업의 생산성을 증대시킬 수 있는 작업 조건을 찾으려는 노력이나, 적정 생산량을 책정하고 이를 초과 달성한 종업원에게 물질적 보상을 해준다는 이론의 배후에는 '종업원은 경제인'이라는 가정이 짙게 깔려 있다.

제너럴일렉트릭의 조도 연구 또한 경제인으로서의 종업원을 대상으로 한 과학적 경영 운동의 일환으로 시작된 것이다. 그러나 메이요 연구팀은 5년간의 연구 끝에 공장은 기계의 집단이 아니라 종업원이라는 인간의 집단이며, 공장도 하나의 사회라는 사실을 밝혀냈다.

일부 경영학자들의 주장에 따르면, 메이요는 호손 실험에 참여하기 전부터 공장을 하나의 사회로 보는 시각을 갖고 있었다고 한다. 그는 효율성과 기수만을 중시하는 테일러식 공장 경영을 비난했고, 종업원 개개인이 자신의 사회적 욕구를 실현할 수 있는 공장을 이상으로 여겼다.

호손 실험에 공식적으로 참여하는 과정에서 메이요는 조도 실험과 통신 중계기 조립라인 실험 결과에 대한 설명을 들었을 것이다. 어쩌면 그는 이때부터 자신이 이미 만들어놓은 이론을 사용해 두 실험 결과를 설명할 심산이었는지도 모른다. 다시 말해, 호손 실험의 결과로 메이요의 인간관계론(human relationship theory)이 탄생한 것이 아니라, 메이요가 호손 실험을 자신의 이론을 알리기 위한 도구로 삼았을 수도 있다는 것이다.

메이요와 그의 인간관계론 추종자들은 기업 내의 인간관계와 종업원의 감정을 강조하며, 금전적 인센티브로 종업원의 모든 작업 동기를 설명하려는 고전파 경제학자나 테일러의 과학적 경영론에 정면으로 도전했다. 물론 금전적 인센티브는 다양한 상황에 적용할 수 있는 훌륭한 동기부여 수단이다. 메이요도 이 사실을 잘 알고 있었지만 자신의 이론을 부각시키기 위해 의도적으로 금전적 인센티브에 대해서는 언급하지 않았다.

메이요가 제시한 '사회인(social person)'이라는 개념이 기존의 '경제인' 개념을 완전히 대체했다고 보기는 어렵다. 그보다는 인간의 동기가 다양할 수 있다는 사실을 알리는 데 큰 역할을 했다고 보는 편이 옳을 듯하다. 예컨대 이전에는 기업들이 특정 성과에 대해 보상을 할지 말지에 대해서만 관심을 가졌다. 그러나 메이요의 연구가 발표되고 난 후에는 어떤 종류의 성과에 대해 보상할 것인지, 어떻게 보상할 것인지 등 다양한 보상 방법에 대한 관심이 높아졌다.

끝으로 과학적 경영 이론이 테일러 한 사람의 창조물이 아니듯 인간관계론 역시 메이요의 힘만으로 완성된 것은 아니다. 후대 경영학자들은 대중의 관심을 끌기 위해 다소 의도적으로 메이요를 테일러의 대척점에 위치한 학자로 묘사하는 경향이 있다. 그러나 테일러와 메이요 둘 다 노사 간 화합 또는 노사 간 갈등의 종식이라는 공통의 목표를 갖고 있었다.

테일러는 노사가 합의할 수 있는 적정 생산량을 도출하는 데에서 문제의 실마리를 찾았고, 메이요는 기업이 종업원에게 인간적 관심을 갖는 것으로부터 문제를 풀어나가야 한다고 생각했다. 공통의 문제의식을 갖고 있었으나 해결 방법에서 차이를 보인 것뿐이다.

38

전사적 품질경영

일본이 할 수 있다면
우리도 할 수 있다

전사적 품질경영 : 고객에게 판매하는 제품 및 서비스의 품질을 지속적으로 개선하려는 전사 차원의 경영 방식.

1980년 6월 24일 NBC 뉴스 특집에서 방영된 "일본이 할 수 있다면, 우리가 못할 이유가 없지 않은가?"라는 제목의 방송은 많은 미국 기업들이 품질 혁신 운동을 추진하는 계기가 되었다. 1970년대 초부터 시작된 유가 폭등과 더불어 미국 제조업의 경쟁력은 눈에 띄게 떨어진 반면 일본 제품의 품질은 갈수록 개선되어 가는 데 대해 많은 미국인들이 궁금증을 느끼던 차였다.

이 방송은 2차 세계대전 후 일본이 일으킨 제조업의 기적 뒤에는 철저한 품질관리가 있었다며, 일본 품질혁명의 아버지로 미국인 에드워즈 데밍(Edwards Deming)을 소개했다. 일본이 제조업 분야에서 선보인 탁월한 방식들은 일본 문화에 적합하게 개발된 것이라고만 생각했던 미국인들에게 데밍의 존재는 충격 그 자체였다.

일본의 품질 혁신 뒤에는 데밍이 있다

데밍이 일본과 인연을 맺게 된 것은 2차 세계대전 종전 후 미 국방부의 요청 때문이었다. 당시 일본은 전국적 인구조사를 실시할 예정이었는데, 전후 일본 경제 재건을 위해 주둔 중이던 미 군정이 인구조사에 관련해 풍부한 경험을 갖고 있던 데밍을 일종의 자문관으로 초청한 것이다. 하지만 일본인들은 데밍의 인구조사 경험보다 통계적 품질관리(statistical quality control)와 관련된 그의 전문 지식에 매료되었다.

1950년부터 데밍은 일본 기업 경영자, 엔지니어, 관리자, 학자 등에게 수차례에 걸쳐 품질관리 교육을 실시했다고 한다. 그가 전한 핵심 메시지는 품질을 높이면 생산성과 시장점유율은 올라가고 비용은 떨어진다는 것이었다.

많은 일본 기업들은 데밍의 강연을 듣고 영감을 받아 통계적 품질관리 기법을 현업에 도입했고, 획기적인 생산성 향상과 더불어 품질 혁신을 경험했다. 도요타 품질관리를 대표하는 적시공급생산(JIT, just-in-time) * 방식이나 간반 시스템(看板, kanban) *도 데밍의 품질관리 기법에서 유래했다고 한다.

저렴한 가격에 뛰어난 품질의 일본 제품은 전 세계에서 불티나게 팔려나갔다. 지금도 일본인들은 종전 후 10년 만에 일본이 세계 2위의 경제 대국으로 성장하는 기적을 이룬 데는 데밍의 가르침이 큰 역할을 했다고 믿는다. 일본과학기술연맹은 그의 업적을 기리고자 데밍상(デミング賞)을 제정해 매년 품질관리에 공헌이 큰 기업과 인물에게 이 상을 수

여하고 있다. 많은 일본인들은 데밍상을 노벨상 다음으로 영광스러운 상으로 여긴다.

일본이 할 수 있었던 일을 왜 미국은 할 수 없었을까? 미국에서는 이미 1920년대 중반 벨 연구소의 월터 슈하트(Walter Shewhart) 주도로 통계적 품질관리 이론이 발표되어 2차 세계대전 중 군수물자 생산 및 수송에 적용되었다. 데밍이 일본에서 한 강연의 내용은 슈하트의 품질관리 이론을 기반으로 한 것이었다. 다만 데밍은 품질관리의 적용 범위를 제조 프로세스뿐만 아니라 회사 경영 전반으로 확장해야 한다고 생각했다. 다시 말해, 미국인들이 모르던 일을 일본 기업들이 해낸 것이 아니라는 말이다.

2차 세계대전 직후 미국은 세계에서 유일하게 그럴듯한 물건을 만들 수 있는 능력과 인프라를 갖춘 나라였다. 다른 국가들은 애당초 그럴 능력이 없었거나 전쟁으로 제조 인프라가 파괴된 상태였다. 미국 물건은 그야말로 없어서 못 판다는 시기가 지속되면서 미국 기업들은 자만했고, 자신들이 개발한 품질관리 이론을 거들떠보지도 않았던 것이다.

전사적 품질경영의 세 가지 원칙

전사적 품질경영(TQM, Total Quality Management)은 고객에게 판매하는 제품 및 서비스의 품질을 지속적으로 개선하려는 전사적 경영 방식이라고 정의할 수 있다. 그 기원이 프레드릭 테일러까지 거슬러 올라간다고 주장하는 학자들도 있지만, 품질관리에 통계적 방법론을 처음 적용한 슈하트나 품질관리의 적용 범위를 제품뿐만 아니라 회사 경영 전반으로 확장해야 한다고 주장한 데밍에게서 기원을 찾는 편이 더 합당해 보인다.

하지만 미국 기업들과 경영학자들이 전사적 품질경영에 주목하기 시작한 것은 앞서 언급한 NBC 방송에서 에드워즈 데밍과 일본 기업의 품질 혁신 운동을 소개하면서부터다. 이후 미 해군이 데밍의 방법론을 도입해 효과를 보자, 데밍 이론은 미 정부와 민간 기업으로 빠르게 확산되어 나갔다.

일본 기업의 경쟁력이 품질에서 나온다고 믿은 미 정부는 미국 제품의 품질을 높이고자 1987년 미국판 데밍상에 해당하는 말콤볼드리지상(Malcolm Baldrige National Quality Award)을 제정했다. 매년 산업별로 최고의 품질경영 활동을 한 기업을 선정하고 백악관에서 대통령이 직접 상을 수여하는 것이다.

전사적 품질경영은 그 기원에 대한 논란만큼이나 내용적으로도 모든 사람이 동의하는 통일된 방법론이 존재하지 않는다. 하지만 몇 가지 공통적 원칙은 있다.

첫째, 품질은 고객 중심으로 정의한다. 제품을 사용하면서 고객은 제품의 기계적 속성, 서비스의 편리성, 제품 이미지 등을 다차원적으로 평가하기 때문에 품질도 다차원적으로 정의되어야 한다.

둘째, 전사적 품질경영이 성공하려면 모든 종업원의 참여가 필요하다. 전사적 품질경영은 제조 부문에만 국한된 활동이 아니다. 전 종업원이 적극적으로 품질관리에 참여하는 조직 문화를 구축해야 한다.

셋째, 전사적 품질경영은 한 번의 프로젝트로 종결되는 경영 혁신 활동이 아니라 지속적인 관심과 개선을 요구한다.

39

식스시그마

불량률
제로를 꿈꾸며

식스시그마 : 통계학에서 유래한 용어로 품질관리에 통계적 방법론을 접목하여
전사적 품질경영을 수행하는 한 가지 방법.

전사적 품질경영 운동은 1980년대 중반부터 10년 가까이 세
간의 주목을 받다가 1990년대 중반에 이르러 갑자기 시들해지고 만다.
많은 경영 혁신 운동이 이런 유행의 부침을 겪는데, 전사적 품질경영 역
시 예외가 아니었다. 그러나 기업들의 관심이 식었다고 해서 전사적 품
질경영이 더 이상 유효하지 않은 것은 아니다. 품질을 지속적, 전사적으
로 관리해야 한다는 경영 철학은 유행과 무관하게 타당하다.
　전사적 품질경영의 주요 철학과 방법론을 계승한 것이 바로 식스시그
마(6σ, six sigma) 경영 혁신 운동이다. 식스시그마가 전사적 품질경영을
수행하는 하나의 방법이라고 보는 학자들도 있고, 전사적 품질경영을

대체했다고 여기는 학자들도 있다. 하지만 두 기법이 품질을 지속적·전사적으로 관리해야 한다는 목표를 포함해 많은 내용을 공유하고 있다는 점은 분명하다.

식스시그마 운동은 1986년 모토롤라 반도체 사업부의 엔지니어였던 빌 스미스(Bill Smith)가 개발한 품질 개선 기법이다. 한동안 모토롤라 사내의 경영 혁신 기법으로만 머물러 있었으나, 1995년 제너럴일렉트릭의 잭 웰치가 식스시그마를 자사 사업 전략의 핵심 구성 요소로 사용하면서 전 세계로 확산되었다. 국내 대기업들도 1990년대 중반부터 삼성SDI, LG전자, 포스코, 현대자동차 등 제조업 중심으로 식스시그마 기법을 도입했다.

식스시그마는 원래 통계학 용어로, 품질관리에 통계적 방법론을 접목한 통계적 품질관리 기법에서 사용하던 말이다. 어떤 제조공정의 완성도는 그 공정을 통해 생산된 제품의 불량률을 나타내는 시그마(σ) 값으로 표현할 수 있다. 1σ는 전체 생산 제품 가운데 약 32퍼센트가 불량품이라는 의미다. 2σ는 전체의 약 4.6퍼센트, 3σ는 약 0.3퍼센트가 불량품이라는 뜻이다. 식스시그마, 즉 6σ는 제품 100만 개당 불량품이 3.4개 이하에 불과할 정도로 우수한 공정 능력을 갖추고 있음을 나타내는 지표다. 이를 식스시그마 전문용어로 3.4DPMO(defects per million opportunities)의 공정 능력이라고 표현한다.

처음에 모토롤라는 사내 모든 제조공정의 목표를 식스시그마 미만으로 설정했다. 하지만 얼마 지나지 않아 각 제조공정의 중요성과 난이도를 평가해 제각기 다른 DPMO 수준을 목표로 설정하도록 변경했다. 예컨대 항공사의 경우 수하물 서비스는 1만 DPMO(항공기에서 내려 수하물을 제대로 찾지 못할 확률이 1퍼센트) 정도만 되어도 그냥 넘어갈 수 있지만, 안전사고가 발생할 확률은 식스시그마, 즉 3.4DPMO조차도 크게 느껴질 수 있는 법이다.

모토롤라에서 처음 식스시그마를 개발했을 무렵만 해도 이는 과거의 통계적 품질관리 이론에 식스시그마라는 구체적 목표치를 결합한 것에 불과했다. 그러나 이후 식스시그마가 여러 기업들에 전파되는 과정에서 전사적 품질경영 등 다른 경영 혁신 기법들이 주장하는 철학들과 결합되어, 이제 단 몇 페이지로는 그 내용을 다 소개하기도 어려울 정도로 풍부하고 방대한 경영 기법이 되었다. 그만큼 다른 경영 기법들과 구분하기 어려워졌다는 뜻이기도 하다.

하지만 1920년대 통계적 품질관리의 시절부터 변하지 않고 유지되어 온 경영 철학이 하나 있다. 지속적으로, 과학적으로, 전사적으로 품질을 관리하라는 가르침이다.

의류 업체의 기업가치가
현대자동차의 4배?

공급사슬관리 : 제품 및 서비스의 생산에서부터 최종 판매에 이르는 모든 과정
을 체계적으로 관리해야 한다는 경영 혁신 운동.

2015년 여름 《조선일보》에 게재된 스페인 의류 업체 자라 관
련 기사를 읽다가 기사에서 인용한 통계를 다시 확인하지 않을 수 없었
다. 자라의 모기업 인디텍스(Inditex)의 시가총액이 최근 1,000억 유로를
돌파했고, 우리나라 기업 가운데 인디텍스보다 시가총액이 큰 기업은
삼성전자가 유일하다는 내용이었다.

일개 의류 업체의 시가총액이 현대자동차의 4배나 되다니 도저히
믿을 수가 없었다. 잘나가는 자라 덕택에 설립자 아만시오 오르테가
(Amancio Ortega)의 개인 재산은 786억 달러로 불어나 세계 1~3위를
왔다 갔다 한다.

자라가 사업에서 가장 중요하게 여기는 가치는 빠른 속도와 민감한 반응이다. 이는 패스트패션 사업에서 성공하는 데 가장 중요한 두 가지 요소이다. 자라의 신제품 제작 기간은 단 2주에 불과하기 때문에 거의 실시간으로 유행을 따라잡을 수 있다. 패션쇼 무대에 새로운 디자인의 옷이 처음 등장한 후 디자인, 제조, 유통, 점포 진열까지 소요되는 총 시간이 단 2주다.

일반 의류 업체는 보통 연간 4~5차례 각 시즌이 시작되기 6개월 전부터 미리 디자인을 정해 놓고 제작 과정을 밟아 때가 되면 마케팅을 통해 해당 디자인 의류의 구매를 유도한다. 반면 자라는 시즌별로 정해진 기본 디자인 제품이 차지하는 비중이 15~25퍼센트 수준이고, 나머지 75~85퍼센트의 제품은 매장을 방문하는 고객의 반응에 따라 얼마든지 바뀔 수 있다. 고객이 원하는 패션을 언제든 공급해 준다는 의미의 '패션 온 디맨드(fashion on demand)' 프로세스를 구축한 것이다.

예를 들어 자라는 10종류의 신제품을 출시한 후 일주일 정도 매장을 찾은 소비자의 반응을 면밀히 관찰한다. 각 제품의 매출액을 포함한 매장별 소비자 반응은 스페인 본사의 디자이너에게 전해진다. 반응이 좋은 제품은 다음 주에도 계속 생산하지만, 그렇지 않은 제품은 새로운 제품으로 교체한다. 이런 과정을 거쳐 자라 매장에는 매주 2회, 연간 만 개가 넘는 신제품이 출시된다.

자라는 재고관리야말로 공급사슬관리의 핵심이라고 말한다. 유행에 민감한 의류를 판매하는 경우 재고관리는 특히 중요하다. 원자재에서 완제품까지 각 단계별 재고를 최소화하기 위해 자라 본사는 최적 재고 추정 모형을 구축했다. 모형의 도움을 받아 일주일에 두 번, 미리 정한 날짜와 시간에 필요한 양만큼만 배송한다. 자주 배송하거나 배송 시간을

중국 선양에 문을 연 자라 매장

미리 정해주는 것 또한 재고를 줄이는 데 도움이 된다. 시장 수요에 따라 생산량을 신속히 조정하기 위해 전체 물량의 85퍼센트 정도는 자체 생산으로 소화한다.

자라의 핵심 경쟁력은 무엇인가

자라의 핵심 경쟁력은 공급사슬관리(SCM, supply chain management)이다. 공급사슬관리란 제품 및 서비스의 생산에서부터 최종 판매에 이르는 모든 과정을 체계적으로 관리하는 것을 의미한다. 수직적으로 통합되지 않은 산업에서는 원자재 판매 업체, 제조 업체, 유통 업체가 독립적인 별개의 회사로 존재하므로 효율성이 떨어질 가능성이 높다.

예컨대 전통적인 패션 산업에서는 패션쇼, 디자인, 생산, 물류, 판매 등이 따로 이루어지므로 맨 처음 디자이너가 아이디어를 내고 완제품이 소매점에 진열되기까지 3~4개월 이상이 걸린다. 하지만 자라는 수직적 통합, 수요 데이터 분석 등 다양한 공급사슬관리를 통해 이를 2주 이내로 단축했고, 결과적으로 비용도 획기적으로 절감할 수 있었다.

공급사슬관리는 다른 경영 혁신 기법과는 다르게 외부 지향적이다. 동적 조립라인, 공장자동화 기법, 전사적 자원관리*와 같은 노력은 정보 시스템 구축을 통해 생산성을 높이고 품질을 개선하려는 것으로, 모두 내부지향적이다. 즉 나 혼자 잘하면 되는 것이다.

반면에 공급사슬관리는 내가 맡고 있는 공급사슬 전후의 기업들은 물론이고 최종 소비자와의 협력까지 통합적으로 관리해야 하기 때문에 만만치가 않다. 그러므로 공급사슬관리를 성공적으로 수행하려면 전체 업무 프로세스를 정확히 파악해야 하고, 공급사슬 전후의 기업들과 정보를 공유하는 데 따른 득과 실을 면밀히 따져야 한다.

5장

마케팅

고객 중심으로 생각하라

백화점이라는 현대적 유통 채널은 19세기 중반 유럽에서 처음 등장했다. 프랑스 파리의 본마르세(Le Bon Marche), 영국 런던의 화이틀리(Whiteley) 등이 대표적인 예이다. 그러나 미국 전역의 대도시 중심지에 백화점 체인망을 구축하고 정가 판매제, 신문 간지 광고, 환불 보장, 백색 가전제품의 화이트세일(white sale) 등 혁신적인 마케팅 전략을 수행한 것은 미국의 와나메이커(Wanamaker) 백화점이 처음이다.

1861년 와나메이커 백화점을 설립한 존 와나메이커는 새로운 도시에 신규 체인점을 설립할 때마다 소비자에게 알리기 위해 어떤 기업보다 많은 돈을 광고에 투자했다. 신문과 잡지를 통해 수도 없이 백화점 광고를 한 그는 "나는 내가 집행하는 광고비의 절반을 낭비하고 있다는 사실을 안다. 그런데 문제는 그 낭비가 어디서 발생하고 있는지 알 수 없다는 점이다"라며 자신의 광고 경험을 비관적으로 표현했다.

130여 년 전 와나메이커가 남긴 이 명언은 오늘날 마케팅이 안고 있는 문제의 핵심을 찌른다. 소비자들은 수백 개의 광고 메시지에 둘러싸이며, 이 가운데 대부분은 구매 행위에 아무런 영향을 미치지 않는다. 대부분의 광고가 낭비되고 있는 것이다. 기업들마다 경쟁이 격화되면서 마케팅 생산성이 떨어진다고 불평하지만, 생산성 누락의 책임 소재가 명확하지 않아 이를 바로잡기가 어렵다. 생산 및 운영이나 재무 분야와는 달리 마케팅은 객관적이고 정확한 측정이 어럽기 때문이다.

이처럼 다른 경영학 전공 분야에 비해 마케팅 분야는 아직도 해결해야 할 문제가 산적해 있고, 그렇기에 오히려 좋은 점도 있다. 생산성을 늘릴 수 있는 여지가 많은 것이다.

경영학에서 마케팅이 가장 크게 기여한 일은 고객을 기업 경영의 중심으로 설정했다는 점일 것이다. 그래서 5장은 고객의 관점에서 시장을 바라보고 보이지 않는 경쟁자를 밝혀내는 훈련으로부터 시작한다. 또한 네트워크 외생성과 기술표준 문제, 네트워크 혼잡, 제품수명주기 이론, 설득의 방법론, 유명인의 명성을 활용한 마케팅, 브랜드 자산의 가치 평가 및 구성 요소, 프리미엄 가격정책, 차별화의 방법, 정보의 비대칭성 문제, 행동경제학과 거래효용 이론, 최적의 유통 채널 등 다양한 마케팅 주제를 다룰 것이다.

마케팅은
언제 시작되었나?

상업 발전의 역사 : 상업이 자급자족, 직접교환, 간접교환, 비대칭적 직접판매의
단계를 거쳐 발전해 옴에 따라 마케팅의 방식 역시 변화했다.

거래비용은 경영학에서 매우 중요한 개념이다. 1장에서 우리
는 대기업이 거래비용을 줄이기 위해 탄생한 조직임을 살펴보았다. 다양
한 마케팅 활동의 출현 역시 거래비용과 무관하지 않다. 마케팅과 관련
된 거래비용의 개념을 보다 명확히 이해하기에 앞서 상업 발전의 역사
를 간단히 훑어보기로 하자.

인류 상업 발전의 첫 단계는 자급자족의 시대이다. 이 시기에는 저마
다 자급자족을 위해 사냥을 하고 농사를 지었다. 노동의 특화라든가 재
화의 교환 같은 개념이 없었기 때문에 마케팅 활동도 존재하지 않았다.

상업 발전의 두 번째 단계는 직접교환의 시대로, 일부 노동의 특화가

이루어지기 시작하는 시기다. 사냥에 재능이 있는 사람은 사냥만 하고 농사일이 적성에 맞는 사람은 농사에 전념하면서 재화 교환의 필요성을 인식하게 된다. 그러나 어디까지나 물물교환의 형태로 재화를 교환했기 때문에 효율성이 매우 떨어졌다.

예를 들어 여분의 사슴고기를 농산물로 교환하고자 하는 사냥꾼은 농산물을 사슴고기로 교환하려는 농부를 만나야만 거래를 할 수 있었다. 이처럼 거래를 성사시키는 데 필요한 거래비용이 매우 높아 원활한 거래가 이루어지지 않았다.

직접교환의 거래비용을 낮추기 위해 개발된 혁신적인 제도로 두 가지를 들 수 있다. 첫째는 화폐의 발명이다. 화폐라는 표준화된 거래 매개체의 등장으로 사냥꾼은 사슴고기를 원하는 사람에게 고기를 판매한 대가로 화폐를 받고, 농산물 판매를 원하는 사람에게 화폐를 지불하고 농산물을 구매할 수 있게 되었다. 화폐의 등장 이후로 거래비용이 현저히 줄어들어 재화의 교환이 활성화되었다.

직접교환의 거래비용을 획기적으로 낮춘 두 번째 혁신은 시장의 탄생이다. 재화의 교환을 원하는 모든 사람이 한곳에 모일 수 있도록 마련된 공간, 즉 시장의 등장으로 최초의 마케팅 활동이 출현했다. 당시의 마케팅은 재화와 서비스의 자발적 교환을 도와주는 일종의 촉매 역할을 수행했다. 되도록 많은 사람에게 시장의 위치와 개점 시가 등을 알린다거나 시장 내 특정 판매자를 광고하는 일 등이 그 예다.

간접교환의 시대와 비대칭적 직접판매의 시대

상업 발전의 세 번째 단계는 간접교환의 시대이다. 급격한 기술 발전과 노동의 특화는 산업혁명을 낳았고, 마침내 대량생산이 시작된다. 종전의 직접교환 방식은 대량으로 찍어낸 규격화된 제품을 판매하는 데에는 더 이상 적합하지 않았다.

간접교환의 핵심은 순수한 판매 중개 행위만을 업무로 하는 중간상, 즉 유통 채널이 등장했다는 것이다. 물론 산업혁명 이전에도 중간상이 존재하긴 했지만 규모가 영세하고 사회적 역할도 미미했다. 그러나 산업혁명 이후에는 제품을 만드는 생산자와 제품을 구매하려는 소비자를 연결하는 중간상의 역할이 중요해졌다.

화폐와 시장의 등장과 마찬가지로 중간상이 등장하게 된 것 역시 거래비용을 줄이기 위함이다. 판매 행위만을 전문화한 중간상의 출현과 더불어 사람들은 상업 행위에서 마케팅의 중요성을 인식하기 시작했다. 특히 최종 소비자를 직접 상대하는 소매점은 근대적 마케팅의 개념을 정립하는 데 큰 기여를 했다.

산업혁명이 성숙기에 접어든 20세기 초에 이르러 인류는 '비대칭적 직접판매의 시대'라는 상업 발전의 네 번째 단계를 맞이하게 된다. 일부 제조 업체가 대형화하면서 과거 중간상에 맡겼던 여러 판매 행위를 직접 처리하기 시작한 것이다.

대형 제조 업체의 이러한 변화에는 몇 가지 이유가 있었다. 첫째, 중간상이 영세해 제조 업체로부터 최종 소비자에 이르는 과정에 지나치게 많은 중간상이 개입하는 바람에 소비자가격이 너무 높게 책정되었다. 둘째, 대부분의 중간상은 다수의 제조 업체를 상대해야 했기 때문에 단일 제조 업체의 판매 증진에 신경을 쓸 여유가 없었다. 셋째, 사용법이 복잡한 제품의 경우에는 제품 설명 및 서비스가 매우 중요한데 중간상은 이런 제조 업체의 요구를 들어줄 여력이 없었다.

즉 대형 제조 업체는 복잡한 유통 채널로부터 발생하는 거래비용을 줄이고자 독자적인 판매 조직을 구축하기 시작했다. 이들은 방대한 규모의 영업사원 조직과 지점망을 갖추는 데 막대한 투자를 함으로써 유통 채널을 단순화했고, 그 결과 소비자가 원하는 제품을 보다 정확히 파악할 수 있는 시스템을 갖추어 전보다 소비자에게 더 가까이 다가섰다.

과거에 제조 업체는 제품을 생산하고 중간상은 제품을 소비자에게 판매하는 역할을 담당했다. 그러나 자사 유통망을 갖춘 제조 업체는 판매와 제조 기능을 결합한 회사이다. 이때부터 제조 업체는 소비자의 요구를 사전에 파악하고 이를 제품 개발에 반영하기 시작한다. 현대적 마케팅 개념이 태동한 것이다.

42 근시안적 마케팅

당신을 무너뜨릴 경쟁자는 눈에 보이지 않는다

근시안적 마케팅 : 미국 철도 산업이 몰락한 것은 철도 회사가 자신의 경쟁자를 다른 철도 회사로 인식하여 근시안적 마케팅을 펼쳤기 때문이다. 이를 탈피하기 위해서는 고객 중심으로 사업을 재정의하는 인식의 전환이 필요하다.

　　20세기 초반까지만 해도 미국의 철도 산업은 세계 최대 규모를 자랑했다. 1898년 뉴욕증권거래소에서 거래된 주식의 60퍼센트 이상이 철도 관련 주식이었고, 미국 도시 간 운송의 95퍼센트 이상을 철도 산업이 점유했다. 1846년 설립된 펜실베이니아 철도 회사(PRR)는 전성기 시절 연간 매출이 미국 정부 예산 규모보다 크고 종업원 수 25만 명에 이르는 거대 기업이었다.

　　언제까지고 번영을 누릴 것만 같던 미국 철도 산업은 1920년대 초반을 기점으로 빠르게 쇠퇴의 길로 접어든다. 1960년 무렵이면 대부분의 철도 회사가 도산하고, 미국 최대 철도 회사 PRR 역시 위기 극복을 위해 경쟁사이던 뉴욕센트럴 철도 회사와 합병까지 시도하지만 합병 후 2년 도 채 지나지 않은 1968년에 도산하고 만다.

시어도어 레빗은 미국 철도 산업이 몰락한 것은 승객 및 화물 운송 수요가 감소하거나 철도 회사 간 경쟁이 격화됐기 때문이 아니라 자신의 시장을 편협하게 정의한 '근시안적 마케팅(marketing myopia)' 때문이라고 지적했다.

운송 수요는 꾸준히 늘어났고, 빈번한 인수합병으로 철도 회사의 수도 점차 줄어들고 있었다. 하지만 늘어난 운송 수요에도 불구하고 자동차, 트럭, 항공기, 심지어는 전화기 등과 같은 대체 수단들이 소비자 니즈(needs)의 대부분을 충족시켰다는 점이 문제였다. 1970년이 되면 항공 산업이 전체 승객 운송의 73퍼센트를 점유하기에 이르고 철도 산업의 점유율은 7.2퍼센트로 추락한다.

철도 회사는 다른 철도 회사와의 경쟁에 골몰하느라 스스로가 승객 및 화물 운송이라는 고객 니즈를 충족하기 위해 존재하는 기업이라는 사실을 까맣게 잊고 있었다. 자신의 경쟁자를 철도라는 '제품' 중심으로, 근시안적으로 설정했기 때문에 자동차, 트럭, 항공기 등의 대체 산업이 자신을 무너뜨릴 줄은 상상조차 하지 못한 것이다.

레빗은 기업이 지속적으로 성장해 나가기 위해서는 시장을 고객 관점에서(customer oriented) 보다 광범위하게 설정해야 한다고 주장했다. 자신을 미국 철도 산업에 속한 일개 철도 회사라고 정의한 순간 PRR은 대체 교통수단의 발달과 함께 쇠퇴할 수밖에 없었다. 만약 PRR이 자신을 승객 및 화물 운송 산업의 일원이라고 보다 광범위하게 정의했더라면 상황은 달라졌을지도 모른다.

제품수명주기 이론에 의하면 모든 산업은 도입기, 성장기를 지나 성숙기와 쇠퇴기를 맞이한다고 한다. 하지만 레빗의 주장대로 고객 입장에서 산업을 재정의하면 쇠퇴기가 오기 전에 새로운 성장기를 맞이할 수도 있다. 운송 산업으로서 철도 산업이 쇠퇴기를 맞이할 운명이었다면, 철도 회사는 계속 철도 운행만 고집할 것이 아니라 다각화를 통해 항공, 버스 등 새로운 운송 산업으로 진출했어야 한다는 것이다.

고객 중심으로 사업을 재정의하라

최근 제조업의 위기라는 말이 많다. 위기가 찾아온 데에는 다양한 이유가 있겠지만 자동차, 냉장고, 텔레비전 등 내구재의 경우는 품질이 개선되면서 제품수명이 눈에 띄게 연장된 점이 주요 원인으로 꼽힌다. 그 증거로 나는 구매한 지 13년이 넘은 자동차를 지금도 아무 불편 없이 타고 있다.

제품수명이 연장되고 판매 침투율(penetration rate: 표적 고객 중 자사 제품을 한 번 이상 구매한 고객의 비율)이 백 퍼센트에 가까워지면 신규 수요는 감소할 수밖에 없다. 그야말로 제조업의 위기인 셈이다. 미국 내 자동차 운행 대수와 연간 신차 판매량 비율은 13:1에 이르렀고, 민간 항공기의 경우에는 150:1에 달한다고 한다.

같은 이유로 내구재 산업은 신규 판매가 감소하더라도 누적 판매량은 지속적으로 증가한다는 특징을 갖는다. 그 결과 제품 구입에 소요되는 비용보다 제품 관리, 유지에 드는 비용의 비중이 점차 커지고 있다.

예를 들어 철도 기관차를 운행하고 관리, 유지하는 데 필요한 비용은 새 기관차 구입에 드는 비용의 20배에 이른다고 한다. 이와 유사하게 휘발유, 보험, 수리, 자동차 대출 금융 등 자동차 관리 및 운행과 관련된 부대 비용은 신차 구입 비용의 5배에 이른다. 기업은 매년 컴퓨터 관련 예

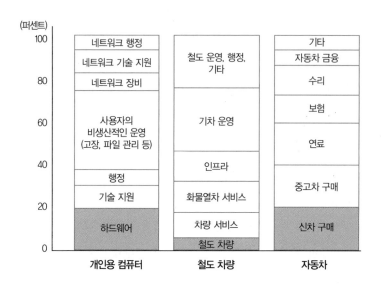

총 비용 중 제품의 구매·관리·유지 등이 차지하는 비중

산의 20퍼센트가량을 컴퓨터 교체 비용으로 사용하고 나머지 80퍼센트는 기술 지원·유지·보수 등에 사용한다.

이러한 현상을 반영해 고객 중심으로 사업을 재정의함으로써 위기를 기회로 바꾼 제조 업체들이 있다. 제품수명 연장으로 신규 제품 수요가 감소한 것은 제조 업체에게 위기이지만, 누적 판매량의 증대로 제품 관리, 유지에 투입되는 비용이 늘어나고 있다는 점은 기회인 것이다. 이들은 제조업의 틀에서 벗어나 이미 판매한 제품을 관리하고 유지하는 일과 관련된 서비스 시장으로 사업 영역을 확대함으로써 제조업의 위기를 극복했다.

제너럴일렉트릭(GE)은 1895년부터 기관차를 만들어왔다. 신규 차량 수요가 거의 없는 상황에서 GE는 철도 회사가 필요로 하는 서비스를 제공하는 데까지 사업을 확장하기로 결정한다. 철도 회사가 원하는 것은 보다 크고 강력한 기관차가 아니라 최소한의 비용으로 보다 많은 화물을 운송할 수 있는 시스템이라는 사실을 간파한 것이다.

GE는 철도 회사가 기관차들을 보다 효율적으로 관리할 수 있도록 컴퓨터 기반의 배차 시스템을 개발했다. GE가 개발한 시스템을 통해 철도 회사는 언제든 모든 기관차의 위치를 파악할 수 있게 되었다. 또 기관차가 갑자기 고장이 날 경우에는 따로 도움을 요청하지 않아도 GE가 현장으로 달려와 수리를 해주었다. GE는 기관차를 만드는 회사에서 철도 운영에 필요한 제반 솔루션을 제공하는 회사로 성공리에 탈바꿈했다.

자동차 제조 업체들이 기존의 신차 판매뿐만 아니라 자동차 보험, 자동차 금융, 수리, 중고차 매매 등 자동차 관련 제반 서비스를 제공하는 종합 자동차 회사가 되겠다고 선언하는 배경도 같은 맥락으로 이해할 수 있다. 또한 1990년대에 IBM이 컴퓨터 제조 업체에서 IT 솔루션을 판매하는 회사로 변모한 것 또한 고객 중심으로 사업을 재정의한 전략이라고 볼 수 있다.

앞으로 중국이 세계 기술표준을 정하게 되는 이유는?

네트워크 효과 : 특정 제품에 대한 한 사람의 수요가 다른 사람들이 그 제품에 부여하는 가치에 영향을 주는 현상.

내가 대학을 다닐 무렵의 일로 기억한다. 소니의 비디오카세트레코더 (VCR)는 정말 인기 있는 전자제품이었다. 영화는 영화관 스크린이나 텔레비전 방송의 '주말의 명화'로만 봐야 하던 시절, VCR은 집에서 영화를 시청하고 텔레비전 드라마를 녹화할 수 있게 해준 혁신적인 제품이었다.

소니가 VCR 제품을 일본 시장에 출시한 것은 1975년 5월로, 아직 세계인들이 소니의 연구개발 능력을 인정하기 전이었다. 소니가 세계적인 전자제품 회사로 자리매김한 것은 1979년 세계 최초의 휴대용 음악 재생기인 워크맨을 출시하면서부터이다. 그런데 소니 VCR이 출시되고 얼마 지나지 않은 1976년 10월에 경쟁사 JVC가 소니와는 다른 기술을 채택한 VCR을 출시한다. 역사상 가장 유명한 표준 전쟁 중 하나인 비디오 테이프 표준 전쟁이 시작된 것이다.

시장에 먼저 진입한 소니는 자신만의 독자적 VCR 기술인 베타맥스(베타) 방식에 기대어 고가 정책을 유지했다. 소니는 일본 통산성을 설득해 베타 방식을 일본 내 VCR 기술표준으로 선정하고 다른 기업들은 소니로부터 기술 라이센스를 받아 VCR을 만들도록 하려고 꾸준히 노력했다.

이에 맞선 후발 업체 JVC는 소니와는 다른 VHS(video home system) 방식의 VCR을 출시했다. 이는 베타 방식보다 기술적으로 열등하고 영상 잡음이 많으며 화질도 떨어졌다. 하지만 JVC는 자신이 개발한 VHS 기술을 시장에 공개해 어떤 제조 업체든 마음대로 쓸 수 있도록 했다.

마쓰시타, 히타치, 미쓰비시, 샤프 등 일본을 대표하는 전자제품 업체들이 모두 시장에 공개된 기술인 VHS 방식의 VCR을 출시하면서 자연스럽게 경쟁이 일어났고, 이들 제품은 소니의 VCR보다 상대적으로 저렴한 가격에 판매되었다. 꾸준한 가격 인하의 결과로 VHS 방식 VCR의 시장 점유율은 계속 상승했고 베타 방식 VCR의 점유율은 나날이 하락했다.

1988년에는 마침내 소니 스스로가 VHS 방식의 VCR을 출시하기에 이르고, 이로써 베타 방식의 VCR은 시장에서 퇴출된다. 소비자들은 베타 방식의 기술적 우위보다 VHS 방식의 보편성을 선택한 것이다.

남들이 쓰는 것을 산다

시장 진입도 늦고 기술적으로도 열등하던 VHS 방식이 기술표준 경쟁에서 승리하게 된 이유를 보다 논리적으로 이해하기 위해서는 먼저 네트워크 효과(network effect)에 대해 알 필요가 있다.

네트워크 효과란 '네트워크 외생성(network externality)'이라고도 불리는 개념으로, 특정 제품에 대한 한 사람의 수요가 다른 사람들이 그 제품에 부여하는 가치에 영향을 주는 현상을 말한다. 네트워크 효과가 존재하는 제품의 경우, 소비자가 해당 제품에 부여하는 가치는 그 제품의 구매자 또는 사용자의 수에 크게 영향을 받는다.

경제학에서는 보통 특정 제품에 대한 소비자의 수요는 서로 간에 독립적이라고 가정한다. 예를 들어 신라면에 대한 철수의 수요는 신라면의 가격, 경쟁사 라면의 가격, 철수의 소득과 취향 등에 의해 결정되지만, 철수의 여자 친구 영희의 신라면 선호 여부에는 영향을 받지 않는다는 것이다. 이러한 가정은 시장 수요곡선의 도출 등 여러 미시경제학적 문제를 분석할 때 매우 유용하다.

그러나 현실 세계에서는 각 소비자들의 수요가 서로 독립적이지 않은 경우를 흔히 볼 수 있다. 전화가 바로 대표적인 예이다. 보다 많은 사람이 전화를 소유할수록 내가 전화에 부여하는 가치는 커진다. 우리는 서로 통화를 하기 위해 전화를 구매한다. 아무도 전화기를 갖고 있지 않다면 내 전화기에 무슨 쓸모가 있겠는가. 내 전화기의 성능이나 가격에는 변화가 없지만 전화 가입자 수가 늘어날수록 내가 내 전화기에 부여하는 가치 또한 커진다. 트위터나 페이스북 같은 온라인 SNS, 팩스, 인터넷, 휴대전화 등에도 유사한 형태의 네트워크 효과가 존재한다.

1970년대 말 VCR의 기술표준 경쟁 사례로 다시 돌아가 보자, VCR은 제품의 성격상 네트워크 효과가 크다고 할 수 있다. 주변을 통틀어 나 혼자만 VCR을 구입했다고 상상해 보라. 내가 녹화한 텔레비전 드라마 테이프는 VCR을 갖고 있는 내게는 가치가 있지만 VCR을 갖고 있지 않은 이들에게는 아무런 가치가 없다. 또한 영화사는 일정 수의 VCR이 각 가정에 보급되기 전까지는 영화 비디오테이프를 출시하지 않을 것이다.

즉 소니 VCR의 제품 가치는 소니 VCR의 구매자 수에, 그리고 JVC VCR의 제품 가치는 VHS 방식을 채택한 VCR 구매자 수에 영향을 받는다.

네트워크 효과가 존재하는 산업의 경우에는 시장 진입 초기에 손해를 다소 감수하더라도 공격적인 마케팅 정책을 펼칠 필요가 있다. 구매자 수가 많아질수록 아직 제품을 구매하지 않은 고객이 체감하는 해당 제품의 가치가 상승하기 때문이다.

네트워크 효과가 있는 VCR 산업에서 소니는 JVC보다 17개월 앞서 제품을 출시했기 때문에 경쟁 우위에 있었다. 하지만 소니는 자신들의 베타 방식 기술의 우월성을 과신한 나머지 시장 진입 초기에 고가 정책을 유지했다. 또한 다른 전자제품 제조 업체들에게 높은 라이센스 비용을 부담하게 하는 치명적인 실수를 저지름으로써 구매자 수를 빠르게 늘릴 수 없었다.

반면 JVC는 VHS 기술을 시장에 무료로 공개했을 뿐만 아니라 베타 방식 VCR보다 훨씬 저렴한 가격에 VCR을 판매하면서 후발 업체의 약점을 만회하고 시장점유율을 빠르게 늘렸다. VHS 방식의 시장점유율이 점차 증대되면서 보다 많은 영화 제작사가 VHS 방식으로 제작한 영화 비디오테이프를 공급하게 되었고, 이는 VHS 방식 VCR의 가치를 더 높여주는 역할을 했다.

네트워크 효과가 강한 또다른 흥미로운 예가 컴퓨터 소프트웨어 산업이다. 컴퓨터 소프트웨어는 프로그램을 자유자재로 사용하기까지 시간과 노력이 든다. 즉 학습비용(learning cost)의 투자가 필요한 것이다. 그러므로 소프트웨어 회사는 시장 진입 초기에 가격을 낮춰 신속하게 많은 사용자를 확보해야 한다. 네트워크 효과를 통해 미래의 소프트웨어 구매자가 제품에 부여할 가치를 높이는 동시에, 학습비용을 통해 기존 사용자가 경쟁 소프트웨어로 옮겨가기 어렵게 만드는 것이다.

예컨대 한컴은 처음 시장에 진입할 때 아래한글을 무료로 배포했다. 이로써 네트워크 효과와 학습비용이라는 일종의 전환비용 효과를 통해 장래의 경쟁자를 어느 정도 차단할 수 있었다. 물론 한컴을 포함한 대부분의 컴퓨터 소프트웨어 업체는 일정 수의 사용자를 확보한 후에는 새로운 버전 출시와 더불어 정상가격으로 제품을 공급한다.

외국계 컴퓨터 소프트웨어 기업이 국내에 진출할 때 일정 수의 사용자를 확보할 때까지는 불법 복사본이 성행하는 것을 어느 정도 눈감아주다가 임계량(critical mass)을 넘어서면 강력히 제재하는 것 또한 위와 유사한 정책이라고 볼 수 있다.

내수 시장 규모를 감안하라

네트워크 효과와 관련된 또다른 흥미로운 산업 가운데 하나가 고화질 텔레비전(HDTV) 산업이다. 1980년대 초 HDTV 기술 경쟁이 시작될 무렵에는 아날로그 방식과 디지털 방식 기술 중 어느 쪽이 향후 HDTV의 세계 기술표준이 될지 아무도 장담할 수 없었다. 기술표준의 불확실성은 HDTV 제조 업체의 연구개발 투자를 지연시켰고, 소비자 역시 미래의 기술표준을 모르는 상황에서는 HDTV 구매를 늦추는 편이 현명하다고 여겼다.

아날로그 방식에서 세계 최고 수준의 기술력을 보유하고 있던 일본의 경우에는 기술표준 문제를 해결하기 위해 정부가 개입했다. 1988년 서울 올림픽을 전후해 일본 정부는 아날로그 방식을 일본 내 HDTV 기술표준으로 선정했다. 이후 모든 일본 기업은 마음 놓고 아날로그 방식에 기반을 둔 HDTV 개발에 전념했고, 일본 소비자 역시 HDTV 구매를 더 이상 망설일 필요가 없다고 생각했다.

일본과는 달리 미국과 유럽 각국의 정부는 처음부터 시장 개입을 자제하는 입장이었다. 아날로그와 디지털 방식 기술이 미래에 어떻게 발전해 나갈지 모르는 상황에서 인위적으로 미리 기술표준을 정하는 것보다는 시장경쟁에 맡기는 편이 바람직하다고 믿었기 때문이다. 결과적으로 미국과 유럽에서는 디지털 기술과 아날로그 기술이 고르게 발전한 반면, 일본은 정부의 개입으로 아날로그 기술이 집중적으로 발전하게 되었다.

1988년 일본 정부가 아날로그 방식을 기술표준으로 채택한 것을 지켜본 미국 정부는 1994년 디지털 방식을 HDTV 기술표준으로 채택했고, 이후 유럽도 미국을 따라 디지털 방식을 선택했다. 당시 미국 정부는 디지털 방식의 기술적 우수성에 대해 장황하게 늘어놓았다. 하지만 한발 앞선 아날로그 기술표준 선택으로 일본이 아날로그 기술 분야에서 우위를 점하고 있는 마당에 미국의 디지털 기술표준 채택은 필연적인 선택으로 보인다. 미국과 유럽이 디지털 방식을 기술표준으로 선택한 이상 일본은 아날로그 기술 개발을 포기할 수밖에 없었다.

이 사례가 주는 교훈은 두 가지다. 첫째, 네트워크 효과가 강한 산업에서는 내수 시장 규모가 큰 국가의 기업이 기술표준 경쟁에서 유리하다. 둘째, 미국이나 중국과 같이 내수 시장이 큰 나라의 경우에는 기술표준을 국가가 정할 수도 있지만, 그렇지 않은 경우에는 국가가 기술표준을 정하는 것이 바람직하지 않다. 다시 말해, 작은 국가일수록 국가가 나서서 기술표준을 정하기보다 시장경쟁에 맡기는 편이 유리하다.

44 편승 효과와 속물 효과

연예인 패션,
따라 해야 하나요?

편승 효과와 속물 효과 : 편승 효과란 유행에 편승해 특정 제품을 구매하는 현상을 말하며, 속물 효과란 가격이 비싸 다른 사람이 구매할 수 없다는 이유로 오히려 해당 제품을 구매하는 현상을 말한다.

앞에서 설명한 네트워크 효과는 정확히 말하면 '양(positive)'의 네트워크 효과이다. VCR이나 HDTV와 같은 제품은 해당 제품을 사용하는 사람이 많을수록 제품의 가치가 높아지는 경향을 보인다. 하지만 해당 제품의 사용자가 늘어날수록 제품 가치가 도리어 저하되는 '음(negative)'의 네트워크 효과도 존재한다. 음의 네트워크 효과는 '네트워크 혼잡(network congestion)'이라고도 불리는데, 교통량이 늘어날수록 도로가 혼잡해져 도로 운행의 가치가 저하된다는 데에서 유래한 용어다.

동일한 제품이 음과 양의 네트워크 효과를 동시에 갖는 경우가 있다.

어떤 걸그룹 가수가 분홍색 반바지를 입은 것을 보고 일부 여학생들이 이를 따라 입기 시작한다. 분홍색 반바지를 입는 것이 여학생들 사이에 유행으로 번져, 반바지를 입은 여학생 수가 많아질수록 반바지 착용 욕구가 커지는 양의 네트워크 효과가 작용한 것이다. 예전에는 분홍색 반바지에 관심이 없던 여학생들이 이제는 유행에 뒤떨어지지 않으려고 분홍색 반바지를 즐겨 입는다.

그러나 어느 순간 너무 많은 여학생들이 분홍색 반바지를 입고 다니게 되자, 걸그룹 가수를 비롯해 유행을 선도하는 여학생들부터 분홍색 반바지를 입는 것이 유행에 뒤처진 일이라고 생각하기 시작한다. 이번에는 분홍색 반바지를 입은 여학생 수가 늘어날수록 반바지 착용 욕구가 도리어 감소하는 음의 네트워크 효과가 작용한 것이다. 어떤 유행이 퍼져나가다 일정 시간이 지나면 사라지는 '패션 사이클'이 존재하는 이유를 우리는 양과 음의 네트워크 효과로 설명할 수 있다.

따라할 것이냐 과시할 것이냐

양의 네트워크 효과는 편승 효과 또는 밴드왜건 효과(bandwagon effect)와 동일한 개념이다. 밴드왜건은 원래 퍼레이드의 선두에 서는 악대차(樂隊車)를 가리키는 말이다. 19세기 중반 미국 정치인 댄 라이스(Dan Rice)가 선거 유세에서 대중의 주목을 끌기 위해 밴드왜건을 사용하자, 다른 정치인들이 라이스의 밴드왜건 위에 자리를 잡고 앉아 그의 인기에 편승하려 한 데에서 유래했다.

앞서 설명한 분홍색 반바지같이 유행에 편승해 특정 패션 제품을 구매하는 현상은 편승 효과로 설명할 수 있다. 현명한 마케팅 관리자는 시장 진입 초기에 유명인이나 의견 선도 그룹으로 하여금 자신의 제품을

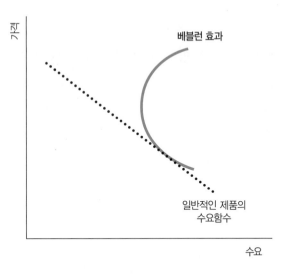

베블런 효과를 갖는 제품의 수요함수

사용하도록 유도해 다른 소비자들에게 편승 효과를 유발하는 전략을 자주 사용한다.

편승 효과는 선거에서도 자주 관측되는 현상이다. 많은 유권자들은 승리자의 편에 서고자 하기 때문에 선거에서 승리할 가능성이 높은 후보나 정당을 지지하는 경향을 보인다.

편승 효과와는 반대로 네트워크 효과가 음의 방향으로 움직이면 속물 효과(snob effect)가 나타난다. 속물 효과란 매우 귀중한 물건을 자기혼자만 소유하려는 욕망을 말한다. 희귀 예술품, 디자이너 의류, 명품 핸드백 등이 속물 효과를 갖는 대표적인 제품이다.

사람들이 고가의 명품 자동차를 갖고 싶어 하는 이유는 값이 너무 비싸 다른 사람들이 쉽게 소유할 수 없기 때문이다. 즉 명품 자동차는 희

258

소성으로부터 가치가 창출되는 제품이다. 매출을 늘리겠다고 가격을 인하하면 잠시 판매량이 늘어나기는 하겠지만, 그 순간부터 해당 브랜드는 여기저기서 눈에 띌 테고 더 이상 명품으로서의 명망과 지위를 유지할 수 없게 될 것이다. 이처럼 희소성으로 제품을 판매하는 기업은 판매량을 늘리는 문제에 대해 신중하게 접근해야 한다.

속물 효과를 갖는 제품의 존재를 처음 언급한 학자는 미국을 대표하는 사회학자이자 경제학자 소스타인 베블런(Thorstein Veblen)이다. 1899년 출간한 『유한계급론』에서 베블런은 19세기 중후반 미국 산업이 약진하는 과정에서 천문학적인 부를 축적한 기업인들이 소비를 통해 자신의 사회적 지위를 과시하고자 대저택, 보석 등 고가 제품을 구매하는 현상을 비판하며 '과시적(conspicuous) 소비'라는 표현을 사용했다. 이처럼 가격이 너무 높아 보통 사람들은 구매할 수 없기 때문에 과시적 소비를 가능하게 하는 제품들을 후대 학자들은 '베블런 제품'이라고 불렀다.

속물 효과가 존재하는 제품의 수요함수는 양의 기울기를 갖는 우상향 곡선의 형태를 보인다. 이는 가격이 올라갈수록 수요가 증가하는 독특한 형태의 그래프다. 일반적으로 가격과 수요가 반비례하는, 우하향이라는 수요의 법칙을 위반하는 예외적인 경우라고 할 수 있다.

'사나이는 러닝셔츠를 입지 않는다'

제품수명주기 이론 : 제품도 생물과 마찬가지로 도입·성장·성숙·쇠퇴의 네 단계 과정을 거친다.

여러분은 아마 멋쟁이 남성은 와이셔츠를 입을 때 러닝셔츠를 입지 않는다는 말을 들어본 적이 있을 것이다. 반면 어떤 여성들은 맨몸에 와이셔츠를 입으면 보기에 민망하니 제발 러닝셔츠를 입어달라고 부탁하기도 한다. 남성 여러분, 정답이 무엇인지 알고 싶지 않은가.

남성이 언제부터 속옷 상의를 입기 시작했는지에 대한 정확한 역사적 기록은 없다. 하지만 남성 속옷 상의가 대중화되기 시작한 것은 19세기 말의 일로, 산업혁명 이후 면방직 공업이 기계화되어 전 세계적으로 의복혁명이 불어닥치면서부터다.

당시 서양에서 처음 생산한 현대적 남성 속옷 '유니언 슈트(union suit)'의 인기는 그야말로 대단했다. 위아래가 하나로 이어진 데다가 가운데 단추가 줄지어 있는 모습이 우스꽝스럽기까지 한 유니언 슈트는 지금은 옛날 영화에서나 찾아볼 수 있는 속옷이다. 적어도 내 주위에는 유니언 슈트를 입는 사람이 없다. 검색을 해보니 몇몇 해외 인터넷 쇼핑몰에서는 지금도 유니언 슈트를 판매하고 있는 것으로 미루어 일부 서양 남성들은 여전히 이를 입기도 하는 모양이다.

20세기 초 미 해군은 병사들에게 백색의 티셔츠 내의를 지급했다. 활동 강도가 높은 해군 병사들에게 기존의 유니언 슈트는 적합하지 않았을 것이다. 당시 해군 측에서 지급한 내의는 갑판이나 잠수함 내부에서의 고된 일과 때문에 땀으로 제복이 얼룩지는 것을 방지하기 위해 땀을 잘 흡수하는 면으로 만들어졌다. 이것이 점차 일반 대중에게로 퍼져 오늘날까지 전 세계 남성들이 즐겨 입는 러닝셔츠의 원형이 되었다.

러닝셔츠의 판매를 감소시킨 클라크 게이블

미국 전역에서 인기리에 팔려나가던 이 러닝셔츠를 시장 퇴출 위기로까지 몰고 간 사건이 있다. 1934년 개봉된 〈어느 날 밤에 생긴 일(It Happened One Night)〉이라는 영화를 보면 주연배우 클라크 게이블이 아름다운 여성 앞에서 옷을 하나씩 벗는 유명한 장면이 나온다. 스웨터, 넥타이, 와이셔츠……. 그런데 게이블은 당시 모든 남성들이 당연히 입어야 한다고 생각했던 러닝셔츠를 입고 있지 않았다. 그는 대중, 특히 여성의 마음을 어떻게 사로잡는지를 감각적으로 아는 배우였던 것 같다.

남성미를 돋보이게 하려고 러닝셔츠를 입지 않은 클라크 게이블의 이 행동 하나 때문에 미국 시장에서 러닝셔츠의 판매량은 40~80퍼센트나

영화 〈어느 날 밤에 생긴 일〉에서 셔츠를 벗는 클라크 게이블

급감했고, '사나이는 러닝셔츠를 입지 않는다'라는 관습이 전 세계로 퍼져나가기 시작했다. 2차 세계대전이 일어나 남자 군인들에게 내의를 입도록 상당 기간 강제로 훈련을 시키고 나서야 러닝셔츠 판매량이 예전수준으로 회복되었다. 그러나 아직도 많은 남성들은 게이블의 도발에영향을 받아 러닝셔츠 입기를 거부하고 있다.

우리가 사용하는 제품도 생물처럼 도입(introduction), 성장(growth), 성숙(maturity), 쇠퇴(decline)의 과정을 겪는다는 마케팅 이론으로 '제품수명주기(product life cycle)' 이론이 있다. 19세기 말 유행했던 유니언 슈트도 러닝셔츠의 등장과 함께 쇠퇴기로 접어들어 지금은 거의 시장에서 퇴출된 것이나 다름없는 상태이다. 러닝셔츠 역시 클라크 게이블의 해프닝을 계기로 진작에 쇠퇴기로 접어든 듯하다.

제품수명주기의 정확한 형태와 진행 속도는 제품에 따라 다르지만, 모든 제품은 결국 도입·성장·성숙·쇠퇴의 네 단계 과정을 거친다는 공

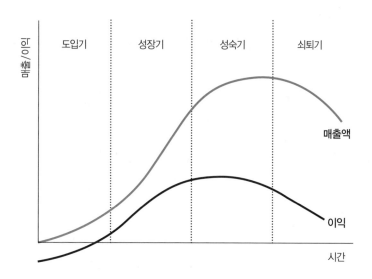

제품수명주기에 따른 매출액과 이익의 변화 추이

통적 특징을 갖는다. 마케팅 연구자들은 오랫동안 각각의 단계에 해당하는 시장 특성과 적절한 마케팅 전략에 대해 연구해 왔다. 기업의 마케팅 관리자는 자신이 담당하는 제품이 직면한 시장 특성을 면밀히 관찰해 제품이 수명주기의 어느 단계에 와 있는지를 알아내고 해당 단계에 적합한 마케팅 전략을 수립하는 데 이 연구를 활용할 수 있다.

제품수명주기의 단계별 마케팅 전략

어떤 제품이나 매출액은 도입기, 성장기, 성숙기에 이르기까지 지속적으로 증가하다가 쇠퇴기에 접어들면 감소한다. 도입기에는 많은 투자가 이루어지지만 시장이 아직 개발되지 않은 상태이기 때문에 이익을 내기 어렵다. 시간이 지날수록 지속적으로 이익 규모가 커지다가 성숙기를 정점으로 다시 이익은 줄어든다. 제품수명주기를 거치며 생산 경험이 축적되고 규모의 경제가 작용함에 따라 제품 생산원가는 감소하지만 가격 역시 내려가는 경향을 보이기 때문이다.

먼저 제품 도입기에는 제품이 출시된 지 얼마 지나지 않았기 때문에 경쟁자가 거의 없지만 판매량과 이익 역시 낮은 수준이다. 특히 새로운 산업을 개척하는 첨단 기술 제품의 경우에는 소비자가 신제품의 특성, 편익, 사용법 등에 대해 잘 모르기 때문에 정보 제공형 광고나 소비자 교육에 주력해야 한다.

첨단 기술 제품을 출시할 때는 제품 도입 초기에 신제품을 구매하는 혁신가(innovator)와 얼리어답터(early adopter)를 끌어들이는 일이 중요하다. 이들은 보통 자신의 경험을 미래의 잠재적 구매자에게 구전(word-of-mouth)으로 전파하는 역할을 수행한다. 대부분의 경우 혁신가와 얼리어답터는 일반 구매자와는 다른 인구통계적 특성을 보이는데, 제품 도입기에 이들을 발굴해 신제품을 사용해 보도록 유도하는 것이 성공의 열쇠다. 또한 가격이 저렴하고 반복 구매가 이루어지는 제품의 경우에는 무료 샘플을 배포하는 것도 고려할 만하다.

성장기의 가장 큰 시장 특성은 급속한 판매 신장과 경쟁자의 시장 진입이다. 제품의 특성과 경제적 가치가 광고 또는 구전을 통해 시장에 널리 알려지면서 제품 판매량이 변곡점을 통과해 급격히 신장되는 모습을 보인다. 한편 판매 신장으로 이익이 증대되고 산업의 매력도 또한 높아지기 때문에 많은 경쟁자들이 시장에 진입하기 시작한다.

그러나 성장기에는 전체 시장의 크기가 큰 폭으로 성장하기 때문에 경쟁자 진입이 기존 기업의 매출을 감소시키거나 하지 않고, 가격경쟁 역시 아직은 그리 치열하지 않다.

성장기 마케팅 전략의 핵심은 시장점유율을 확대하고 성숙기 시장에 대비해 진입 장벽을 구축하는 것이다. 정보 제공형 광고를 줄이고 자사 제품의 경쟁력을 강조하는 설득형 광고의 비중을 늘려 높은 시장점유율을 확보하고 고객 충성도를 끌어올리는 편이 좋다. 성숙기 시장에서의 치열한 경쟁에 대비해 광범위한 유통망을 구축해 놓는 것도 바람직한 전략이다.

성숙기 시장의 가장 큰 특징은 치열한 경쟁이고, 마케팅 전략의 핵심은 차별화이다. 오늘날에는 우리 주위의 대부분 산업들이 성숙기에 접어들었기 때문에 치열한 경쟁, 모방 제품의 범람, 가격 파괴 등 성숙기 시장을 특징짓는 표현들이 낯설지 않을 것이다.

경쟁 업체들 간에 제품 디자인과 기술을 서로 모방함에 따라 제품 간 차별화는 점점 어려워진다. 소비자 눈에는 모든 제품이 엇비슷해 보이므로 브랜드 충성도는 감소하고 가격경쟁이 치열해진다. 그러나 단기적인 이익 증대를 위해 가격 인하나 판매 촉진(sales promotion)에 주력하다가는 가격 파괴라는 공멸의 길로 갈 수밖에 없다. 경쟁이 치열해질수록 광고나 연구개발 등 장기적인 전략을 통한 차별화에 주력할 필요가 있다.

제품수명주기의 최종 단계인 쇠퇴기의 가장 큰 시장 특징은 시장의 축소다. 기술 개발로 HDTV 산업이 성장하면서 기존의 컬러텔레비전 산업은 수요가 급감해 쇠퇴기에 접어들고 있다. 또다른 예로 건강에 대한 소비자의 선호 변화 때문에 맥도날드와 같은 패스트푸드 제품은 쇠퇴기 산업의 특징을 보이고 있다.

쇠퇴기에 접어들면 산업 매력도가 감소하기 때문에 경쟁자들이 하나둘 시장을 떠난다. 쇠퇴기에 적합한 최상의 전략은 산업을 리모델링하거나 활성화해 제품수명을 연장하는 것이다. 수명 연장이 어렵다면 광고 등의 장기적 투자를 최대한 줄이고, 시장에서 철수하기 전까지 다른 사업에 투자할 현금을 마련하기 위한 캐시카우(cash cow)로 활용하는 것도 바람직하다.

46 정교화 가능성 모형

아리스토텔레스는 뛰어난 마케팅 이론가였다

정교화 가능성 모형 : 기업이 제공한 메시지를 소비자가 중심 경로를 통해 처리하면 그 내용을 꼼꼼히 검토하지만, 주변 경로를 통해 처리할 경우에는 메시지의 내용보다 광고 모델과 같은 상황적 요인의 영향을 받는다.

　　누군가를 설득해야 하는 직업에 종사하는 사람은 생각보다 훨씬 많다. 광고 및 홍보 담당자나 영업사원은 물론이고 교사, 정치가, 변호사, 목사, 배우, 상담가도 말이나 글로 상대방을 설득하는 일에 종사하고 있다.

　고대 그리스에서는 다양한 계층의 사람들과 소통하는 능력을 길러주기 위해 정치가에게 수사학(修辭學, rhetoric)이라는 과목을 가르쳤다. 오늘날 대부분의 대학에서는 더 이상 필수 교과목으로 채택하지 않지만, 말이나 글로 대중을 설득해야 하는 사람에게 수사학은 유용한 학문이다. 수사학의 발전에 가장 크게 공헌한 학자로 손꼽히는 아리스토텔레

스는, 설득력 있는 주장을 하려면 '에토스, 로고스, 파토스'라는 설득의
세 가지 요소를 균형 있게 갖춰야 한다고 말했다.

설득의 세 가지 요소

에토스는 신뢰를 뜻한다. 말하는 사람을 신뢰하면 그가 말하는 내용
역시 믿게 된다는 것이다. 예컨대 노벨상을 수상한 경제학자가 내년에
세계 대공황이 올 것이라고 주장하면 우리는 전전긍긍할 수밖에 없다.
경제 문제의 권위자로서 그를 신뢰하기 때문에 주장의 진위를 따져보지
도 않고 믿어버리기 일쑤다.

한국야쿠르트의 발효유 브랜드 '윌' 광고에 노벨 의학상 수상자인 배
리 마셜(Barry Marshall)이 출연해 혀 꼬부라지는 듯한 발음으로 "헬리코
박터 프로젝트 윌"이라고 외치던 장면을 기억하는가? 우리는 마셜이 헬
리코박터 균을 세계 최초로 발견한 공로로 노벨상을 수상한 인물이기
에 절대 거짓말할 사람이 아니라고 믿는다. 우리나라 국민의 절반이 보
유하고 있다는 헬리코박터 균은 위염이나 위암을 유발하는 것으로 알
려져 있는데, 기능성 발효유 윌이 이 고약한 균의 활동을 약화시키는 데
효과적이라고 권위자가 직접 나와 설명하는 마당에 지갑을 열지 않고
버틸 도리가 있겠는가.

또한 효과적인 설득을 위해서는 로고스, 즉 '합리적이고 논리적인 추
론'을 동원해야 한다. 학술 연구자들이 통계 자료, 수리적 모형, 실험 등
과학적이고 객관적인 절차를 통해 자신의 이론을 주장하는 것이 대표적
인 예이다.

이를테면 나와 같은 대학교수가 직업인으로서 해야 하는 일은 크게
교육, 연구, 사회봉사의 세 가지로 나뉜다. 그런데 서울대학교의 경우는

내부 지표나 분위기로 보아 연구가 차지하는 비중이 절반 이상인 듯하다. 교수들은 자신의 학술 연구 결과를 국내외 학술지에 게재하는데, 이들 학술지의 독자는 대부분 동종 분야 연구자들이다. 그러므로 연구 논문을 집필할 때는 감정은 되도록 배제하고 철저하게 논리, 즉 로고스만을 사용해 자신의 주장을 전개하는 편이 다른 연구자들을 설득하는 데 유리하다.

이와는 달리 파토스를 통해 설득하는 것이 효과적일 때도 있다. 이는 상대의 감성에 호소해 설득하는 방법이다. 인간은 감성적 동물이기 때문에 과장, 은유, 스토리텔링 등과 같은 기법을 통해 청중의 마음을 사로잡으면 설득하기가 쉽다.

한국인은 서양 사람들에 비해 감성적인 측면이 강한 것 같다. 소비자의 감성에 호소하는 유형의 광고가 우리나라에 유난히 많은 이유가 바로 여기에 있다. 특히 국내 식품 및 의류 기업의 텔레비전 광고는 감성에 호소하는 유형이 주를 이룬다. 제품 속성 하나하나를 꼼꼼히 따지는 로고스형 소비자는 드물고, 브랜드나 기업 이미지에 이끌려 구매 결정을 하는 파토스형 소비자가 많다는 것이다. 논리 정연한 합리성보다는 정이 중요하고 법보다는 정서가 앞서는 국민이라는 평가도 비슷한 맥락에서 나온 말이다.

중심 경로와 주변 경로를 통해 정보를 처리할 때

아리스토텔레스가 말한 설득의 세 가지 요소는 수사학의 근간을 이루는 이론일 뿐 아니라 다양한 학문 분야에도 지대한 영향을 미쳤다. 아리스토텔레스의 설득 이론과 유사한 심리학 분야의 설득 및 태도 이론으로 1970년대 중반 리처드 페티(Richard Petty)와 존 카시오포(John

Casioppo)가 제시한 정교화 가능성 모형(ELM, Elaboration Likelihood Model)이 있다. 아리스토텔레스가 설득의 문제를 설득하려는 사람, 즉 메시지 발신자(기업) 입장에서 다루었다면, ELM은 설득의 대상자, 즉 메시지 수신자(소비자) 입장에서 다루었다는 게 차이점이다.

ELM 이론에 따르면 소비자가 기업이 제공한 정보를 처리할 때 의도적으로 상당한 인지적 노력을 기울이면 중심 경로(central route)를 통해 태도가 형성되고, 별다른 노력을 기울이지 않으면 주변 경로(peripheral route)를 통해 태도가 형성된다고 한다.

메시지가 중심 경로를 통해 처리되는 경우에 소비자는 기업이 보내는 메시지의 진위 여부를 비롯해 그 내용을 꼼꼼히 검토한다. 예컨대 소비자가 디지털 카메라를 구매하는 과정에서 여러 브랜드 카메라의 특성(가격, 크기, 무게, 화소 등)을 꼼꼼히 비교해 최종적으로 구매할 제품을 선택한다면 이는 중심 경로를 사용하는 것이다. 이 경우에는 많은 인지적 노력을 투입하기 때문에 한번 형성한 태도가 비교적 장기간 지속되는 경향을 보인다.

반면에 메시지가 주변 경로를 통해 처리되는 경우, 소비자는 제품 정보 등 메시지의 구체적인 내용을 따지기보다 메시지 주변에 존재하는 여러 단서들(매력적인 광고 모델, 신선한 광고 문구 등)로부터 많은 영향을 받는다. 내가 좋아하는 배우가 광고 모델로 등장하는 제품이라면 다른 브랜드와 비교도 해보지 않고 구매하는 것이다. 많은 인지적 노력이 투입되지 않는 만큼, 주변 경로를 통해 형성한 태도는 쉽게 바뀔 수 있다.

소비자가 정보를 처리할 때 중심 경로와 주변 경로 중 어떤 경로를 선택할지는 정보처리 과정에 투입되는 노력의 정도에 달려 있다. 그리고 이 노력은 소비자가 정보를 꼼꼼히 처리하려는 동기부여가 되어 있는지, 소비자에게 정보를 처리할 수 있는 능력이 있는지 여부에 크게 좌우된다.

예를 들어 자동차와 같이 가격이 비싸고 관여도(involvement)*가 높은 제품을 구매할 경우 소비자는 정보를 신중히 처리하려는 동기부여가 되어 있기 때문에 정보처리에 많은 노력을 기울일 테고, 따라서 중심 경로를 사용할 것이다. 또한 제품에 대한 사전 지식이 많고 의사결정에 필요한 시간적 여유가 많을수록 소비자가 정보를 꼼꼼히 처리하는 능력을 발휘할 수 있기 때문에 중심 경로를 사용할 가능성이 높다.

ELM 이론은 실무 마케팅 문제에 유용하게 활용된다. 디지털 카메라나 스마트폰과 같은 첨단 기술 제품을 구매하고자 하는 소비자는 제품 정보를 면밀히 검토하려는 의욕을 갖고 있고, 일부 소비자의 경우에는 실제로 그럴 능력도 있다. 이러한 중심 경로 사용자를 대상으로 마케팅을 펼칠 때에는 많은 정보를 담을 수 있는 신문 잡지 광고가 텔레비전 광고보다 유용하다.

반대로 가격이 저렴하고 자주 구매해야 하는 제품의 경우에 소비자는 주변 경로를 주로 사용하는데, 이들에게는 인쇄 매체보다 방송 매체가 더 효과적이다. 유명인을 광고에 등장시키는 셀렙마케팅을 하면 더욱 큰 효과를 거둘 수 있다.

관여도

관여도란 제품 및 서비스를 구매할 때 소비자가 들이는 시간과 노력의 정도를 의미하는 마케팅 용어이다. 예를 들어 자동차는 가격이 비싸고 운전자의 사회적 지위나 생활수준을 나타낼 수 있는 제품이다. 그러므로 소비자는 많은 시간과 노력을 들여 정보를 탐색하고 대안을 평가하는 등 이것저것을 꼼꼼히 따져 구매 여부를 결정한다. 즉 대부분의 소비자는 자동차를 고관여(high involvement) 제품이라고 여긴다. 반면 설탕, 소금, 휘발유와 같은 저관여(low involvement) 제품의 경우에 소비자는 대안을 탐색하거나 평가하는 과정 없이 신속히 구매를 결정한다.

타이거 우즈의
불륜 비용은
1조 5,000억 원

스타마케팅 : 배우와 가수, 스포츠 스타 등 유명인의 명성을 제품과 연결시켜 차별화하는 마케팅 기법.

타이거 우즈는 역사상 가장 훌륭한 스포츠인 가운데 한 사람이다. 2009년 말 그의 불륜 행각이 만천하에 드러나기 전까지는 그랬다. 세 살이 되기도 전에 텔레비전에 출연해 탁월한 골프 재능을 시청자에게 처음 선보인 후로 그는 세계 아마추어 및 프로 골프 역사에 존재하는 모든 기록을 새로 써 내려갔다.

현재 그가 보유한 기록은 최장 기간 연속 세계 1위 타이틀 보유, 누적 최장 시간 세계 1위 타이틀 보유, 미국프로골프협회(PGA)가 선정한 올해의 선수상 최다(11회) 수상, 연간 평균 최저 타수를 기록한 선수에게 주는 바이런넬슨상 최다(8회) 수상 등 셀 수 없이 많다.

100년이 넘는 프로 골프의 역사에서 이제 우즈가 넘어서야 할 기록은 단 두 개뿐이다. 현재까지 우즈의 커리어 통산 메이저 경기 우승 횟수는 14회로 이는 역대 2위에 해당하는 기록이다. 우즈가 잭 니클라우스의 18회 우승을 넘어서려면 5회 더 우승해야 한다. 그리고 커리어 통산 PGA 경기 우승 횟수 세계 1위는 82회를 우승한 샘 스니드(Sam Snead)로, 79회를 우승해 2위를 기록 중인 우즈가 스니드를 넘어서려면 4회 더 우승해야 한다.

2009년 불륜 사건이 터지기 전까지만 해도 우리 모두는 몇 년 안에 우즈가 이 두 개의 기록마저 넘어설 것이라고 믿었다. 그러나 스캔들이 터지더니 얼마 지나지 않아 우즈는 이혼까지 했다. 2016년 9월 기준으로 골프 황제 우즈의 세계 랭킹은 711위까지 추락한 상태다. 타이거 우즈의 시대가 끝난 것은 아닌가 하는 생각마저 든다.

타이거 우즈 같은 유명인의 스캔들은 개인의 문제로 끝나지 않는다. 유명인과 연루된 부정적인 사건은 해당 인물이 광고하는 제품의 명성에도 악영향을 미치기 때문이다. 스타마케팅은 유명인의 명성을 제품 이미지와 연관시키는 전략이기에 유명인과 브랜드가 한 배를 탈 수밖에 없다.

프로로 전향한 해인 1996년부터 우즈는 나이키, 타이틀리스트(Titleist) 등 대형 스포츠용품 회사와 거액의 광고 계약을 체결해 왔다. 2009년 말 불륜 스캔들이 터지자 그를 광고 모델로 쓰던 나이키와 게토레이, 액센추어 등도 명성에 큰 타격을 입었다.

크리스토퍼 니텔(Christopher Knittel)과 빅터 스탠고(Victor Stango)는 타이거 우즈 스캔들로 관련 기업들의 주식 시장가치가 약 4퍼센트 하락했다는 논문을 발표했다. 나이키는 매년 우즈에게 300억 원가량의 어마

타이거 우즈의 나이키 광고

어마한 광고 출연료를 지불해 왔는데, 우즈 스캔들 때문에 약 1조 5,000억 원의 기업가치 손실을 보게 되었다고 한다. 우즈를 광고 모델로 내세운 다른 기업들도 처지는 비슷했다.

스타마케팅의 빛과 그림자

우리나라에서도 배우와 가수, 스포츠 스타 등 유명인을 활용한 마케팅은 인기가 있다. 스타마케팅 또는 셀렙마케팅(celebrity markcting)이 뜨니 스타의 몸값도 동반상승 중이다. SBS 드라마 〈별에서 온 그대〉가 종영된 지도 몇 년이 지났지만 주연배우 전지현과 김수현의 광고 출연료는 여전히 1년 기준 10억 원 수준이다. 이들은 중국에서도 최고의 한류 스타로 알려져 있기에, 한중 동시 광고를 진행하는 글로벌 기업은 연간 최소 20억 원 이상의 광고 출연료를 이들에게 지급한다고 한다.

국내외 기업들이 앞다퉈 유명인을 마케팅에 활용하는 가장 큰 이유는 자사 제품이나 서비스를 차별화하기 위함이다. 보통 산업화 초기에는 나만이 갖고 있는 기술과 제품 성능으로 차별화를 꾀하지만, 산업이 성숙기에 접어들고 경쟁사 간 연구개발 능력이 평준화된 후에는 이와 같은 기술 기반의 차별화가 쉽지 않아 다른 대안을 찾는다. 유명인의 명성을 제품과 연결시키려는 시도는 그 한 가지 방법이다.

유명인이 등장하는 광고는 무엇보다 소비자의 관심을 끌 가능성이 크다. 하루 수천 개의 광고를 접하는 소비자의 주의를 잠깐이라도 끌어오고자 그들이 좋아하는 스타를 동원하는 것은 괜찮은 방법이다. 또한 소비자는 유명인이 등장하는 광고의 브랜드를 더 잘 기억하고 해당 제품의 품질이 더 좋다고 생각하며 구매 의사 역시 상승한다는 학술 연구도 있다.

그러나 모든 마케팅 전략이 그렇듯 셀럽마케팅 또한 만능이 아니다. 천정부지로 치솟는 광고 출연료는 차치하더라도, 유명인을 마케팅에 활용하는 전략은 몇 가지 치명적인 단점을 갖고 있다.

첫째, 기업이 스타를 마케팅에 활용하는 것은 그들의 긍정적인 명성이 브랜드에 좋은 이미지를 제공해 주기를 바라기 때문이다. 그러나 타이거 우즈의 불륜 사례처럼 유명인과 연루된 부정적인 사건이 해당 제품의 명성에 악영향을 미칠 수 있다는 점을 알아야 한다. 내 마음대로 긍정적인 것만 취하고 부정적인 것을 무시할 수는 없는 일이다. 때로는 유명인 자신조차 자기 행동의 파급 효과를 예상하기 어려운 경우도 있다.

영국의 유명 식료품 체인점인 세인스베리(Sainsbury's)는 거액의 광고료를 지불하고 세계적인 배우 캐서린 제타존스를 광고 모델로 내세웠다. 제타존스는 뛰어난 미모, 세계적 명성, 두 아이의 어머니라는 가정적인 이미지까지 세인스베리가 원하던 완벽한 모델이었다. 문제는 제타존스가 세인스베리의 경쟁 업체인 테스코(Tesco)에서 쇼핑하는 모습이 사진에 찍혔다는 사실이다. 물론 그녀에게는 어디에서 식료품을 살지 선택할 자유가 있다. 하지만 경쟁 업체에서 쇼핑하는 제타존스는 더 이상 세인스베리가 신뢰할 수 있는 대변인이 아니었기 때문에 세인스베리는 그녀와의 광고 계약을 연장하지 않았다.

둘째, 동일한 유명인이 출연하는 광고의 가짓수가 많을수록 광고 효과는 떨어진다. 스캔들이 터지기 전까지 타이거 우즈는 나이키, 뷰익, 아메리칸 익스프레스, 액센추어, 일렉트로닉 아츠 등 수많은 광고에 출연했다. 국내 광고 업계의 최고 스타 중 한 사람인 가수 겸 배우 수지 역시 2012년 2월부터 2013년 4월까지 14개월 동안 비타500, 도미노피자, 갤럭시, 더페이스샵, 캐리비안 베이, 수미칩 등 총 22개의 광고에 출연해 100억 원 이상의 수입을 올렸다고 한다.

문제는 같은 사람이 동시에 여러 제품 광고에 등장하면 광고에 대한 소비자의 신뢰가 떨어진다는 점이다. 이는 유명인 스스로가 실제로 해당 제품을 사용하고 있는지에 대해 소비자들이 의문을 품게 되기 때문이다. 만약 김연아가 하우젠 에어컨 광고만을 한다면 소비자들은 그녀가 진짜로 하우젠 에어컨을 사용할 것이라고 믿을 수도 있다. 그러나 김연아가 에어컨은 하우젠, 자동차는 현대자동차, 화장품은 라끄베르를 사용하리라고 믿을 가능성은 지극히 낮다. 각 기업 마케팅 담당자들은 캐서린 제타존스의 사례가 주는 교훈을 다시 한 번 되새겨볼 필요가 있다.

셋째, 유명인이 너무 매력적일 경우 소비자의 주의가 산만해질 수 있다. 이런 현상을 마케팅 학자들은 '뱀파이어 효과(vampire effect)'라고 부른다. 이 경우 소비자는 광고를 보고 유명인을 기억하지만 제품은 기억하지 못한다. 광고의 목적은 제품 및 메시지를 전달하는 것이기 때문에 유명인이 지나치게 부각되지 않도록 유의해야 한다.

뱀파이어 효과를 최소화하려면 유명인과 제품 및 표적 시장이 서로 일관성 있게 연결되어야 한다. 예를 들어 고급 자동차의 우아함을 배가하기 위해 매력적인 여배우를 광고에 등장시킨다면 유명인과 제품 간에 일관성이 있다고 할 수 있다. 반면에 같은 여배우가 저렴한 개인용 컴퓨터 광고에 등장한다면 상대적으로 일관성이 없어 보일 것이다.

유명인을 전면에 내세운다는 것은 뒤집어 해석해 보면 제품에 자신이 없다는 사실을 의미할 수도 있다. 스타마케팅은 궁극적으로 제품이 스타의 이미지를 빌려 쓰는 형태의 마케팅이다. 따라서 소비자에게 잘 알려지지 않은 신제품이나 2등 기업의 제품을 광고할 때 추천할 만한 마케팅 전략이다. 1등 기업은 타인의 이미지나 명성에 의존해 위험을 자초하기보다 스스로의 실력과 명성을 믿는 편이 바람직하다.

성공적 스타마케팅을 위한 전략

유명인을 광고 모델로 내세운다고 해서 무조건 제품이 날개 돋친 듯 팔리지는 않는다. 스타마케팅이 성공하려면 나름의 전략이 필요하다.

첫째, 무엇보다도 먼저 전달하려는 핵심 메시지를 도출해야 한다. 기업이 광고를 하는 가장 중요한 목적은 소비자에게 자사 제품을 구매해야 하는 이유를 전달하는 것이다. 즉 광고의 핵심 메시지는 브랜드의 존재 이유인 동시에 경쟁사와 싸워 승리할 수 있는 최상의 무기이다. 유명인은 이 핵심 메시지를 효과적으로 전달하기 위한 여러 도구 가운데 하나일 뿐이다. 따라서 핵심 메시지를 먼저 도출하고 이를 전달하는 데 유명인의 존재가 반드시 필요한지를 평가해야 한다.

둘째, 광고에 유명인을 활용하기로 결정했다면 다음 단계로는 전달하고자 하는 메시지에 가장 잘 어울리는 유명인을 찾아내야 한다. 우리나라 기업 마케팅 담당자들은 어떤 연예인이 한번 인기를 얻으면 우르르 그 사람에게로만 쏠리는 경향이 있다. 광고의 핵심 메시지가 다르다면 당연히 그에 적합한 유명인도 다를 수밖에 없다는 사실을 잊지 말아야 한다.

셋째, 광고에 활용한 유명인을 꾸준히 관리하고 평가해야 한다. 광고 모델을 선정할 때까지는 보통 기업이 갑(甲)이지만, 광고를 시작하고 나면 모델이 갑이다. 기업과 브랜드의 명운이 해당 유명인에게 달려 있는 것이다. 따라서 기업은 계약 후에도 꾸준히 유명인의 활동과 이미지를 관찰하고, 종종 그들의 일상사에까지 간섭할 준비가 되어 있어야 한다. 이와 같은 내용을 미리 계약서에 구체적으로 담을 수 있다면 더할 나위가 없을 것이다.

애플 이름값이
200조 원이라고?

브랜드 자산가치 : 기업가치에서 브랜드 가치가 차지하는 비중은 점차 커져가고 있다. 브랜드 자산가치를 높이기 위해서는 충성도, 인지도, 품질, 브랜드 연상 등의 관리가 중요하다.

1989년 미국 기업 GM과 일본 기업 도요타는 미국 캘리포니아 프리몬트에 '누미(NUMMI)'라는 이름의 자동차 공장을 설립해 디자인과 생산만 공동으로 하고 마케팅은 개별적으로 하기로 약속했다. 도요타는 누미에서 생산한 자동차를 '코롤라(Corolla)'라는 브랜드로, GM은 '지오프리즘(GeoPrizm)'이라는 브랜드로 각각 미국에서 판매하기 시작했다. 코롤라와 지오프리즘은 알맹이만 놓고 보면 동일한 자동차였지만 판매 가격, 딜러 서비스, 브랜드 등 마케팅은 각자 따로 수행하기로 했기에 이에 대한 소비자 반응에 많은 이들의 이목이 쏠렸다.

결과는 코롤라의 완승이었다. 코롤라의 소비자 판매 가격은 지오프리즘보다 300달러나 높게 책정되었지만 코롤라 쪽이 훨씬 많이 팔렸다. 도요타가 판매하는 자동차라는 점이 코롤라가 경쟁에서 승리하는 데 큰 역할을 했다고 한다. 당시 미국인에게 도요타는 신뢰와 정직을 상징하는 회사였다. 미국 소비자들이 지오프리즘이 아닌 코롤라를 구매한 것은 코롤라의 성능이 더 우월했기 때문이 아니라 코롤라의 배후에 있는 도요타라는 무형의 브랜드 가치 때문이었다.

스탠더드앤드푸어스(S&P)가 선정한 500대 기업을 살펴보면 전체 시장가치 또는 기업가치에서 브랜드, 영업권, 고객 정보, 종업원의 질 등과 같은 무형자산(intangible asset)이 차지하는 비중은 꾸준히 늘어가는 추세이다.

오션토모(Ocean Tomo)의 조사에 따르면 1975년 S&P 500대 기업 전체 시장가치에서 토지, 제품 재고, 자본 등 유형자산(tangible asset)이 차지하던 비중은 83퍼센트에 이르렀으나, 2015년에는 16퍼센트 미만으로 떨어졌다고 한다. 이는 기업의 경쟁력을 결정짓는 자산이 유형자산에서 무형자산으로 바뀌어가고 있음을 보여주는 통계 수치다.

한편 2015년《포춘》선정 글로벌 500대 기업 순위에 따르면 도요타와 GM의 매출액은 각각 2,480억 달러(세계 9위)와 1,560억 달러(세계 21위)이다. 그러나 같은 해《포브스》가 발표한 시장가치 순위에서는 도요타가 2,800억 달러(세계 8위) GM이 590억 달러(세계 64위)를 기록했다. 도요타는 자신의 매출액 규모와 대등한 수준의 무형자산 가치를 지니고 있지만 GM은 매출액 대비 무형자산 가치가 매우 낮게 평가되었다.

무형자산이란 대차대조표와 손익계산서에 드러나지 않는 자산이다. 여기에는 브랜드, 특허권, 고객 정보, 종업원과 경영의 품질, 연구개발, 영업권, 기업의 평판 등 다양한 종류의 자산들이 포함된다. 특히 브랜드 자산은 지난 반세기 동안 가장 많은 연구가 이루어진 무형자산이다. 브랜드 자산의 중요성은 점차 강조되는 반면 브랜드 관리는 복잡해짐에 따라, 많은 기업들은 보다 과학적이고 체계적으로 브랜드를 관리할 필요성을 느끼게 되었다. 이에 대한 자문을 도맡는 컨설팅 회사들은 '브랜드 과학(brand science)의 등장'이라는 슬로건을 사용하기도 한다.

브랜드 자산의 과학적 관리

브랜드 자산을 과학적으로 관리하려면 일단 자사 브랜드의 가치를 정확히 평가할 수 있어야 한다. 전 세계적으로 다양한 매체들이 매년 글로벌 브랜드의 자산가치 순위를 발표하지만, 가장 오랜 역사를 자랑하며 공신력 있는 보고서는 옴니컴 그룹(Omnicom Group)의 계열사인 인터브랜드(Interbrand)의 평가 보고서이다.

2015년 인터브랜드 보고서에 따르면 브랜드 자산가치 순위 세계 1위는 1,702억 달러의 애플이다. 다음은 구글, 코카콜라, 마이크로소프트, IBM, 도요타 자동차 순으로, 우리나라 기업 중에는 삼성이 453억 달러로 7위를 차지했다. 10위 이내에 이름을 올린 미국 외 국가 기업은 도요타 자동차와 삼성뿐이다. 삼성이 이들과 어깨를 나란히 하며 세계 최상급 브랜드 가치를 기록했다는 사실이 놀랍다. 그러나 브랜드 자산가치 세계 100위 안에 든 한국 기업은 삼성과 현대자동차(39위), 기아자동차(74위) 셋뿐이기에 아직 갈 길이 멀다는 생각이 든다.

브랜드 자산의 가치를 측정하는 데에는 크게 두 가지 이유가 있다. 첫째는 기업 외부의 사용자를 위해 브랜드 자산가치를 측정하는 경우이다. 외부 보고용으로 브랜드 자산가치를 측정할 때는 누가 측정하더라도 그 값이 크게 변하지 않아야 하기 때문에 매출액, 순이익 등 비교적

순위	브랜드	국가	브랜드 가치 (억 달러)
1	애플	미국	1,702
2	구글	미국	1,203
3	코카콜라	미국	784
4	마이크로소프트	미국	677
5	IBM	미국	651
6	도요타 자동차	일본	490
7	삼성	한국	453
8	제너럴일렉트릭(GE)	미국	423
9	맥도날드	미국	398
10	아마존	미국	379
39	현대자동차	한국	116
74	기아자동차	한국	57

인터브랜드의 글로벌 브랜드 자산가치 순위(2015년)

객관적인 회계 데이터를 기초로 브랜드 자산의 가치를 측정한다.

예를 들어 기업을 인수합병할 경우 기업가치에서 가장 큰 비중을 차지하는 브랜드 자산가치를 정확히 측정하는 일은 매우 중요하다. 또한 영국과 같이 브랜드 자산가치를 회계 계정과목의 하나로 인정하는 국가에서는 객관적인 브랜드 자산가치 측정이 꼭 필요하다. 인터브랜드의 접근법은 외부 사용자를 위해 브랜드 자산가치를 측정하는 가장 대표적인 방법이다.

둘째로 기업 내부의 사용자가 마케팅 전략을 수립하거나 브랜드 자산을 증진할 목적으로 브랜드 자산가치를 측정하는 경우가 있다. 이때는 측정의 목적이 내부적으로 브랜드 자산을 관리하는 것이기 때문에, 측정 방법의 객관성보다는 목표 달성에 부합하는 척도를 개발하는 것이 더 중요하다. 기업 내부 사용자를 위해 브랜드 가치를 측정하는 대표적인 방법으로는 영앤드루비캠(Young & Rubicam)이 개발한 '브랜드자산평가자(BAV, Brand Asset Valuator) 모형'을 들 수 있다. 브랜드자산평가자 모형은 인터브랜드 모형과는 달리 전략적으로 브랜드를 관리하는 데 필요한 변수를 소비자 조사를 통해 측정하고 이들 변수를 통해 브랜드 가치를 측정한다.

브랜드자산평가자 모형과 같이 내부 수요자를 위해 고안된 브랜드 자산가치 측정 방법에는 주관성이 개입된다. 그러나 측정값을 내부 목적으로 사용할 것이기 때문에 측정 모형의 구체적인 형태는 크게 중요하지 않다. 그보다는 회사 내부에서 합의를 통해 평가 방법을 정하고 이를 지속적으로 사용하는 것이 중요하다. 모든 직원이 납득할 수 있는 표준 평가 척도가 있다면 브랜드를 체계적으로 관리하는 데 도움이 될뿐더러 기업의 각 구성원이 일관된 브랜드 이미지를 구축하는 데 전념할 수 있다.

브랜드 자산의 네 가지 구성 요소

학자들 간에 이견은 있지만, 브랜드 자산을 구성하는 핵심 요소들로 흔히 브랜드 충성도(brand loyalty), 인지도(brand name awareness), 품질에 대한 소비자들의 인식(perceived quality), 브랜드 연상(brand association)의 네 가지를 든다. 고객 충성도가 높을수록, 브랜드 이름을 인지하는 고객의 수가 많을수록, 브랜드의 품질이 높다고 인식할수록, 브랜드와 함께 고객이 떠올리는 연관 이미지가 강력하고 긍정적일수록 해당 브랜드의 가치는 높다고 할 수 있다.

오늘날 브랜드 과학자들은 이러한 브랜드 자산의 네 가지 구성 요소를 더욱 구체화하기 위해 노력하고 있다. 브랜드 충성도를 높이기 위해 고객별로 차별화된 제품이나 서비스를 제공하는 것이 그 예이다. 이는 브랜드 자산이라는 추상적인 개념을 더욱 구체적인 구성 요소로 해석해 마케팅 관리자가 통제할 수 있도록 하는 것이다. 일례로 어떤 신문에 실린 5단 광고를 통해 브랜드 자산이 얼마나 증진되는지를 측정할 날이 오는 것도 얼마 남지 않았다고 브랜드 과학자들은 자신한다.

공짜를 미끼로
알짜를 팔아라

프리미엄 정책 : 95퍼센트의 범용 서비스는 무료로 제공하고, 나머지 5퍼센트의 차별화되고 개인화된 서비스를 소수에게 고가로 판매해 전체 수지를 맞추는 비즈니스 모델.

2011년 3월 말《뉴욕타임스》는 자사의 온라인 콘텐츠를 부분적으로 유료화하겠다고 발표했다. 한 달에 20개 기사까지는 이전처럼 무료로 볼 수 있지만, 그 이상은 차등화된 구독료를 내고 보라는 내용이었다. 이는 종이신문 구독자 수와 광고 수익이 지속적으로 감소하는 상황에서 짜낸 고육지책이었다.

《뉴욕타임스》는 과거에도 몇 차례 온라인 유료화를 시도했지만 번번이 실패를 맛보았다. 그러나 이번에는 성공 가능성이 꽤 높아 보인다. 부분 유료화 실시 3개월 만에 유료 회원 수가 20만 명을 넘어섰고, 그 결과 2011년 3분기부터는 경영 실적도 흑자로 돌아서기 시작했다.

최근 온라인 콘텐츠 업체들은 자신의 사업에 적합한 다양한 수익 모델을 발굴하느라 바쁘다. 가장 주목받는 유형은 《뉴욕타임스》 온라인 콘텐츠 과금의 경우처럼 기본 서비스는 무료로 제공하고 부가 서비스는 유료화하는 프리미엄(freemium) 비즈니스 모델이다. 쉽게 짐작할 수 있겠지만 이는 '공짜(free)'와 '프리미엄(premium)'의 합성어다.

세계적인 IT 전문지 《와이어드》의 편집장을 지낸 크리스 앤더슨은 이같은 프리미엄 정책에 대해 "95퍼센트의 범용 서비스는 공짜로 제공하되, 나머지 5퍼센트의 차별화되고 개인화된 서비스를 소수에게 비싸게 팔아 전체 수지를 맞추는" 비즈니스 모델이라고 설명했다. 앤더슨은 프리미엄 정책을 가장 똑똑하게 구사하는 기업으로 한국의 인터넷 게임 업체 넥슨을 꼽았다. 넥슨의 '메이플스토리'라는 게임은 기본적으로 누구나 공짜로 즐길 수 있지만, 캐릭터에 옷을 입히고 예쁘게 꾸미려면 돈을 지불해야 한다.

《뉴욕타임스》와 같은 유력 신문사를 비롯해 온라인 사진 공유 사이트 플리커(Flickr), 온라인 음악 서비스 업체 판도라(Pandora), 파일 공유 사이트 드롭박스(Dropbox) 등이 프리미엄 정책을 효과적으로 활용하고 있는 인터넷 기업들이다. 모바일 분석 및 광고 회사 플러리(Flurry)에 따르면, 애플 앱스토어에서 판매 중인 게임 관련 앱 가운데 65퍼센트가 프리미엄 정책을 채택하고 있다고 한다.

프리미엄 정책은 온라인 콘텐츠 산업과 같이 한계비용(marginal cost)이 매우 낮은 산업에 효과적인 가격 전략이다. 한계비용이란 고객 한 사람에게 추가적으로 서비스를 제공하는 데 지불해야 하는 비용을 말한다. 온라인 콘텐츠의 한계비용은 제로(0)에 가깝다. 예컨대 백 명에게 서비스를 제공하던 온라인 신문의 구독자 수가 천 명으로 늘어나더라도 추가로 발생하는 비용은 거의 없다. 따라서 소수의 유료 구독자로부터 일정 수입만 확보할 수 있다면, 가격을 낮추더라도 되도록 많은 사람에게 서비스를 제공하는 편이 유리하다.

프리미엄 정책이 온라인 콘텐츠 산업에 적합한 또다른 이유는 수요 측면에서 찾을 수 있다. 대부분의 소비자는 아직 온라인 콘텐츠와 같은 제품에 비용을 지불하는 데에 거부감이 있다. 더구나 온라인 콘텐츠는 일정 기간 이상 체험해 보기 전에는 가치를 실감하기가 쉽지 않다.

Freemium, 가격차별화 전략

프리미엄 정책은 가격차별화를 통해 고객을 두 개의 집단으로 나누는 전략이다. 기업이 제공하는 서비스의 가치를 높게 평가하는 충성 고객에게는 유료, 아직 그렇지 않은 고객에게는 무료로 서비스를 제공하는 것이다. 이렇게 고객을 나누는 고객 세분화 전략에 성공하면, 소수의 유료 충성 고객이 대다수의 무료 이용자를 금전적으로 보조하는 비즈니스 모델이 형성된다.

충성 고객이 일반 고객을 보조한다는 개념이 프리미엄 비즈니스 모델에만 국한된 것은 아니다. 다른 부류의 가격차별화 전략에서도 어느 정도의 고객 간 보조는 이루어진다. 예컨대 미국을 비롯한 몇몇 국가에서는 출판사가 서적을 처음 출간할 때는 하드커버로 제본을 해 비싼 값에 판매하고, 일정 시간이 지나면 동일한 서적을 소프트커버로 제본해 저렴하게 판매하는 경우가 많다. 하드커버와 소프트커버로 제작하는 데 드는 비용에는 큰 차이가 없기 때문에 출간 초기에 책을 구매한 사람이 나중에 구매하는 사람을 금전적으로 보조하는 비즈니스 모델이라고 볼 수 있다.

또다른 예로 비누 회사가 할인 쿠폰을 제공하는 경우를 놓고도 유사한 해석을 내릴 수 있다. 정상가격으로 비누를 구매한 고객이 할인 쿠폰을 사용해 저렴하게 구매하는 고객을 금전적으로 보조하는 셈인 것이다.

프리미엄 정책과 같은 가격차별화 정책이 성공하려면 고가 혹은 정가로 제품을 구매한 고객이 자신이 지불한 가격에 합당한 가치를 느낄 수 있도록 해야 한다. 초판 서적 구매자는 남들보다 먼저 책을 읽을 수 있고 하드커버가 소장용으로 좋다는 점 때문에 소프트커버 구매자보다 비싼 값을 지불한다. 정상가격으로 비누를 구매한 소비자는 할인 쿠폰을 오려 보관했다가 비누를 살 때 제출해야 하는 불편을 감수하기가 싫었기 때문에 할인 쿠폰 사용자보다 비싼 값에 비누를 구매한다.

마찬가지로 온라인 콘텐츠 업체는 유료 고객에게 무료 고객이 누릴 수 없는 특별한 부가 서비스를 제공함으로써 유료화에 대한 정당성을 부여한다. 예컨대 음악 서비스 업체 판도라의 경우 무료 이용자는 음악을 듣기 위해 광고를 들어야 하지만, 매달 8,000원 정도의 돈을 지불하면 광고 없이 곧바로 음질이 뛰어난 음악을 들을 수 있다. 온라인 사진 공유 사이트인 플리커의 무료 이용자는 사진 이미지 보관 공간과 매달 이용할 수 있는 업로드 횟수에 제한이 있지만, 유료 이용자는 보관 공간과 업로드 횟수가 무제한에 가깝다.

면도날 전략으로 고객을 세분화하다

프리미엄 정책의 닮은꼴로 '면도날(razor-razor blade) 전략'이 있다. 20세기 초 미국의 면도용품 회사인 질레트는 면도날이 무뎌질 때마다 날을 세워 써야 하는 소비자들의 불만에 착안해, 면도날과 면도기를 분리시킬 수 있는 제품을 출시했다. 초기에는 판매 촉진을 위해 면도기를 거의 공짜로 주다시피 하고, 소모품인 면도날에 높은 이윤을 붙여 팔았다. 질레트가 이후 백 년 이상 세계 면도기 산업을 호령할 수 있었던 가장 중요한 이유로 경영학자들은 이 면도날 전략을 꼽는다.

매력적이지만 가격이 다소 부담스러운 제품을 원가 이하로 소비자에게 제공하고 이후 연계 상품과 서비스 판매를 통해 이익을 창출한다는 면도날 전략은 오늘날 다양한 산업에서 활용되고 있다. 휴대전화 단말기를 무료로 주는 대신에 일정 기간 동안 통신 서비스를 이용하게 하는 이동통신 회사의 전략이나, 게임기는 싸게 공급하되 소프트웨어 판매에서 대부분의 이익을 창출하는 게임 회사의 전략 등이 모두 면도날 전략에 속한다.

프리미엄 정책과 마찬가지로 면도날 전략 역시 가격차별화를 통한 고객 세분화를 목적으로 한다. 닌텐도의 경우 충성 고객에게는 다양한 고가의 닌텐도 게임을 즐기도록 유도하는 한편, 닌텐도 게임에 호기심은 있지만 아직 그 가치를 잘 모르는 초보 고객에게는 저렴한 값에 게임기를 제공해 체험할 기회를 준다는 세분화 전략을 구사하고 있다.

아이스커피가 그냥 커피보다 비싼 이유

유보가격 : 소비자가 해당 제품에 대해 지불할 용의가 있는 최대 가격.

몇 해 전 KBS 텔레비전 방송 제작진으로부터 한 통의 전화를 받았다. 〈소비자고발〉이라는 프로그램에서 커피 가격에 대해 질문할 게 있어 인터뷰를 하고 싶다는 것이었다. 〈소비자고발〉은 악덕 기업주로부터 소비자를 보호한다는 목표를 가진 프로그램이기 때문에, 일반적으로 피해 소비자, 소비자 보호 단체 전문가, 소비자학과 교수 등과 같이 소비자 편에 서서 기업을 비판하는 시각을 가진 사람들을 인터뷰 대상자로 삼는다. 나는 경영학 교수이기에 기업 편에 선 사람으로 알려져 있어 〈소비자고발〉에서 내게 인터뷰 요청을 한 것은 이례적인 일이었다.

질문의 요지는 커피전문점에서 판매하는 아이스커피의 가격이 그냥 커피(핫커피)보다 비싼 이유가 무엇이라고 생각하느냐는 것이었다. 〈소비자고발〉 제작진이 다양한 국내 커피전문점을 방문해 조사해 보니 아이스커피 가격이 핫커피와 동일한 곳에서부터 천 원이나 비싼 곳에 이르기까지 천차만별이었다. 그러나 대부분의 경우에 아이스커피 값이 핫커피 값보다 비쌌고, 특히 아이스커피 판매량이 핫커피 판매량을 넘어서는 6월부터 9월까지는 가격 차이가 평균 500원 이상 벌어진다고 했다.

커피전문점 관계자에게 가격 차이가 나는 이유를 물어보니 해명도 십인십색이었다. 아이스커피에는 추가적으로 얼음이 들어가기 때문에 원가가 올라간다는 점주, 아이스커피를 담는 용기 가격이 핫커피 용기보다 비싸기 때문이라는 점주, 사람들은 차가운 음료를 마실 때 맛을 덜 느끼기 때문에 아이스커피에는 에스프레소 한 잔을 추가로 투입해 가격이 올라갈 수밖에 없다는 점주도 있었다.

그러나 원가 차이로 아이스커피와 핫커피의 가격 차이를 설명하려는 시도는 별로 설득력이 없는 것 같다. 커피 한 잔 가격에서 원두 값이 차지하는 비중은 5퍼센트 또는 150원 미만으로, 우리가 지불하는 커피 값의 대부분은 임대료, 물류비, 로열티, 인건비, 광고 등 마케팅 비용에 쓰인다. 즉 에스프레소 한 잔이나 얼음을 추가함으로써 발생하는 비용은 극히 미미하다는 것이다.

굳이 원가 차이로 설명할 셈이라면, 원두 값보다는 차라리 커피를 제조할 때 드는 인건비 차이라고 하는 편이 더 나아 보인다. 아이스커피는 뜨거운 커피 원액을 얼음으로 식히는 공정이 추가적으로 필요하기 때문에 제조하는 데 핫커피의 2~3배에 해당하는 시간이 소요되고 따라서 인건비도 높아진다는 설명이다.

소비자의 욕구에 따른 가격차별화

일반적으로 제품 가격을 결정하는 가장 중요한 두 가지 요소는 원가와 수요다. 그런데 아이스커피와 핫커피 간의 원가 차이는 극히 미미하기 때문에 수요 요소를 통해 두 품목의 가격 차이 원인을 찾아내야 한다. 다시 말해, 아이스커피 구매자의 유보가격(reservation price: 소비자가 지불할 용의가 있는 최대 가격)이 핫커피 구매자의 유보가격보다 높다는 것이다.

핫커피는 구매자에게 카페인을 제공하는 반면, 아이스커피는 카페인에 더해 '갈증 해소'라는 혜택을 제공한다. 특히 무더운 여름철에는 갈증을 해소하려는 욕구가 커지면서 아이스커피의 유보가격이 상승한다. 즉 여름철 아이스커피의 가격이 핫커피보다 비싼 것은 아이스커피가 구매자에게 제공하는 효용이 핫커피가 제공하는 효용보다 크기 때문이다.

커피 가격 차이에 대한 나의 설명을 경청하던 〈소비자고발〉 제작진의 표정은 그리 밝지 않았다. 설명을 받아들일 수 없어서가 아니라, 가격이 차이 나는 이유가 그리 정의롭지 않아서인 것 같았다. 날씨가 더워져 목마름을 호소하는 소비자의 욕구를 간파해 얼음 조각 몇 개 넣고 가격을 천 원이나 올려 받는 커피전문점의 얄팍한 상술이 제작진의 심기를 건드렸던 모양이다.

어쩌면 커피전문점 점주들 역시 아이스커피와 핫커피의 유보가격이 차이 난다는 사실을 잘 알기에 전략적으로 두 커피의 가격을 차별화하는 것인지도 모른다. 그렇다면 그들은 왜 제작진과의 인터뷰에서 자신들의 가격차별화 정책에 대해 솔직히 털어놓는 대신 구차하게 원가 문제를 들먹였을까.

그것은 원가 때문에 부득이 가격을 차별화하는 행위를 우리 사회는 윤리적으로 정당하다고 간주하지만, 소비자 간 욕구나 취향 차이를 이용해 가격을 전략적으로 차별화하는 행위는 윤리적으로 정당하지 않다고 여기기 때문인 것 같다.

아이스커피와 핫커피의 가격을 차별화하는 것과 같은 예는 우리 주변에 무수히 많다. 예컨대 샤넬, 에르메스 등과 같은 명품 브랜드의 원가는 국가별로 큰 차이가 없지만 최종 소비자가격은 사뭇 다르다. 한국 시장에서 유난히 판매 가격을 높게 책정해 우리나라 소비자를 봉으로 취급하는 외국 명품 브랜드 기업을 우리는 비난한다.

그러나 엄밀히 말해 우리는 이들을 비난할 필요가 없고, 외국 명품의 국내 판매 가격이 다른 나라에 비해 높다는 사실을 부끄럽게 여길 까닭도 없다.

외국 명품이 우리나라에서 유독 비싸게 판매되는 이유는 우리 소비자들이 명품을 구매할 때 가격에 별로 신경을 쓰지 않기 때문이다. 심지어 명품 가격이 올라갈수록 반색하는 사람들도 있다. 그러므로 외국 명품의 국내 판매 가격이 내려가길 바란다면 해결책은 간단하다. 명품을 명품이라고 여기지 않고 가격에 보다 민감하게 반응하는 소비자가 늘어난다면 명품 가격은 저절로 내려갈 것이다.

고객에 따라
팔 수 있는 방법은
무수히 많다

가격차별화 : 기업은 이익 증진을 위해 구매자의 특성, 지역, 구매 시간, 제품 구입량, 디자인, 사용량 등에 따라 가격차별화 전략을 수행한다.

아이스커피와 핫커피의 가격을 차별화하는 것과 같은 예는 우리 주위에 무수히 많다. 기업이 가격차별화를 하는 것은 여러 가지 가격으로 제품을 판매하면 한 가지 가격으로만 판매할 때보다 많은 이익을 올릴 수 있기 때문이다.

커피전문점이 아이스커피와 핫커피의 가격을 다르게 책정하는 이유도 마찬가지다. 가격차별화가 이익 증진에 별 도움이 되지 않는다고 판단한다면, 커피전문점은 당장 아이스커피와 핫커피의 가격을 동일하게 책정할 것이다.

기업은 가격차별화 전략을 활용해 항상 이익을 얻는 반면, 가격차별화가 소비자에게 미치는 영향은 긍정적일 수도 있고 부정적일 수도 있다. 예를 들어 아이스커피의 가격을 핫커피보다 높게 책정하는 가격차별화 정책을 시행하면 보통 아이스커피 소비자의 소비자잉여는 감소하고 핫커피 소비자의 소비자잉여는 증가한다.

기업의 차별화 정책으로 손해를 입은 소비자는 그에 대한 불평을 늘어놓을 수 있다. 하지만 대부분의 가격차별화 정책은 소비자에게 어떤 특정 대안을 구매하도록 강요하는 것이 아니라 몇 개의 대안 중 하나를 자발적으로 선택하도록 한다. 즉 아이스커피를 구매하기로 선택한 것은 소비자 자신이라는 것이다.

오늘날 기업들이 시행하고 있는 가격차별화 정책의 종류는 셀 수 없이 많다. 이 책에서는 가장 널리 사용되는 여섯 가지 가격차별화 정책을 살펴볼 것이다.

구매자, 장소, 시간에 따라 차별화하라

첫째, 식별 가능한(identifiable) 구매자의 특성에 따라 가격을 차별화한다. 가격차별화 정책의 핵심은 가격에 민감한 소비자에게는 싸게 팔고, 가격에 둔감한 소비자에게는 비싸게 파는 것이다. 기업은 가격에 대한 소비자들의 민감도에 따라 가격을 차별화하고 싶어 한다. 하지만 문제는 오랜 기간에 걸쳐 고객과의 거래 정보를 축적하지 않고는 개별 고객의 가격 민감도를 알기가 쉽지 않다는 점이다.

가격 민감도를 직접 관측할 수 없다면, 가격 민감도와 상관관계가 높으면서 관측 가능한 '대용변수(proxy variable)'로 가격을 차별화하는 방법을 고려할 수 있다. 학생이나 65세 이상 어르신에게 박물관 입장료를 할인해 주는 경우가 그렇다. 이는 가격에 민감한 학생과 어르신에게는 할인을 해주고 일반인에게는 정상 요금을 받는 방식이다. 여기서 관측 가능한 대용변수란 학생증 또는 나이를 증명하는 신분증이다.

이와 비슷한 유형으로 일반 소비재용품 판매에서 많이 사용하는 쿠폰을 통한 가격차별화가 있다. 쿠폰의 제시 여부를 대용변수로 사용해, 쿠폰을 제시하는 소비자에게는 할인해 주고 그렇지 않은 소비자에게는 정상가격으로 판매하는 것이다.

쿠폰 사용자는 평소 쿠폰을 보관하고 정리했다가 점포에서 제품을 구매할 때 해당 쿠폰을 제시하는 등 할인을 받기 위해 많은 시간과 노력을 기꺼이 들이는 고객이므로 가격에 민감한 소비자다. 반면 이런 불편을 감수하려 하지 않는 소비자는 쿠폰을 사용하지 않을 것이다. 그들은 가격에 신경을 덜 쓰는 소비자이고, 자신의 선택으로 정상가격에 제품을 구매한다.

둘째, 지역별로 가격을 차별화한다. 삼성이나 LG 가전제품이 한국보다 미국에서 더 저렴하게 판매되는 경우가 그 예다. 이는 미국 가전제품 시장의 가격경쟁이 더 치열하고 가전제품에 대한 미국 소비자들의 가격 민감도가 높기 때문이다. 예전에는 정부의 수출 장려 정책으로 국내 가전 업체가 수출 제품의 가격을 의도적으로 낮추고 그 손실을 수출 금융 등 무역 특혜로 보상받기도 했다. 요즘 같으면 세계무역기구(WTO)에 당장 제소당할 것이다.

외국 명품 브랜드 가격이 전 세계적으로 우리나라에서 가장 높은 것도 우리 소비자가 명품을 구매할 때 가격표는 쳐다보지도 않을 정도로 가격에 둔감하기 때문이다.

셋째, 시간에 따라 가격을 차별화하는 경우도 있다. 영화관의 조조할인이 그 예다. 이런 부류의 차별화 정책은 서로 다른 특성을 가진 소비자가 서로 다른 시간대에 제품 및 서비스를 구매하는 경우에 사용된다. 오전 시간대의 관람료를 낮게 책정함으로써 가격에 민감한 소비자는 오전에 영화를 관람하도록 유도하고, 그렇지 않은 소비자는 인기 있는 저녁 시간대에 정상 요금을 지불하고 영화를 관람하도록 하는 것이다.

시간에 따른 가격차별화 정책은 서비스 산업에서 특히 많이 활용된다. 7장에서 증분비용 개념을 설명하며 다시 언급하겠지만, 항공, 외식, 숙박, 통신 등의 서비스 산업은 재고 보관이 불가능하기 때문에 시간에 따른 수요 변화에 탄력적으로 대응하지 못하는 경향이 있다. 일반 제품과는 달리, 비수기에 팔리지 않고 남은 항공기 좌석이나 호텔 객실을 보관해 두었다가 성수기에 꺼내 팔 수 없다는 말이다.

이처럼 서비스 산업에서는 되도록 성수기와 비수기 수요의 불균형을 바로잡을 필요가 있다. 그렇기 때문에 성수기에는 고가 정책을 펼쳐 수요를 억제하고 비수기에는 저가 정책을 펴 수요를 늘리려 한다.

물량, 디자인, 사용량에 따라 차별화하라

넷째, 제품 구입량에 따라 가격을 할인해 주는 물량 할인(quantity discount)으로 가격차별화를 꾀할 수도 있다. 이는 주로 기업 간 거래(BtoB)에 많이 쓰이는 가격차별화 전략이다. 이마트와 같은 대형 소매 점포는 아이스크림을 주문할 때 동네 구멍가게에 비해 훨씬 많은 양을 한 번에 주문한다. 그러면 아이스크림 개당 운송 및 물류 비용이 낮아지기 때문에 아이스크림 제조 업체가 물량 할인을 통해 이마트 측에 판매하는 가격을 낮춰줄 수 있다.

소비자를 대상으로 한 거래(BtoC)에서도 물량 할인이 유용한 경우가 있다. 예컨대 세탁제 제조 업체는 여러 다양한 크기의 용기에 제품을 넣어 판매한다. 일반적으로 대용량 세탁제의 무게당 가격은 소용량 세탁제보다 저렴하다. 식구가 많은 소비자는 대용량 세탁제를 구매하도록 유도하고 독신 가구는 소용량 세탁제를 구매하도록 해 가격을 차별화하는 것이다.

물론 세탁제 제조업자가 강제로 각 소비자 집단의 세제 구입 가격을 정하는 것은 아니다. 제조업자가 정한 것은 용기 크기에 따른 가격일 뿐이고, 소비자는 여러 크기의 세탁제 중 하나를 자발적으로 선택한다. 혼자 사는 소비자는 무게당 가격이 훨씬 비싸다는 사실을 알면서도 집의 수납공간이 부족하거나 세제 소비량이 적다는 등의 합리적인 계산하에 소용량 세탁제를 선택한다.

다섯째, 제품 디자인을 달리함으로써 가격을 차별화하기도 한다. 앞서 소개한 출판사의 하드커버 전략이 대표적인 예다. 우리나라에서는 보기 드문 출판 형태이지만 외국의 경우 초판은 하드커버로 제작해 높은 가격을 책정하고 재판부터 소프트커버로 출간해 저렴하게 판매하는 일이 많다.

제작 방식을 하드커버에서 소프트커버로 바꾸고 가격을 달리 책정하는 데에는 이유가 있다. 처음부터 소프트커버로 출간한다면, 출간 초기에 정가로 책을 구입한 소비자가 6개월 뒤에 그 책이 50퍼센트 할인가로 판매되는 것을 보고 일찍 구매한 일을 후회하며 출간사를 비난할 가능성이 높기 때문이다. 하지만 초판이 하드커버에 디자인까지 다르다면 비싼 값을 지불한 일에 대해 후회할 가능성이 현저히 낮아진다.

가전 업체가 이마트에 초특가 텔레비전을 공급할 때 기존에 판매하던 제품의 속성 몇 가지를 단순화하거나 제거해 납품하는 경우도 디자인에 따른 가격차별화 정책으로 볼 수 있다. 이마트는 다른 곳에서 찾아

볼 수 없는 저렴한 가격에 텔레비전을 판매할 수 있어서 좋고, 가전 업체는 디자인을 차별화함으로써 정상가격으로 판매되는 텔레비전을 구매한 고객의 불만을 완화할 수 있다.

여섯째, 사용량에 따라 가격을 책정함으로써 가격차별화 목표를 달성하는 경우도 있다. 복사기라는 혁신 제품을 세계 시장에 처음 출시한 제록스는 자사 제품에 대한 유보가격이 소비자들 간에 큰 차이를 보인다는 사실을 간파했다. 한 달에 만 장을 복사하는 기업의 복사기 유보가격은 백 장을 복사하는 기업의 유보가격보다 훨씬 높을 수밖에 없다.

그러나 소비자 유보가격에 따라 제품을 차별화하는 일은 기술적으로 쉽지 않았다. 이에 제록스가 선택한 방법은 복사기를 판매하지 않고 대여해 주면서 매달 복사기 사용량에 따라 월 사용료를 달리 청구하는 것이었다. 영화 제작사가 영화를 공급할 때 영화관의 좌석 수에 따라 배급가를 달리하는 것도 이와 유사한 가격차별화 정책이라고 할 수 있다.

경험재의 정보 비대칭

품질을
알기 어려우면
가격을 보라

정보 비대칭 : 경험재와 신용재의 경우에 판매자는 제품 품질을 알고 있지만, 소비자는 구매 전에 해당 제품의 품질을 평가할 수 없다.

경제학자 필립 넬슨(Philip Nelson)은 제품 및 서비스를 그와 관련한 정보의 양과 질에 따라 탐색재(search goods), 경험재(experience goods), 신용재(credence goods)의 세 가지로 분류했다.

먼저 탐색재는 소비자가 제품을 구매하고 사용하기 전에 비교적 쉽게 해당 제품의 품질을 정확히 평가할 수 있다. 예를 들어 소파는 눈으로 보기만 해도 재질, 디자인, 색상, 크기 등에 대해 비교적 쉽게 평가할 수 있는 탐색재이다.

반면에 경험재의 경우에는 일정 기간 사용해 보기 전까지 제품의 품질을 알 수 없다. 식당 음식이 대표적인 경험재로, 처음 가보는 중국집

자장면이 맛있는지 맛없는지는 직접 먹어보기 전에는 알 수 없다. 낯선 브랜드의 냉장고 역시 한동안 사용해 보지 않고는 품질에 대해 평가하기 어렵다.

한편 신용재 또는 후경험재(post-experience goods)는 소비자가 제품을 사용하고 난 이후에도 해당 제품의 품질을 정확히 평가하기가 어렵다. 건강식품, 의료 서비스, 법률 서비스, 자동차 정비 서비스 등 고도의 전문성을 갖추지 않고는 평가하기 곤란한 제품이 이에 속한다.

넬슨이 정보의 양과 질을 기준으로 제품 및 서비스를 분류한 것은 판매자와 구매자의 정보 비대칭(information asymmetry) 문제가 중요하기 때문이다. 탐색재는 제품에 대해 알고 있는 정보의 양과 질 면에서 판매자와 구매자 간에 별 차이가 없다. 하지만 경험재나 신용재의 경우, 판매자는 제품 품질에 대해 잘 알고 있지만 구매자는 제품을 사용하기 전까지(경험재) 또는 사용한 후에도(신용재) 제품 품질에 대해 잘 알지 못하는 정보 비대칭이 존재한다.

잘 모르는데 선택해야 할 때

구매자가 제품을 구매하려 할 때 알고 있는 정보의 양과 질이 판매자보다 부족하다는 사실은 많은 마케팅 문제를 불러일으킨다. 처음 가본 관광지에서 식사할 식당을 결정해야 하는 상황을 예로 들어보자. 막상 음식을 먹어보기 전까지는 품질을 알 수 없기 때문에 우리는 다른 방법으로 음식의 품질을 추정해야 한다.

보통 이럴 때 우리가 자주 사용하는 방법은 가격으로 품질을 판단하는 것이다. 우리는 평소 여러 제품들을 구매하며 가격이 비쌀수록 품질이 좋은 경우가 많다는 사실을 경험해 왔다. 제품의 질을 높이기 위해서

트립어드바이저의 관광지 식당 평가

는 비싼 원자재를 사용해야 하고 그 결과 가격이 상승하기 때문에 가격과 품질 사이에 양의 상관관계가 존재한다고 여기는 것이다. 다시 말해, 소비자는 가격과 품질이 서로 연관되어 있다는 경험적 지식을 바탕으로 음식과 같은 경험재의 가격을 품질을 판단하는 일종의 신호(signal)로 이용한다.

물론 가격 이외의 신호를 사용해 품질을 유추하는 경우도 있다. 관광지에서 식당을 고를 때 위험을 최소화하는 방법 중 하나는 유명 식당 체인점을 선택하는 것이다. 해당 관광지의 맥도날드는 처음 방문하는 셈이지만 다른 곳의 맥도날드에서 음식을 먹어본 적이 있고, 맥도날드 본사는 전 세계 모든 체인점의 햄버거 품질을 동일하게 유지하도록 철저히 관리한다는 사실을 알기에 안심할 수 있다. 다른 지역에 있는 맥도날드에서의 식사 경험을 해당 관광지 맥도날드 햄버거의 품질을 유추하는 신호로 활용하는 것이다.

처음 가본 관광지 식당의 음식 품질을 추정하는 또다른 방법으로 프로머스(Frommer's) 같은 관광 가이드북을 읽거나 트립어드바이저(tripadvisor) 등의 여행 정보 사이트를 살펴볼 수도 있다. 해당 식당에 대한 전문가의 평가, 일반 방문객의 별점 등을 품질 판단의 신호로 사용해 경험재 구매자의 정보 부족 문제를 해결하는 것이다.

이 방법은 브랜드나 가격 신호를 이용해 품질을 추정할 때와는 달리 꼼꼼히 책을 읽고 웹사이트를 찾아보는 등 시간과 노력을 들여야 한다는 특징이 있다. 하지만 타인의 평가는 아직 겪어보지 못한 경험재의 품질을 가장 정확히 추정할 수 있는 효과적인 방법이다.

경험재의 정보 비대칭 문제를 해결하기 위해 전국적 체인망 구축이나 브랜드 광고 등 막대한 자본 투자에 의존할 수밖에 없었던 시절에는 대기업이 경쟁에서 우위를 점하게 마련이었다. 그러나 인터넷과 모바일 통신 기술이 발달하고 단말기 보급이 확산되면서 소비자들은 보다 쉽고 편리하게 서로의 제품 및 서비스 사용 경험을 공유할 수 있게 되었다.

또한 정보 비대칭을 해소하는 데 필요한 비용이 눈에 띄게 줄어들었다. 널리 알려진 체인망에 가입하거나 브랜드를 구축하기 위한 광고를 할 여력이 없는 중소기업도 좋은 품질의 제품 및 서비스를 제공할 수만 있다면 대기업과 경쟁할 수 있는 여건이 마련된 것이다. 반면 대기업 입장에서는 텔레비전, 신문 등 주류 광고를 줄이고 대신 인터넷 포털, 파워블로거 등 입소문을 유발할 수 있는 채널을 통한 광고 비중을 늘릴 필요가 생겼다.

못된 남편이
아내에게
사랑받는 이유

준거가격 : 제품을 구매하기 전 소비자가 해당 제품에 대해 합당하다고 기대하는
가격.

오래전 라디오에서 들은 한 50대 여성 청취자의 사연이 생각
난다. 최근 자신의 생일날 남편으로부터 생일 축하 꽃바구니와 케이크
를 선물받고 감동해 펑펑 울었다는 내용이었다.

사실 이 여성의 남편은 지난 30년간 음주, 외도 등 온갖 악행으로 아
내를 괴롭혀왔기에, 많은 청취자는 사연을 보낸 여성이 남편에게 고마
워하는 이유를 이해할 수 없었다. 매해 잊지 않고 아내에게 생일 선물을
하면서도 고맙다는 말 한번 들어보지 못한 많은 남편들은 이 나쁜 남자
가 몹시도 부러웠을 것이다.

이 남자가 어떤 전략으로 아내를 감동시켰는지 잠시 분석해 보자. 아

내에게 남편은 평소 수시로 악행을 저지르는 나쁜 남자로 각인되었기 때문에, 아내는 남편의 따뜻한 애정 표현을 기대하지 않게 되었다. 남편에 대한 기대 수준이 낮춰진 지 오래인 마당에 갑작스럽게 눈앞에 나타난 생일 축하 꽃바구니와 케이크는 기대를 완전히 뛰어넘어 감동의 물결로 다가올 수밖에 없다. 행동경제학(behavioral economics)*의 용어를 빌리자면, 남편으로부터 기대하는 애정 표현의 '준거점(reference point)'이 낮아져 작은 생일 선물로도 엄청난 행복감을 느낄 수 있었던 셈이다.

행동경제학
행동경제학은 전통적 경제학에서 가정하는 바와 같이 인간이 완벽하게 합리적이지는 않다고 주장하며 '제한된 합리성'을 내세운다. 행동경제학자는 심리학, 사회학, 신경과학 등 다양한 학문 분야에서 개발된 이론을 통합해 인간과 조직의 경제적 의사결정 문제를 보다 정확히 예측하려고 노력한다.

준거가격이 행동에 미치는 영향

영화관에서 2,000원을 내고 마시는 콜라는 그리 비싸다는 생각이 들지 않지만 같은 콜라를 동네 편의점에서 2,000원에 구매했다면 바가지를 썼다 싶을 것이다. 경제학의 전통적 효용 이론에 따르면 구매한 장소에 관계없이 한 병의 콜라를 소비함으로써 얻는 효용은 동일하다. 그러므로 영화관에서 흔쾌히 2,000원을 지불하고 콜라를 사 마신 사람이라면 콜라 한 병에 2,000원을 받는 편의점의 정책에 대해서도 비난하지 말아야 한다.

행동경제학자 리처드 탈러(Richard Thaler)가 제시한 거래효용 이론(transaction utility theory)은 이런 종류의 의문을 명쾌히 해결해 준다. 제품을 구매하기 전 소비자의 머릿속에는 해당 제품에 대해 합당하다고 생각하는 준거가격(reference price) 또는 공정가격(fair price)이 형성되어 있고, 이 준거가격이 소비자의 구매 행동에 영향을 미친다. 영화관에서 판매하는 콜라의 준거가격은 2,000원이지만 편의점에서 파는 콜라의 준거가격은 1,000원이기 때문에, 똑같이 2,000원을 받더라도 구매 장소에 따라 비싸거나 싸다고 느낄 수 있는 것이다.

탈러의 거래효용 이론에 따르면 소비자가 제품을 소비함으로 얻는 총효용(total utility)은 획득효용(acquisition utility)과 거래효용(transaction utility)의 합이다. 반면 전통적 경제학자들의 효용 이론에는 거래효용 요소가 빠져 있으므로 총효용이 곧 획득효용이다.

획득효용이란 소비자가 제품을 소비해 얻는 효용에서 구매할 때 지불한 가격을 차감한 값으로 '소비자잉여(consumer surplus)'라고 불리기도 한다. 전통적 경제학자들은 소비자가 특정 제품을 구매하는 이유는 제품을 소비해 얻는 효용이 지불 가격보다 크기 때문에, 즉 소비자잉여가 0보다 크기 때문이라고 설명한다.

탈러는 소비자가 제품을 구매할 때 획득효용 외에 거래효용이 추가적으로 발생한다고 말한다. 거래효용이란 우리가 구매할 제품에 대해 합당하다고 기대하는 준거가격과 실제로 지불한 가격의 차이에서 발생하는 효용이다. 영화관에서 준거가격 2,000원인 콜라를 1,500원에 판매한다면 소비자는 비녹표상한 소기를 내고, 동시에 기내지 않았던 할인으로 500원만큼의 거래효용이 추가적으로 발생할 것이다.

권장소비자가격의 역할
준거가격 효과를 노리는 마케팅 정책은 우리 주위에서 흔히 볼 수 있다. 대표적인 예가 바로 권장소비자가격(suggested retail price)이다. 약국에서 판매하는 감기약과 같이 자주 구매하지 않는 제품의 경우에는 소비자의 머릿속에 준거가격이 명확히 형성되어 있지 않다. 제약 업체는 감기약 상자 겉면에 권장소비자가격 5,000원을 명시함으로써 소비자가 이를 준거가격으로 사용하도록 유도한다. 그러나 실제로 약국에서는 이 약을 3,000원에 판매함으로써 소비자로 하여금 2,000원의 할인을 받았다는 추가적 거래효용을 발생시킨다. 이것이 바로 권장소비자가격의 역할이다.

권장소비자가격과 비슷한 효과를 노리는 광고도 있다. 어떤 소매점이 신문 광고를 내면서 여러 종류의 가격을 명시해 준거가격 이론을 활용하는 경우가 이에 해당한다. 각 제품의 판매 가격만을 명시하는 대신에 할인 전의 정상가격, 경쟁 업체의 가격, 거품 가격 등 보다 높은 준거가격을 동시에 제시함으로써 자기네 판매 가격이 이들에 비해 낮다는 사실을 부각시키는 전략이다.

할인 효과를 극대화하고 거래효용을 늘리기 위해 권장소비자가격을 정상가격보다 터무니없이 높게 책정하는 제조 업체들도 있다. 이런 폐단을 막고자 우리 정부는 1999년 9월부터 텔레비전, VTR, 신사 숙녀 정장, 운동화 등 12개 품목에 대해 제조 업체가 권장소비자가격을 표시하는 것을 금하는 오픈프라이스 제도(open price system)를 시행하고 있다. 이후 정부는 오픈프라이스 제도를 적용하는 품목의 수를 늘렸다가 다시 줄이는 등 일관성 없는 정책을 펼치고 있다.

대다수 선진국들이 몇몇 부작용에도 불구하고 권장소비자가격 표시를 허용하는 데는 이유가 있다. 준거가격이 전혀 형성되어 있지 않은 것보다는 약간의 오류 가능성이 있더라도 권장소비자가격과 같은 준거가격 정보가 존재하는 편이 바람직하기 때문이다.

정부가 우려하는 것처럼 제조 업체가 무리해서 권장소비자가격을 높게 책정해 이득을 챙기기란 쉬운 일이 아니다. 심리적인 할인 효과를 노린답시고 무조건 권장소비자가격을 높게 매기고 보는 식의 얄팍한 전략은 종종 역효과를 낸다.

요즘은 권장소비자가격 외에도 다양한 채널을 통해 소비자가 준거가격 관련 정보를 얻을 수 있다. 어떤 제조 업체가 권장소비자가격을 터무니없이 높게 책정했다는 정보가 인터넷에 올라오기라도 하는 날에는 그 즉시 역효과가 일파만파로 퍼질 수도 있다. 소비자의 의구심을 살 만한 행동은 절대 금물이다.

54 차별화

뛰어난 마케팅 관리자는 코모디티를 인정하지 않는다

차별화 : 제품 및 서비스를 차별화하는 방법에는 실체적 차별화, 인지적 차별화, 제품 개념 확장을 통한 차별화의 세 가지 방법이 존재한다.

코모디티(commodity)는 우리말로 번역하기가 어려운 경제학 전문용어다. 한영사전에는 물품, 상품 등으로 번역되어 있지만 경제학자들은 "아무런 질적 차별화(differentiation)가 되어 있지 않은 제품 및 서비스"를 코모디티라고 정의한다.

밀과 같은 곡물은 러시아의 농부가 생산하든 미국의 대규모 상업농이 생산하든 맛이나 품질의 차이가 거의 없다. 구리, 원유, 휘발유, 전기 등의 자원도 대표적인 코모디티로 분류된다. 코모디티의 가장 중요한 특징은 서로 일대일로 바꿀 수 있거나 대체 가능하다는 점이다. 제품 속성이 동일하니 누가 생산한 것이든 상관이 없다.

코모디티 시장에서 소비자의 구매 의사결정은 쉽다. 가격이 싼 제품을 선택하면 된다. 모든 제품의 속성이 동일하고 전혀 차별화가 되어 있지 않으니 소비자의 선택 또한 전적으로 가격에 좌우된다.

반면 생산자 입장에서 볼 때 코모디티 시장은 피곤한 시장이다. 경쟁자가 자신과 동일한 제품을 판매하고 있으니 판매량을 늘릴 수 있는 유일한 방법은 가격 인하다. 그러나 어느 한쪽이 가격을 인하하면 이는 경쟁사의 가격 인하를 연쇄적으로 촉발해 가격 파괴가 일어날 수 있다. 소비자는 기업 간 치열한 가격 전쟁을 반기겠지만 기업 입장에서는 달갑지 않은 일이다.

뛰어난 마케팅 관리자들은 코모디티란 존재하지 않는다고 자신 있게 말한다. 어떤 제품이 코모디티가 되어간다면 그것은 해당 기업 마케팅 관리자의 무능 때문이며, 그 어떤 제품이든 차별화하는 방법은 무수히 많다는 것이다.

제품 및 서비스 차별화의 세 가지 방법

차별화는 아마도 마케팅 교과서에 가장 자주 등장하는 용어일 것이다. 코모디티 혹은 완전 대체재가 기업에게 있어 지옥이라면, 반대로 완벽히 차별화된 제품을 보유한 기업은 하루하루가 행복하다. 그런 기업은 독점기업이나 다름없기 때문에 경쟁사를 고려하지 않고 내 일만 생각하며 마케팅 의사결정을 내릴 수 있어서 사업하기가 편하다.

제품 및 서비스를 차별화하는 방법은 크게 세 가지로 나눌 수 있다. 첫째는 연구개발 능력을 기반으로 한 실체적(tangible) 차별화이다. 예를 들어 HDTV는 기존의 컬러텔레비전에 비해 두께, 화질, 음향 등을 비롯한 전반적 성능이 월등히 뛰어나다. 소비자는 자신의 눈과 귀로 이러한 사실을 확인할 수 있다. 탁월한 기술력을 보유한 삼성전자와 LG전자는 실체적 제품차별화를 통해 자사 HDTV의 차별화를 꾀하고 있다. 실제 오늘날 글로벌 기업으로 자리매김한 국내 대기업 가운데에는 이와 같은 실체적 차별화를 통해 성장한 경우가 많다.

그러나 보통 산업이 성숙기에 접어들면 업체 간 기술력이 평준화되어 실체적 차별화가 어려워진다. 머지않아 HDTV 역시 흑백텔레비전이나 컬러텔레비전의 전철을 밟게 되리라는 것을 쉽게 짐작해 볼 수 있다.

제품 및 서비스를 차별화하는 두 번째 방법은 이미지를 통한 인지적 (intangible or perceptual) 차별화이다. 인지적 차별화는 보통 광고 및 제품 사용 경험의 누적을 통해 형성된다. 인지적 차별화가 잘 되어 있는 제품의 경우, 소비자는 자신이 선택한 제품이 어떤 점에서 유사 제품과 다른지 설명하는 데 어려움을 겪는다.

항상 코카콜라만 마시는 소비자에게 왜 펩시가 아닌 코카콜라를 마시느냐고 물어보면 그냥 습관적으로 그렇게 한다는 대답이 돌아오곤 한다. 코카콜라 맛이 더 좋기 때문이라고 대답하는 사람도 있지만 막상 블라인드 테스트를 해보면 두 가지 콜라 맛을 잘 구분하지 못하는 경우가 많다. 코카콜라가 펩시보다 많이 팔리는 것은 맛 때문이 아니다. 오랜 세월 코카콜라라는 브랜드가 제공해 온 스토리, 신뢰, 이미지야말로 코카콜라의 차별화 포인트이다.

실체적 차별화를 하려면 탁월한 연구개발 능력이 필요하듯, 인지적 차별화를 위해서는 뛰어난 마케팅 능력 및 광고비 투자가 필요하다. 또한 제품의 성격에 따라 원천적으로 인지적 차별화가 쉽지 않은 경우도 있다.

화장품이나 의류 등 소비자가 제품을 통해 자신의 생활양식을 표현할 수 있는 품목의 경우에는 인지적 차별화가 상대적으로 용이하다. 당

광고를 통한 코카콜라의 인지적 차별화

신이 사용하는 화장품 브랜드와 당신이 선호하는 스타일의 의복은 당신의 자아를 표현하는 것들이다. 다른 사람들은 당신의 옷과 화장품을 보고 당신이 어떤 사람인지를 판단한다. 그러나 소금이나 휘발유와 같은 생필품은 인지적 차별화가 쉽지 않다. 당신이 어떤 주유소의 휘발유를 선호하는지는 당신의 생활양식과 별 관련이 없기 때문이다.

그렇다면 주유소는 차별화할 방법이 없다는 말인가? 경제학자의 대답은 '그렇다'이다. 그래서 경제학자는 휘발유를 '차별화할 수 없는 제품', 즉 무디티로 분류한다. 누가 언 u로부니 휘발유를 생체하는 결과물의 차이는 미미하기 때문에 실체적 차별화가 어렵고, 소비자의 자아를 표현하는 제품도 아니기에 인지적 차별화 역시 쉽지 않다.

그러나 이러한 경우에도 적용할 수 있는 차별화 방법이 있다. 바로 제품 및 서비스 개념의 확장(augmentation)이다. 휘발유라는 제품만으로는 차별화가 어렵다고 판단한 주유소 측에서 결합 상품으로 세차 서비스를 함께 제공하는 경우가 그 예다. 주유와 세차를 한꺼번에 해결하고자 하는 고객은 무료 세차 서비스를 제공하는 주유소를 찾을 것이다.

이런 종류의 제품 확장 가능성은 창의적 아이디어만 있다면 무한대에 가깝다. 주유도 하면서 담배나 음료수 등 간단한 생필품을 구매하려는 소비자를 위해 주유소와 편의점을 겸업하는 것 또한 확장의 한 종류다. 주유 금액에 따라 포인트를 적립해 주고 누적 포인트별로 사은품을 제공하는 것도 제품 및 서비스 확장의 좋은 예이다.

위에서 소개한 세 가지 차별화 방법 가운데 기업의 자원과 역량을 어디에 집중시킬 것인지는 해당 산업의 특성, 기업의 경쟁 우위 등 여러 요인들을 고려해 결정할 문제다. 하지만 과거의 마케팅이 실체적 차별화와 인지적 차별화 위주로 이루어졌다면, 미래의 마케팅은 제품 및 서비스 확장을 통한 차별화에 초점을 맞추어야 하지 않을까 싶다.

많은 산업들이 성숙화하고 제품수명이 짧아지면서 실체적 차별화는 점점 어려워지고 있다. 효과가 확실하지도 않은 인지적 차별화를 위해 천문학적 광고비를 투자하는 것도 부담스러운 일이다. 반면에 확장을 통한 차별화에 걸림돌이 되는 것은 마케터의 빈약한 상상력뿐이다. 막대한 연구개발비나 광고비 투자도 필요 없다.

기존 제품에 부가 서비스를 제공하거나 인터넷을 통한 직접 판매 등 새로운 판매 방식을 도입하는 것도 제품 확장의 범주로 볼 수 있다. 다른 기업과의 제휴를 통해 두 가지 이상의 제품을 묶어 함께 판매하는 것도 확장의 한 방법이다. 그 어느 때보다도 기업은 상상력이 풍부한 마케팅 인재를 필요로 하고 있다.

세계 최고의
마케팅 전문가가 되려면
P&G로 가라

브랜드 관리 시스템 : 기업이 보유한 각 브랜드 책임자에게 해당 브랜드와 관련된 모든 마케팅 권한과 책임을 부여한 사업부제 조직.

세계 마케팅 실무 및 학계에 가장 큰 영향을 미친 글로벌 기업을 하나만 들라면 나는 망설임 없이 프록터앤드갬블(Proctor & Gamble), 즉 P&G를 고를 것이다.

P&G는 마케팅의 살아 있는 여기다. 시기 립밀냈는시와 관계없이 대부분의 마케팅 교과서는 P&G를 모범적인 마케팅의 사례로 자주 언급한다. 1837년 윌리엄 프록터(William Proctor)와 제임스 갬블(James Gamble)이 설립한 P&G는 양초 및 비누 제조 업체로 수수하게 출발했지만 현재는 아이보리 비누, 타이드 세탁 세제, 크레스트 치약, 팸퍼스 일회용 기저귀, 바운티 종이수건, 차민 화장지 등 수많은 글로벌 탑 브랜

드를 보유하고 있다.

제너럴일렉트릭과 함께 P&G는 최고경영자 사관학교로도 유명하다. 마이크로소프트의 CEO 스티브 발머, 리바이 스트라우스의 CEO 칩 버그(Chip Bergh), 허쉬의 CEO 존 빌브레이(John Bilbrey), 코카콜라의 CEO 존 브룩, 존슨앤드존슨의 전 CEO 짐 버크(Jim Burke), 제너럴일렉트릭의 CEO 제프리 이멜트, 보잉의 CEO 제임스 맥너니(James McNerny), 월트 디즈니의 전 CEO 존 페퍼(John Pepper), 유니레버의 CEO 폴 폴먼(Paul Polman), GM의 전 CEO 존 스메일(John Smale), 휴렛패커드의 CEO 멕 휘트먼 등 셀 수 없이 많은 미국 대기업 최고경영자들이 P&G 출신이다.

지난 180년간 P&G는 수많은 마케팅 혁신을 통해 현대 마케팅 발전에 크나큰 공헌을 했다. 그중에서도 최고의 업적은 세계 최초로 브랜드를 체계적으로 관리할 수 있는 조직 구조를 제시한 것이다. 1931년 P&G는 사업부제 조직의 특별한 형태인 브랜드 관리 시스템(brand management system)을 처음 도입해 비약적인 성장의 발판을 마련했다. 그 뒤에는 닐 매켈로이(Neil McElroy)라는 그리 잘 알려지지 않은 뛰어난 경영자가 있었다.

마케팅의 역사를 바꾼 세 장짜리 메모

매켈로이는 경제학 전공으로 하버드 대학을 졸업한 후 광고 부서 신입 사원으로 P&G에 입사했다. 그는 아이젠하워가 대통령으로 재임할 당시 국방장관직을 맡아보았던 기간을 빼면 총 47년을 P&G와 함께 보낸 그야말로 P&G 사람이다.

타고난 마케팅 감각의 소유자였던 매켈로이는 44세에 P&G 사장에 취임한 이후 9년간 P&G 매출을 3억 달러에서 12억 달러로 4배나 성장시켰다. 국방장관직에서 물러난 후에는 다시 P&G 회장으로 복귀해 P&G가 다국적 기업으로 탈바꿈하는 데 결정적인 역할을 하기도 했다.

1931년 5월 매켈로이는 P&G에서 카메이(Camay)라는 비누의 광고 집행을 담당하고 있었다. 당시 P&G 경영진은 아이보리라는 히트 브랜드에 대부분의 시간과 자원을 투자하면서 나머지 브랜드에 대해서는 거의 신경을 쓰지 않았다. 그 때문에 카메이 비누와 같은 소규모 브랜드의 광고 예산을 확보하기란 어려운 일이었다.

보다 체계적인 브랜드 관리의 필요성을 절감한 매켈로이는 A4 용지 세 장에 걸쳐 정리한 해결 방안을 경영진에게 제시한다. 바로 이 메모가 P&G 브랜드 관리 시스템의 역사적인 시작이다.

그는 먼저 마케팅 조직과 판매 조직의 분리를 주장했다. 마케팅 조직의 핵심은 각 브랜드의 제반 마케팅 권한 및 책임을 갖는 중간 관리자에 해당하는 브랜드 관리자(brand manager)이다. 이들은 자신이 담당하는 브랜드의 시장점유율과 이익을 극대화하기 위해 연구개발 부서, 구매 부서, 제조 부서, 판매 부서 등 다른 부서와 긴밀히 협조해야 한다. 또한 브랜드 관리자는 담당 브랜드의 판매 추이를 주시하고 문제가 발생하면 시장조사를 실시해 가격 인하, 특별 진열, 광고 등 구체적인 문제 해결 방안을 모색해야 한다.

매켈로이가 제안한 내용의 핵심은 사내 경쟁의 유도였고, 바로 이 점 때문에 대다수 P&G 관리자들은 그의 제안을 받아들이려 하지 않았다. 그들은 아이보리 비누와 카메이 비누의 마케팅을 각각의 브랜드 관리자가 독립적으로 진행하면 이는 결국 제 살 깎아먹기가 될 것이라고 비판했다.

하지만 매켈로이는 하나의 브랜드가 산업 전체를 백 퍼센트 장악하는 것은 어차피 불가능한 일이고 경쟁 업체에 시장을 내주는 것보다는 사내 브랜드끼리 경쟁하는 편이 바람직하다며 자신의 주장을 굽히려 들지 않았다. 결국 P&G 경영진은 그의 주장을 받아들였고, 이는 이후 P&G가 글로벌 대기업으로 성장하는 밑바탕이 되었다.

소비재를 판매하는 수많은 다른 기업들 역시 점차 P&G의 브랜드 관리 시스템을 도입해 나갔다. CJ제일제당, 농심, 오뚜기, 롯데 등 국내의 대형 식품 업체들 또한 P&G의 브랜드 관리 시스템을 도입해 운영하고 있다.

최적 판매 채널

자동판매기로
계란을 팔 수 있을까?

최적 판매 채널 : 제품 특성에 가장 잘 맞는 유통 채널.

2006년 3월 1일자 《조선일보》에 자판기와 관련된 흥미로운 기사가 실렸다. 한 국내 출판 컨설팅 회사가 세계 최초의 서적 자판기를 자체 기술로 개발해 조만간 병원, 터미널 등 200여 곳에 설치할 예정이라는 내용이었네. 책을 자판기로 판매한다는 발상이 새로웠기에 기삿거리가 될 만했고, 성공 여부 역시 호기심을 불러일으켰다.

하지만 세계 최초라는 기사의 내용과는 달리, 맨 처음 자판기로 서적을 판매했다는 기록은 1822년까지 거슬러 올라간다. 영국의 출판업자이자 정치 선동가였던 리처드 찰리(Richard Charlie)가 경찰의 체포를 피하면서 정치적으로 판매 금지된 서적들을 배포할 목적으로 책 자판기를

318

알렌 레인이 발명한 서적 자판기 '펭귄큐베이터'

발명했다는 것이다.

보다 현대적인 형태의 서적 자판기를 발명한 사람은 영국 펭귄북스의 창업자 알렌 레인(Allen Lane)이다. 그는 대중 보급형 페이퍼백을 서양 사회에 유행시킨 혁신적인 출판인으로, 보다 많은 사람들이 편리하고 저렴하게 고전 문학작품을 접할 수 있도록 1937년 '펭귄큐베이터(Penguincubator)'라는 책 자판기를 만들어 보급했다. 그 덕분에 영국인들은 기차역이나 소매점 등에 설치된 자판기에서 언제든지 담배 한 갑 가격으로 서적을 구매할 수 있게 되었다.

이후에도 자판기로 책을 팔려는 시도는 세계에서 간헐적으로 이루어졌지만 불행히도 큰 성공을 거두지는 못했다. 서적은 자판기라는 유통 채널을 통해 판매하기에 적절하지 않은 제품이기 때문이다.

자판기가 인류 역사에 처음 등장한 것은 약 2000년 전의 일이다. 그리스의 한 수학자가 동전을 넣고 성수(聖水)를 구매할 수 있는 자판기를 처음 발명했다는 기록이 있다. 하지만 오늘날과 같은 유형의 현대적 자판기는 19세기 말 영국과 미국에서 등장했다.

지난 백여 년 동안 세계 각국의 자판기 운영 업체는 서적을 위시해 항공 보험, 맥주, 감자, 달걀, 위스키, 사과, 핫도그, 향수, 소고기, 비키니, 낚시용 미끼, 시계 등 우리가 상상할 수 있는 거의 모든 제품을 자판기로 판매하려고 시도했다.

오랜 시행착오의 결과로 우리는 오늘날 자판기로 판매하기에 적합한 제품과 그렇지 않은 제품을 구분할 수 있게 되었다. 담배, 음료수, 껌, 과자 등과 같이 가격이 저렴하고 구매 주기가 짧으며 유통기한이 길고 반복 구매가 가능하다는 것이 자판기 판매에 적합한 제품들의 대표적 특성이다.

또한 내용물을 확인하지 않고도 품질을 확신할 수 있는 브랜드 제품이라면 금상첨화일 것이다. 한때 자판기로 판매를 시도했던 감자, 달걀, 사과, 소고기, 비키니 등은 이 조건에 들어맞지 않아 더 이상 자판기로 판매되기 않는다.

인터넷 서점이 등장하기 전까지만 해도 나는 책을 사러 광화문에 위치한 교보문고를 자주 찾곤 했다. 서적을 구입하려 할 때 고객이 가장 중요하게 생각하는 점은 얼마나 다양한 도서를 갖추고 있느냐인데, 당시 광화문 교보문고는 국내 최대 규모의 오프라인 서점이었다.

1995년 아마존을 창립한 제프리 베조스가 인터넷 채널을 통해 판매하기에 가장 적합한 제품으로 책을 고른 것은 탁월한 선택이었다. 인터넷상에서는 오프라인 서점을 차릴 때보다 훨씬 저렴한 비용으로 손쉽게 큰 규모의 서점을 세울 수 있다. 반면에 자판기는 많은 종류의 서적을 진열할 수 없기에 책을 판매하는 데 적합하지 않은 듯하다.

6장

인사 · 조직

사람이
곧 기업이다

'기업은 사람'이라는 말을 들어본 적이 있을 것이다. 기업 경영에서 인재가 갖는 중요성을 함축해 표현한 말로, 삼성의 이병철 회장도 이를 즐겨 썼다고 한다. 우리 고유의 표현은 아니고, 외국 경영자들도 오래전부터 '사람이 기업(The people is the company.)'이라는 문구를 자주 사용해 왔다.

기업 경영에서 사람의 중요성을 인식하는 계기를 제공한 것은 1920년대 호손 실험을 주도했던 엘튼 메이요 등의 연구이다. 메이요는 테일러의 과학적 경영이 '인간 없는 조직'을 낳았다고 비판하며 인간관계론을 주장했다. 공장에서 일하는 종업원은 기계 부품이 아니라 조직의 구성원이며, 종업원의 심리적, 사회적 요인이 경제적 요인 이상으로 작업 생산성에 영향을 미칠 수 있다는 것이다. 하지만 인간관계론은 이론 자체가 내포한 모호성 때문에 이후 경영학계에 큰 영향을 미치지 못했다.

인간관계론의 학문적 결함을 해결할 수 있는 실마리를 제공한 학문이 바로 행동과학(behavioral science)이다. 행동과학자들은 심리학, 사회학, 경제학, 인류학 등 인간 행위를 연구하는 여러 이론 분야의 연구 설계를 통합하고자 노력한다. 이들은 인간 행위에 대한 일반적 이론을 수립하겠다는 야심 찬 목표를 세우고 1940년대 중반부터 조금씩 가시적 성과를 내기 시작했다.

조직행위론(organizational behavior)은 그 뿌리를 행동과학에 두고 있는데, 1960년대를 전후해 학문적으로 체계를 갖추어나갔다. 오늘날 조직행위론은 조직에서 개인과 집단의 행위를 과학적으로 설명하고 예측하려는 경영학의 세부 전공 분야로 자리를 잡았다. 대부분의 인사 조직 분야 교수들은 자신을 'OB' 분야 전문가라고 여기는데, 이는 조직행위론의 영어 머리글자를 딴 것이다. OB 분야는 기업 내에서 사람 및 조직과 관련된 모든 문제에 관심을 둔다.

6장은 인사 조직 또는 OB 전공 경영학자들이 중요하게 생각하는 주제를 다룬다. 보다 구체적으로는 조직 분위기를 망치는 악질로 인한 경제적 손실 문제, 다양한 동기부여 이론, 사업부제 조직의 탄생과 그 의미, 조직 구조, 고객 중심 조직, 협력적 노사 관계를 구축하기 위한 제도, 기업 문화의 중요성, 최고경영자의 역할 등에 대해 살펴볼 것이다.

갑(甲)질 상사 때문에 회사를 떠나는 신입 사원

악질 금지 조항 : 조직의 생산성을 극대화하기 위해, 조직 분위기를 망치는 악질 직원을 사전에 색출해 냄으로써 조직 내에서 영향력을 행사하지 못하도록 하는 조직 관리 기법.

서울대 대학원생들 중에는 기업의 조직 문화에 적응하지 못하고 학교로 돌아온 학생들이 더러 있다. 최근 신입 사원의 조기 퇴사 비율이 급증함에 따라 이런 학생들이 더 많아진 것 같다. 경영학 교수 입장에서 보면 대학원 입학 경쟁률이 올라간 것은 기뻐할 일이지만, 기업에 적응하지 못하는 인재를 양성했다는 책임을 통감하게 되어 마냥 유쾌하지만은 않다.

어렵게 들어간 회사일 텐데 몇 년 지나지 않아 사표를 내던진 사연을 듣고 싶었다. 처음에는 기업의 비전이 마음에 안 들어서라든가 업무 성취감을 느끼기 어려워서라는 식의 거창한 이유를 대기도 하지만, 술 한 잔 들어가면 이내 속내를 털어놓는다. 폭언이나 부당한 요구를 일삼는 한두 명의 상사 때문에 회사를 그만두었다는 것이다. 드라마 〈미생〉에 등장하는 박 부장 같은 악질이 현실 세계에도 존재하는 모양이다.

신입 사원의 조기 퇴직은 기업에 막대한 경제적 손실을 안겨줄 뿐만 아니라 직원 사기나 기업 명성에도 부정적인 영향을 미친다. 그 때문에 이직률을 낮추고자 기업마다 다양한 방안을 강구하기도 한다. 조직 적합도 등을 평가해 퇴직 가능성이 높은 지원자를 사전에 걸러내는 심층 면접을 실시하는가 하면, 신입 사원의 조직 적응을 돕기 위한 멘토를 지정해 주거나 신입 사원 입사 행사에 부모를 초청하는 회사도 있다. 그러나 이런 노력에도 불구하고 신입 사원 조기 퇴직은 감소할 줄 모른다.

악질 직원이 조직에 미치는 영향

어느 취업 전문 업체의 조사에 따르면 한국 직장인이 느끼는 스트레스는 매우 높은 편으로 선진국의 두 배 수준이라고 한다. 직장에서 스트레스를 받는 가장 큰 원인으로는 대인관계, 특히 상사나 동료와의 갈등이 꼽혔다.

스탠포드 대학에서 조직행위론을 연구하는 로버트 서튼(Robert Sutton) 교수는 2007년 흥미로운 연구 결과를 발표했다. 비열한 방법과 술수로 동료와 부하 직원을 괴롭혀 조직의 건강을 해치는 골칫덩이에 관한 연구였다. 그는 이런 부류의 인간을 'X 같은 새끼(asshole)'라고 불렀다. 다소 원색적인 표현이지만 이 단어만큼 그들의 행태를 적절히 묘사하는 말을 찾기가 어렵다는 설명이다. 그는 여러 국가에서 시행된 조사 결과를 인용하며, 이와 같은 악질적 행위는 전 세계 기업에 광범위하게 퍼져 있는 일반적 현상이라고 주장했다.

이런 악질들은 보통 조직 내에서 힘 있는 사람보다 힘없는 사람을 대상으로 추악한 성질을 부린다. 공개적인 모욕, 인신공격, 성희롱도 서슴지 않고 배후에서 험담을 일삼는다. 이들과 대화를 나누고 나면 보통 우울하고 기분이 나빠진다.

이들은 조직에 막대한 경제적 피해를 준다. 악질이 초래한 피해 규모를 정확히 계산하는 일은 고려해야 할 요소들이 너무 많아 쉽지 않다. 우선 악질에게 직접적으로 괴롭힘을 당한 피해자나 이를 지켜본 목격자 중 일부가 회사를 그만둘 것이기 때문에 이를 대체할 인력을 선발하느라 비용이 발생한다. 또한 악질의 폭언으로 기분이 상해 회사 업무를 그르칠 경우에 이를 수습하는 데 드는 비용도 생각해야 한다. 서튼 교수에 따르면 이런 다양한 비용을 고려할 때 악질 한 사람이 자기 조직에 끼치는 피해는 최소 수십억 원에 이른다고 한다.

2013년에 발표된 크리스틴 포라스(Christine Porath)와 크리스틴 피어슨(Christine Pearson)의 연구에 따르면, 기업 내에서 벌어지는 이러한 악행은 보편적인 현상이라고 한다. 14년 동안 수천 명의 종업원을 대상으로 시행한 인터뷰에서 응답자의 98퍼센트는 조직 내에서 악질의 무례한 행동의 피해자가 된 경험이 있고, 응답자의 절반은 지난 일주일 동안 한 차례 이상 악질 때문에 기분이 상한 적이 있다고 답했다. 또한 악질로부터 무례한 행동을 당한 후에는 대개 창의성과 업무 몰입도가 현저히 저하되었고, 저조해진 기분 탓에 고객이나 다른 종업원과의 관계가 악화되는 일도 빈번했다고 한다.

조직의 생산성을 극대화하려면 모든 구성원이 열심히 일하고자 하는 기분이 드는 조직을 만들어야 한다. 조직 구성원 간의 부정적인 갈등은 긍정적인 상호작용에 비해 업무에 미치는 영향력이 다섯 배나 높다고 한다. 즉 악질에게 한 번 괴롭힘을 당해 상한 기분을 회복하려면 상사로부터 다섯 번 칭찬을 받아야 한다는 것이다.

누구나 일하고 싶은 조직을 만들려면 조직 분위기를 망치는 악질들을 사전에 색출해 조직 내에서 힘을 쓰지 못하도록 해야 한다. 구글과 사우스웨스트 항공은 아예 '악질 금지 조항(No Asshole Rule)'이라는 사규를 만들어 이를 어기는 종업원들에게 인사상 불이익을 준다.

이 두 회사는 직원을 평가할 때 개인의 실적뿐 아니라 다른 사람을 대하는 태도 또한 고려한다. 악질 행동이 발생하면 바로 본인에게 통고하여 반성하도록 하고, 악질 행동의 피해자에게 용서를 구하도록 한다. 습관적으로 악질 행동을 하는 경우에는 즉각 해고 조치한다. 아무리 일을 잘하는 종업원이라고 할지라도 타인을 깔보는 사람은 이런 조직에서 성공할 수 없다.

사회에서 출세하려면 악질이 되어야 한다는 말을 들어본 적이 있을 것이다. 우리 사회에는 악질이 많기에 이들을 다루는 방법을 알려면 자기 자신부터가 악질이 되어야 한다는 뜻일 것이다. 만약 이 말이 사실이라면 우리의 미래는 참담할 수밖에 없다.

그러나 언제나 그렇듯 희망은 있다. 스마트폰과 소셜네트워크서비스의 확산으로 우리의 약자들이 악질의 다양한 갑(甲)질을 기록하고 이를 모두와 공유할 수 있는 시대가 도래했기 때문이다. 좀더 두고 볼 일이지만, 말이 거칠기로 유명한 내 친구가 요즈음 양처럼 순해진 것을 보면 시대의 변화가 생각보다 빠른 듯도 싶다. 출세하려면 착해야 한다는 말이 유행할 날도 머지않은 것 같다.

스티브 잡스가 죽는 날까지 신제품 개발에 매진했던 이유

혁신가의 동기부여 : 스티브 잡스와 같은 혁신가가 열심히 일하는 것은 자신이 몰입할 수 있는 일에 매진하는 것이 스스로에게 기쁨을 주기 때문이다.

2011년 10월 5일 당대 최고의 혁신가 스티브 잡스가 56세로 세상을 떠났다. 얼마 지나지 않아 월터 아이작슨이라는 유명 전기 작가가 쓴 잡스의 전기가 국내에 번역 출간되었다. 잡스가 세상을 떠난 지 고작 2주밖에 되지 않은 10월 24일에 900쪽이 넘는 잡스의 전기가 한국어로 번역 출간되다니, 앞뒤가 좀 맞지 않는다.

원래 아이작슨은 사망한 인물에 한해 전기를 쓰는 것으로 알려져 있다. 생존 인물에 대해서는 객관성을 유지하기가 어렵기 때문이다. 하지만 잡스가 췌장암에 걸려 죽을 날이 얼마 남지 않았다는 사실을 알고는, 그에게만은 예외를 인정해 오래전부터 전기 집필 작업을 해왔다고 한다.

스티브 잡스를 추모하는 글들이 빼곡히 붙어 있는 팔로 알토의 한 애플 매장 앞

나는 특별한 목적을 갖고 두꺼운 책을 꼼꼼히 읽었다. 혁신에 대한 잡스의 열정은 어디에서 온 것일까? 죽는 날까지 밤잠을 설쳐가며 애플의 미래 혁신 제품에 대해 고심했다는 그가 도무지 이해가 되지 않았다.

그는 이미 오래전에 자신이 원하는 것 이상의 부와 명성을 쌓았을 것이다. 1996년 애플로 복귀한 그는 아이팟, 아이폰, 아이패드와 같은 혁신적 제품을 잇따라 출시하며 시장가치 3조 원에 불과하던 애플을 600조 원 규모의 기업으로 성장시켰다. 잡스는 그 대가로 천문학적인 부를 축적했고, 나를 포함한 많은 경영학자들은 잡스와 그가 만든 회사 애플을 존경하게 되었다.

내가 스티브 잡스였다면 그와 같이 했을까? 이미 모든 것을 다 이룬 췌장암 말기 환자라면 하루라도 더 살기 위해 공기 좋은 곳에서 요양하는 쪽을 선택하지 않았을까. 그러나 잡스는 "세상을 바꿔놓을 혁신적 제품을 출시"하는 일이야말로 그의 생존 이유라고 말했다.

그가 일을 하는 이유는 나 같은 범인으로서는 이해하기 어려운 것이었다. 보통 사람은 배가 고파서, 돈을 벌기 위해, 남에게 인정받으려고, 승진하기 위해서 등의 이유로 일하기 때문에 잡스의 열정과 동기를 잘 이해할 수 없었다.

과학자적 열정으로

스티브 잡스가 보여준 일에 대한 열정과 삶은 기업인보다는 차라리 과학자와 비슷하다고 할 수 있다. 이해를 돕기 위해 러시아의 천재 수학자 그리고리 페렐만(Grigori Perelman)의 삶을 살펴보자.

2000년 미국 클레이 수학연구소는 '수학의 7대 난제'를 정하고 이를 해결하는 사람에게 문제당 100만 달러의 상금을 수여하겠다고 발표했다. 그중 하나가 바로 '푸앵카레의 추측'이라고 알려진 위상기하학 문제였다.

지난 백 년간 수많은 천재 수학자들이 달라붙었으나 해결하지 못한 이 난제를 2002년 페렐만이 단 세 페이지로 증명해 보이자 세계 수학계는 발칵 뒤집힌다. 그 증명 방법이 너무 창의적이라 전 세계의 저명한 수학자들이 이를 검증하는 데만 2년이 걸렸다고 한다. 2006년 《사이언스》는 페렐만의 증명을 "그해 최고의 과학적 발견"이라고 극찬했다.

미국의 유명 대학들이 앞다퉈 그에게 교수직을 제안했고, 클레이 수학연구소는 약속한 100만 달러의 상금을 수여하려 했다. 그러나 페렐만은 이 모든 제안을 딱 잘라 거절했다. 2006년 세계수학자대회는 그에게 수학 분야의 노벨상에 해당하는 필즈상을 수여했지만 그는 식장에 모습을 드러내지 않았다. 페렐만은 "난 돈이나 명예 따위엔 관심이 없다. 동물원의 동물처럼 당신들의 구경거리가 되기는 싫다"라고 필즈상 수상

거부 사유를 밝혔다.

그는 현재 외부와의 연락을 끊고 고향의 낡은 아파트로 잠적한 상태이다. 인류가 해결하지 못한 두 번째 수학 문제를 풀기 위해서라고 한다. 어머니가 받는 연금으로 근근이 연명하고 있다는 그의 이런 기행에 대해 말들이 많다. 푸앵카레의 추측을 증명한 후 갑자기 유명해지자 사람들이 자신에게 지나친 관심을 보이는 것이 부담스러워 잠적했다는 설부터 과거 많은 동료 수학자들로부터 왕따 취급을 받았기 때문에 학계에 비판적이라는 설에 이르기까지, 그가 돈과 명예를 거절한 이유에 대한 설명은 다양하다.

보통 사람의 이해를 넘어선다는 점에서 페렐만과 스티브 잡스는 서로 비슷한 점이 많다. 아무도 해결하지 못한 난제를 풀고자 푸앵카레의 추측에 매달렸던 페렐만의 열정과 세상을 바꿔놓을 혁신적인 제품을 출시하려고 암 선고를 받고도 죽는 날까지 일에 매진했던 잡스의 열정은 같은 부류에 속한다.

위대한 업적을 남긴 사람에게 "무엇을 위해 그런 업적을 이뤄냈느냐"라고 묻는 것 자체가 결례일지도 모른다. 최근 페렐만은 자신을 취재하러 온 기자의 질문에 이렇게 답했다고 한다. "난 오래전부터 아무도 풀지 못한 문제를 풀고 싶었다. 내 증명이 올바른 것으로 판명됐다면 그걸로 족하다. 더 이상 다른 인정 따윈 필요 없다. 난 내가 원하는 모든 것을 이미 가졌다."

최근 자신이 진정으로 몰입할 수 있는 일을 직업으로 택하는 졸업생들이 늘어나고 있는 듯해 다행이다. 급여나 사회적 지위와 같은 외적 동기보다 자아실현과 같은 내적 동기로 직업을 선택할 때 자신의 직업과 삶에 보다 깊이 몰입할 수 있다. 분야에 관계없이 위대한 업적을 이룩한 인물들에게는 내적 동기로 일에 대한 열정을 유지했다는 공통점이 있다.

매슬로와 허츠버그

1,000억 원 로또에
당첨된다면 직장을
그만두시겠습니까?

동기부여 이론 : 개인이 가정, 학교, 직장 등 조직에서 어떤 목표 지향적 행동을 하는 이유를 설명하고 예측하는 이론.

내가 아는 한 대기업 사장이 신입 사원을 환영하는 자리에서 겪었던 일이다. 사장의 환영사와 훈시가 끝나고 질문을 받는 시간에 어느 신입 사원이 "사장님, 삶과 일의 균형은 어떻게 맞추어야 좋을까요?"라는 당돌한 질문을 던졌다고 한다. 이에 사장은 큰 충격을 받았다.

30여 년 전 처음 입사한 후로 지금까지 삶 전부를 회사에 바친다는 자세로 살아온 사장은 회사가 곧 가정이라 여기고 평생을 지내온 사람이다. '일 따로, 삶 따로'라고 생각하는 이 신입 사원의 사고방식과 그런 질문을 사장에게 거리낌 없이 던질 수 있는 대범함을 사장으로서는 당연히 이해할 수 없었을 것이다.

회사를 삶의 전부라고 여기는 사장과 회사는 생계 수단일 뿐 행복은 다른 곳에 있다고 믿는 신입 사원의 가치관 차이를 잘 설명해 주는 이론이 바로 동기부여 이론이다. 이는 또한 일주일에 100시간을 일해야 하는 컨설팅 회사에 취직하려는 학생과 연봉은 적지만 법정 근무시간과 종신 고용을 보장하는 공기업에 취직하려는 학생의 차이가 무엇인지도 설명해 준다.

즉 동기부여 이론은 개인이 가정, 학교, 직장 등 조직에서 어떤 목표 지향적 행동을 하는 이유를 설명하고 예측하는 이론이라고 할 수 있다.

욕구의 위계와 '2요인 이론'

아마도 가장 널리 알려진 동기부여 이론은 1954년 에이브러햄 매슬로가 발표한 '욕구위계설(needs hierarchy theory)'일 것이다. 매슬로는 먼저 인간의 욕구를 ① 생리적(physiological) 욕구, ② 안전(safety) 욕구, ③ 소속감 및 애정(love & belonging) 욕구, ④ 존경(esteem) 욕구, ⑤ 자아실현(self-actualization) 욕구의 5단계로 구분해 욕구 충족에도 순위가 있다고 주장했다. 이때 각 단계의 욕구가 충족되면 이전 단계의 욕구는 더 이상 동기부여의 역할을 수행하지 못한다.

다시 말해 인간은 의식주와 같이 삶을 유지하기 위해 기본적으로 필요한 생리적 욕구를 우선 충족하려 하고, 생리적 욕구가 어느 정도 충족되면 신체적인 안전 욕구를 충족하려 하며, 다음으로 소속감과 애정의 욕구를 충족하고 나면 다른 사람으로부터 존경받고자 노력하고, 마지막으로 자아실현을 통해 자신의 잠재적 가능성을 극대화하려고 한다는 것이다.

매슬로의 이론은 인간이 지닌 다양한 욕구를 밝히고 이를 체계적으

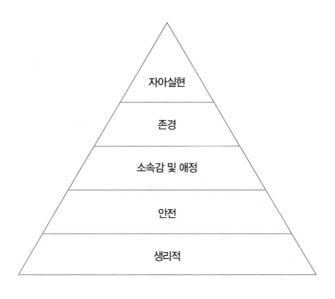

매슬로의 욕구 피라미드

로 설명하고자 한 최초의 이론이었다는 점에 의의가 있다. 하지만 이후 학자들은 여러 측면에서 그의 이론을 비판했다. 개인이 추구하는 욕구는 상황에 따라 계속 변하게 마련이고, 어떤 사람은 두 가지 이상의 욕구를 동시에 충족하려고 하기도 한다. 그렇기에 욕구에는 순서 자체가 존재하지 않는다는 지적이었다.

매년 수백억 원의 돈을 벌면서도 더 많은 돈을 벌기 위해 사업에 매진하는 사람이 있는가 하면 큰 부를 축적하지는 못했지만 누구보다 자선 활동에 적극적인 사람이 있는 것을 보면, 욕구 충족에 순서가 있다는 매슬로의 이론이 잘 들어맞지 않는 듯하다. 또다른 예로, 많은 대기업의 입사 권유를 뿌리치고 벤처기업을 창업해 몇 해 동안 컵라면으로 끼니를 때우며 골방에서 프로그램과 씨름하는 청년의 욕구를 매슬로의 이론으로는 설명할 길이 없다.

매슬로와 함께 동기부여 연구에 가장 큰 영향을 미친 심리학자는 프레드릭 허츠버그(Frederick Herzberg)이다. 그는 인간의 욕구에는 불만족 해소 차원과 만족 증대 차원이라는 두 가지 차원이 존재한다는 '2요인 이론(two factor theory)'을 주장했다. 한마디로, 업무에 대한 불만족이 사라졌다고 업무가 만족스러워지지는 않는다는 것이다.

동기요인(motivators), 즉 우리가 업무에 만족하는 이유는 성취감, 도전, 책임감, 존경 등 업무의 내용(content)과 관련이 있고, 위생요인(hygiene factors), 즉 업무에 만족하지 못하는 이유는 임금, 작업 조건, 지위, 회사 정책과 같이 주로 우리가 담당하는 업무의 상황(context)과 관련이 있다.

예컨대 급여가 매우 낮으면 직무가 만족스럽지 않지만 급여가 평균 이상으로 올라간다고 해서 직무에 만족을 느끼게 되는 것은 아니다. 단지 '소극적인' 불만족이 해소될 뿐이다. 직무에 대해 보다 '적극적인' 만족감을 주려면 직무 자체로부터 얻을 수 있는 내재적 보상, 즉 성취감이나 책임감에 초점을 맞춰야 한다.

허츠버그의 이론 역시 비판의 여지는 있다. 하지만 어떤 사람이 일을 열심히 하지 않는 이유를 그 자신의 문제(나태함)로 보지 않고 그가 수행하는 업무의 내용(성취감)과 상황(임금)의 문제로 보았다는 점이 획기적이다.

이런 인식의 변화는 해결책의 변화를 의미한다. 어떤 종업원이 일을 열심히 하지 않는 이유가 해당 종업원의 문제 때문이라고 인식하면 해고가 유일한 해결책일 것이다. 하지만 그 이유를 업무 상황과 내용의 문제로 인식한다면, 임금을 올려준다든가 보다 덜 단조로운 업무로 바꿔

주는 것이 해결책이 될 수 있다.

동기부여 방식의 변화

모든 조직은 구성원 개개인에게 적절한 동기를 부여해 조직 목표 달성에 매진하도록 해야 한다. 아무리 우수한 인재를 많이 보유한 조직이라도 그들의 욕구를 충족시킬 수 있는 급여, 스톡옵션, 승진, 창의적인 조직 문화, 도전적인 과업 등 적절한 보상을 제공하지 않으면 이루고자 하는 목표를 달성할 수 없다.

제너럴일렉트릭(GE)의 최고경영자로 20년간 재임했고 《포춘》이 선정한 20세기 최고의 경영인 가운데 한 사람으로 뽑히기도 한 잭 웰치는 조직 목표 달성에 있어서 동기부여가 얼마나 중요한지를 우리에게 잘 보여주었다. 웰치 경영의 핵심은 의외로 간단하다. 당근과 채찍을 적절히 동원해 종업원 간의 경쟁을 극대화함으로써 개개인이 사력을 다해 회사를 위해 일하도록 한다는 것이다.

구체적으로 그는 매년 종업원들의 성과를 평가해 생산성이 가장 낮은 10퍼센트의 종업원은 해고하고 생산성이 가장 높은 20퍼센트의 종업원에게는 특별 보너스를 지급했다. 웰치가 부임하기 전까지 무기력하기 그지없던 GE는 이 가혹한 정책의 결과로 해를 거듭할수록 활기찬 기업으로 변모해 갔고 마침내 세계 최우량 기업으로 거듭나게 되었다.

물론 웰치의 방식이 지금도 유효하다는 말은 아니다. 사람이 일을 하는 이유는 경영 환경과 시대에 따라 변하게 마련이다. 과거에는 말 그대로 현금이나 주식과 같은 물질적 보상을 통한 동기부여가 중요했지만, 인간의 기본적 욕구가 대부분 충족된 오늘날에는 다른 사람으로부터의 존경, 자신이 의미 있는 일을 열심히 하고 있다는 자존감, 새로운 일에

도전한다는 희열, 아무도 해내지 못한 것을 이루었다는 성취감 등 단순히 수치로 측정하기 어려운 정신적 보상의 중요성이 점차 커지고 있다.

《포춘》은 매년 미국에서 가장 일하기 좋은 100개 회사를 선정해 발표한다. 구글은 지난 10년 동안 무려 7번이나 일하기 좋은 회사 1위로 뽑혔다. 물론 구글이 미국에서 가장 월급을 많이 주는 회사는 아니다. 구글은 구글러들에게 하루 세 차례 최상의 건강식과 더불어 스낵을 무제한으로 제공하고, 개인 체력 단련 수업을 무료로 실시하며, 회사 내에서 자동차 오일을 교환할 수 있도록 하는 등 삶을 편리하게 만드는 온갖 서비스를 제공한다.

또한 구글은 종업원들이 사회봉사 활동을 하는 것을 적극 지원하며, 출산을 한 부부 모두에게 육아휴직을 보장하고, 종업원들이 서로 간에 고마움을 표현할 수 있도록 다양한 프로그램을 운영한다. 구글이 일하기 좋은 회사라는 평가를 받는 것은 종업원을 회사의 부품이 아니라 한 사람의 인간으로서 대우하고 개인의 가치를 인정해 주기 때문이다.

60 사업부제 조직

"GM이 가는 곳에 미국이 간다"

사업부제 조직 : 대량생산에 필요한 규모의 경제를 유지하면서 시장 상황에 보다 유연하게 대처하기 위해서는 사업부제 조직과 같은 보다 분권화된 조직이 필요하다.

각 국가를 대표하는 간판 기업을 하나씩 선발한다고 하면 대한민국의 대표 기업으로는 아마도 매출액, 영업이익, 기업가치 부문에서 모두 1위인 삼성전자가 뽑힐 것이다. 미국의 경우에는 비록 매출액은 미국 내 5위로 처지지만 영업이익과 기업가치 부문에서 세계 1위에 오른 애플이 선발될 자격이 있어 보인다.

하지만 미국 역사를 통틀어 가장 자신 있게 내세울 만한 기업을 하나만 고르라고 한다면 아마도 제너럴 모터스(General Motors), GM이 적합하지 않을까 싶다. 2009년 7월 10일 파산 신청과 정부 구제금융을 통한 회생이라는 수모를 겪기도 했지만, 매출액 기준으로 볼 때 GM은 아직도 미국에서 여섯 번째로 큰 기업이다.

1933년부터 1985년까지 무려 50년 이상 GM은 미국 내 자동차 산업에서 40퍼센트 이상의 시장점유율을 유지했다. 또한 전성기를 구가하던 1950년대에는 세계에서 가장 많은 종업원을 거느린 기업, 세계 역사상 최초로 연간 매출액 10억 달러를 달성한 기업 등 수많은 기록을 세우기도 했다. "GM이 가는 곳에 미국이 간다(As GM goes, so goes the nation.)"라는 말이 당연한 것으로 받아들여질 정도로 나의 부모 세대의 미국인에게 GM은 미국을 상징하는 기업이었다.

미국의 간판 기업인 GM의 100년 역사에서 가장 중요한 인물 한 사람을 꼽으라면 나는 주저하지 않고 알프레드 슬론(Alfred Sloan)을 추천할 것이다. 그는 전문경영인임에도 불구하고 창업주를 포함한 GM의 그 어떤 경영자보다 GM 성장에 크게 기여했을 뿐만 아니라 세계 경영 발전에 큰 족적을 남긴 전설적인 경영인이다. 슬론은 1923년부터 1946년까지 GM의 최고경영자로 재임하면서 GM을 세계 최고 기업의 반석 위에 올려놓았고, 사업부제 조직을 도입해 현대 조직 실무 및 이론 발전에도 크나큰 기여를 했다.

GM은 1908년 윌리엄 듀런트(William Durant)에 의해 설립되었다. 뛰어난 금융자본가였던 듀런트는 GM을 설립하면서 당시 자금난에 허덕이던 여러 자동차 회사를 인수했고, 수직적 계열화를 위해 각종 부품 회사 또한 인수했다. 그 무렵 슬론은 베어링 회사를 운영하고 있었는데 이런 인수합병 과정 속에서 GM에 합류하게 된다. 그러나 듀런트는 무리한 인수합병으로 인한 자금난을 견디지 못하고 얼마 지나지 않아 피에르 뒤퐁(Pierre du Pont)에게 경영권을 빼앗기고 만다.

뒤퐁의 뒤를 이어 1923년부터 GM의 최고경영자로 부임한 슬론은 일관성 있는 제품 전략과 그에 적합한 조직 개편을 통해 GM을 세계 최고의 자동차 회사로 탈바꿈시킨다. 1920년대 초까지만 해도 포드 자동차의 절반에 못 미치는 시장점유율을 유지하던 GM은 1931년 세계에서 가장 많은 자동차를 판매하는 회사가 된다.

전문경영인 슬론에게 헨리 포드 같은 창업자의 카리스마는 없었다. 그러나 슬론은 일관성 있는 전략과 용의주도한 조직 관리를 통해 포드가 해낸 것 이상의 업적을 이루었다.

슬론의 시장 세분화 전략과 사업부제 조직

1920년대 미국 자동차 시장은 이미 성숙화의 징조를 보여 성장이 정체되고 대체 수요가 점차 중요해지기 시작했다. 미국 자동차 산업을 일으킨 헨리 포드는 성공에 취해 이러한 시장 변화를 간과했다. 그러나 슬론은 급격히 변화하는 시장의 흐름을 정확히 읽고 성숙한 시장에 보다 적합한 마케팅 전략을 제시했다.

슬론은 시장의 성숙화와 더불어 소비자가 포드의 천편일률적인 검정색 모델 T에 싫증을 느끼고 있음을 확신하고 보다 다양한 자동차 모델을 제공할 필요가 있다고 생각했다. 자동차 시장에는 여러 종류의 고객이 존재하기 때문에 각 고객의 니즈에 보다 적합한 차종을 따로 개발해 판매해야 한다는 것이었다.

슬론은 소득 기준으로 시장을 세분화하고 각 세분 시장에 적합한 자동차 브랜드를 개발한다는 제품차별화 전략을 세웠다. 소득이 적은 젊은 고객에게는 쉐보레, 중산층에게는 폰티악, 올즈모빌, 뷰익, 그리고 최고급 차를 원하는 고객에게는 캐딜락을 판매했다. 이제 미국 자동차 시장의 대세는 포드의 매스마케팅에서 슬론의 시장 세분화 전략으로 바

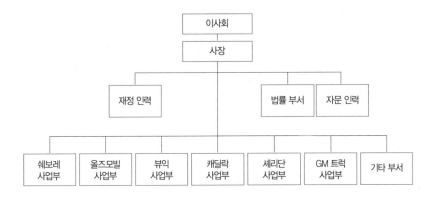

1921년 GM의 사업부제 조직

꿰었다.

또한 슬론은 세분화된 고객 집단별로 다른 자동차 모델을 판매하기 위해서는 조직 분권화가 효과적일 것이라고 여겼다. 향후 수많은 대기업 조직의 표본이 되는 사업부제 조직(divisional organization)을 GM에 도입한 것이다.

그는 각각의 자동차 브랜드를 하나의 독립된 회사처럼 운영한다는 원칙을 세우고 해당 사업부장에게 제조 및 판매 책임을 부여하는 등 최대한의 자율성을 보장했다. 반면 GM의 중앙관리본부는 전사적 조정이 필요한 업무와 장기적 자원 배분 문제만을 다루도록 했다. 대량생산에 필요한 규모의 경제를 유지하면서도 시장 상황에 보다 유연하고 기민하게 대처하기 위해서는 조직을 분권화하는 편이 훨씬 유리하다는 것이 슬론의 생각이었다.

GM이 세계 최고 기업으로 도약하기까지 사업부제 조직이 중요한 역할을 한 것은 분명하다. 하지만 사업부제 조직을 처음 채택한 기업이

GM인지에 대해서는 학자들 사이에 이견이 존재한다. 1920년대 초반 GM과 거의 같은 시기에 뒤퐁(du Pont), 시어스(Sears) 등 대기업들이 사업부제 조직을 채택했다는 기록이 있다. 그러나 이들 가운데 GM이 각 사업부의 자율성을 가장 많이 보장해 주었고, 후일 많은 기업들이 GM의 사업부제 조직을 참고한 것 또한 사실이다.

수많은 자동차 회사와 부품 회사를 인수합병하면서 세워진 GM으로서는 사업부제 조직을 채택하는 것이 어쩌면 선택이 아니라 필수였을지도 모른다. 창업 당시부터 GM 내에는 서로 다른 배경과 기업 문화 속에서 일해 온 다양한 종업원들이 있었기 때문에 포드 자동차와 같이 중앙집권적으로 회사를 관리하기가 쉽지 않았던 것이다.

GM은 슬론의 날카로운 마케팅 감각과 합리적인 조직 정비 덕분에 창업 초기의 혼란스럽던 상황을 딛고 일어나 세계 최고의 기업으로 환골탈태할 수 있었다. 슬론의 조직 관리 기법은 학계에서도 널리 인용되었고 오늘날 경영학자들은 그를 '현대 관리 이론의 아버지'라고 부른다.

1964년 출간된 슬론의 자서전 『나의 GM 시절』은 경영 실무자와 연구자 모두에게 오늘날까지 널리 읽히는 명저이다. 슬론은 GM 전체 주식의 1퍼센트에 해당하는 자신의 전 재산을 자선기금으로 내놓아 우리에게 경영자가 나아가야 할 참된 길을 보여주기도 했다. 오늘날 MIT 경영대학원은 그의 이름을 따 '슬론 스쿨(MIT Sloan School)'이라고 불린다.

고객이 원하면
조직도 바꾼다

조직 설계의 상황 이론 : 모든 상황에 적합한 최상의 조직 형태란 존재하지 않으며, 조직이 처한 상황에 따라 적합한 조직 형태를 구축해야 한다.

1970~80년대 국내 기업들 중에는 선진국 대기업이 하는 일이라면 무엇이든 별 생각 없이 모방하는 기업이 많았다. 당시 모 대기업은 동종업계의 일본 대기업을 끊임없이 벤치마킹하는 것으로 유명했는데, 기술이나 전략뿐만 아니라 조직도까지도 그대로 따라 하기 일쑤였다. 일본 기업이 연초에 조직 개편을 단행하면 그 이유에 대해서는 자세히 알아보지도 않고 곧이어 자신도 조직 개편을 실행하곤 했다는 일화가 있다.

상황 이론(contingency theory)에 따르면 모든 상황에 적합한 최상의 조직 형태나 최선의 관리 방식이란 존재하지 않는다. 상황이 그에 적합한 조직 형태를 결정하고, 결정된 조직 형태가 성과를 좌우한다. 조직의 성과를 극대화하려면 주어진 상황에 가장 적합한 조직 형태를 구축해야 한다.

여기서 조직 구조에 영향을 미치는 상황에 대해 좀더 구체적으로 살펴보자. 이러한 상황의 대표적인 예로는 외부 환경의 특성을 들 수 있다.

예컨대 고속철도 서비스를 제공하는 회사와 영화를 제작하는 회사가 직면한 외부 환경은 서로 다르다. 코레일은 부분적 독점기업이고 고속철도에 대한 수요도 향후 급격히 변화하지는 않을 것으로 보인다. 반면 충무로의 영화 제작사는 대형 할리우드 영화사를 포함한 글로벌 경쟁에 직면해 있고, 영화에 대한 소비자의 기호 또한 예측이 무의미할 정도로 수시로 바뀐다.

코레일이 처한 것과 같은 안정적 환경에서는 기계적이고 중앙집권적인 조직이 적합한 반면, 수시로 환경이 바뀌는 충무로 영화사의 경우에는 역동적이고 분권적인 조직 형태가 적합하다. 주어진 외부 환경에 따라 적합한 조직 형태도 바뀐다는 말이다.

조직의 규모 또한 조직 구조에 영향을 미친다. 창업 초기 단계의 벤처기업은 종업원 수가 적어 사장이 모든 종업원의 신상정보와 업무 등을 파악하고 있으므로 중앙집권적 조직이 적합하다. 하지만 기업이 성장하면서 종업원 간 분업의 정도가 상승하면 분권적인 조직 형태가 더 적합해진다. 또한 체계적인 종업원 관리를 위한 사내 규정을 제정하는 등 공식적 절차의 필요성이 제기된다.

알프레드 챈들러는 전략이 조직 구조를 결정한다고 주장한 바 있다. 전략은 기업의 미래 청사진과 같은 것이므로 전략에 따라 조직 구조가 바뀌어야 한다는 말은 어쩌면 당연한 것인지도 모른다. 원가 우위 전략에 매진했던 포드 자동차에는 중앙집권적 조직이 적합했고, 소득별 시장 세분화 전략을 수립했던 GM에는 분권화를 추구하는 사업부제 조직이 더 적합했던 것이다.

P&G와 삼성의 고객 중심 조직 개편

최근 기업 간 경쟁이 격화되면서 기업들마다 '고객 중심' 경영 운운하는 슬로건이 난무한다. 고객 중심 전략을 말로만 부르짖는 것이 아니라면 고객 중심으로 조직도 개편해야 한다.

예를 들어 P&G는 브랜드 관리 시스템이라고 불리는 전형적인 제품별 사업부제 조직을 오랫동안 유지해 왔다. 브랜드별로 각각 책임자를 두고 있기 때문에 수백 종류의 P&G 브랜드 제품을 판매하는 월마트와 같은 대형 할인점은 머리가 아프다. 아이보리 비누, 크레스트 치약, 타이드 세탁제, 페브리즈 탈취제, 헤드앤숄더 샴푸, 바운티 종이수건, 차민 화장지 등을 담당하는 수많은 P&G 브랜드 관리자를 따로따로 상대하는 불편을 감수해야 하기 때문이다.

이런 불편을 해소해 달라는 고객(월마트) 측의 요구를 반영해 P&G는 월마트 전담 점포 관리자를 두기로 했다. 월마트는 더 이상 수백 명의 브랜드 관리자를 따로 상대하지 않고 월마트 전담 점포 관리자라는 단일 창구를 통해 P&G와 소통할 수 있게 되었다. P&G는 고객을 위해서라면 백 년 가까이 유지해 온 제품별 사업부제 조직조차도 개편한다는 고객 중심 경영의 올바른 자세를 보여주었다.

최근 글로벌 통신 사업자들이 속속 탄생하면서 삼성전자 휴대전화 사업부 역시 유사한 경험을 했다. 원래 삼성전자 제품의 해외 수출은 국가별로 이루어졌기 때문에 삼성전자는 각 나라마다 지점 및 관리자를 배치했다. 독일 통신업자와는 삼성전자 독일 지점 내 휴대전화 담당자가 거래를 하고, 프랑스 통신업자와는 삼성전자 프랑스 지점이 거래를 주도하는 것이 관행이었다.

그런데 최근 들어 오렌지, 보다폰, 티모바일 등 여러 국가에 걸쳐 통신 서비스를 제공하는 글로벌 업체가 등장하면서 삼성전자 측에 새로운 요구를 하기 시작했다. 국가별 담당자들과 여러 차례에 걸쳐 제각각 협상하는 것이 불편하니 창구를 단일화해 삼성전자 본사를 통해 유럽 전역에서 쓸 휴대전화를 주문하고 싶다는 보다폰의 요구가 한 가지 예다. 삼성전자는 이들 글로벌 통신 사업자의 요구를 적극적으로 수용해 런던에 'ETO(European Telecommunication Operations)'라는 조직을 신설함으로써 고객의 바람에 부응하고 있다.

노동자여
단결하라!

노사 갈등 : 자유경쟁 시장의 기업이 추구해야 할 바람직한 노사 관계는 단체교
섭이나 근로자의 경영 참여를 통해 노사가 서로 협력하는 기업 문화를 정착시키
는 것이다.

사회가 창출한 부(富)를 분배하는 이상적인 원칙을 찾는 일은
지난 수천 년간 중요한 철학적 문제였다. 하지만 지금도 사회 구성원 모
두가 동의할 수 있는 분배 원칙은 발견되지 않았다.

유명 대기업의 노동자들은 자신이 제공하는 노동의 가치에 비해 임금
이 낮고 작업환경이 열악하다며 정기적으로 파업한다. 한미자유무역협
정(FTA)에 반대하는 농민이나 재벌 기업의 골목 상권 침해를 격렬히 규
탄하는 소규모 상인도 따지고 보면 자신들이 원하는 분배 원칙을 주장
하고 있는 것이다.

애덤 스미스, 데이비드 리카르도, 존 스튜어트 밀 등과 같은 고전파

경제학자*들은 수요와 공급으로 형성된 시장가격의 원칙에 따른 부의 분배를 주장했다.

이들이 활동하던 산업혁명 초기에는 기업이 창출한 이익의 대부분이 자본주에게 돌아갔고, 노동자는 최소한의 생계유지를 위한 임금만을 지급받았다. 당시의 산업이 필요로 했던 노동은 특별한 지식이나 기술을 요하지 않는 단순 노동이었기 때문에 이민자, 이주 농민, 여성뿐 아니라 어린아이까

고전파 경제학

고전파 경제학은 시장 메커니즘에 의한 자원 배분을 신봉한다. 1776년 애덤 스미스의 『국부론』 출간을 고전파 경제학의 시발점으로 보는데, 데이비드 리카르도, 존 스튜어트 밀, 토머스 맬서스 등이 고전파 경제학을 대표하는 학자이다. 이들은 당시 유럽의 주류 경제학 사상이던 중상주의의 보호무역 정책을 신랄하게 비판하고 자유무역을 주장했다. 또한 시장의 자율적 조정 기능을 철저히 신뢰해 정부 개입을 최소화해야 한다고 말했다.

지도 노동시장에 참여했다. 한마디로 노동 공급 과잉 상태였던 것이다.

산업이 필요로 하는 노동자 수요보다 공급이 많으면 임금은 떨어질 수밖에 없다. 반면 산업화 초창기에 자본은 희소 자원이었기 때문에 수요가 공급보다 많아 자본 투자에 따른 이익이 상승했다.

다시 말해 산업혁명 초기에 자본 투자 수익률이 높고 노동자 임금이 상대적으로 낮았던 것은, 자본과 (단순)노동이라는 자원의 수요와 공급 문제로 발생한 자연스러운 현상이라는 것이 고전파 경제학자들의 주장이었다.

당시의 노동자들이 고전파 경제학의 수요와 공급에 따른 분배 이론에 동의할 리 없었다. 자신의 노동이 희소 자원이 아니기 때문에 저렴하게 취급받아 마땅하다는 설명을 어떻게 받아들일 수 있었겠는가. 현실은 열악한 근로 환경에서 하루 15시간 고되게 일한 대가로 빵 한 조각 살 임금을 받는 게 고작이었고, 국가와 기업은 노동자의 권리를 인정해 주

지 않았다. 이에 노동자들은 고전파 경제학의 주장을 대체할 이론을 찾으려 했고, 이들의 갈증을 깊숙이 파고든 경제학자가 바로 카를 마르크스였다.

마르크스의 계급투쟁론

마르크스는 인간 사회가 자본가와 노동자 간의 계급투쟁을 통해 발전한다고 주장했다. 지금은 비록 자본가들이 국가의 지배계급을 형성해 자신의 이익을 위해 노동자를 착취하고 있지만, 자본주의는 결국 노동자들의 조직적인 혁명으로 몰락하고 사회주의가 도래하리라는 게 그의 생각이었다.

마르크스에 따르면 희소 자원을 소유한 자본가의 착취에 대항하는 최선의 방법은 노동자들이 하나로 뭉치는 것이다. 단순 노동은 쉽게 대체할 수 있는 자원이기 때문에 각자가 따로 대항해서는 아무런 힘을 발휘하지 못하지만, 노동자 모두가 한데 뭉쳐 통일된 의사결정을 내리면 자본가와 대등한 힘을 발휘할 수 있다는 주장이다.

우리나라와 같이 시장자유경쟁을 신봉하는 국가는 자원 배분의 효율성을 분배의 형평성이라는 가치보다 중요하게 여기는 경향이 있다. 그래서 수요 공급의 원칙에서 벗어나 분배의 형평성만을 강조하는 노동조합의 논리를 별로 반기지 않는다. 분배의 형평성을 강제로 확보하기 위한 정책을 펴면 희소 자원이 비효율적으로 배분될 수 있고 경제가 활력을 잃을 것이라고 생각하기 때문이다. 반면에 자원 배분의 효율성을 극대화해 전체 파이의 크기를 키우면 결국 그 혜택이 노동자를 포함한 모든 계층에 분배될 것이라고 믿는 지식인들이 많다.

그러나 사회주의가 노동자의 삶을 개선하는 데 큰 도움을 주었다는 사실은 명백하다. 19세기에 들어오면 노동자의 수가 기하급수적으로 늘어나고, 마르크스와 같은 사회주의자의 이론적 지지를 뒷받침 삼아 비로소 노동자의 권리에 대한 진지한 논의와 이를 보장하기 위한 구체적인 방안이 등장한다. 마침내 1872년 영국에서 처음으로 노동자 권리 보장의 핵심이라고 할 수 있는 노동조합(labor union) 결성권이 법적으로 인정되었고, 이후 다른 국가에서도 기업, 산업, 국가 단위의 노동조합이 결성되었다.

협력적 노사 관계를 위해

자본주의를 자본주와 노동자 또는 승자와 패자의 제로섬 게임으로 바라보는 마르크스의 이론은 매력적이기는 하지만 올바르지 않다. 자유 경쟁 시장의 기업이 지향해야 할 바람직한 노사 관계의 모습은 협력적 노사 관계이기 때문이다. 기업이 지속적으로 성장하려면 노사가 서로 신뢰하고 공동의 이익을 추구할 수 있어야 한다.

노사가 서로 협력하는 건강한 기업 문화를 정착시키기 위한 제도적 장치로 단체교섭(collective bargaining)과 근로자의 경영 참여(worker participation)가 있다. 단체교섭은 노사 간 갈등을 공식적인 채널을 통해 해결하는 방법으로 영미식 노사 관계 제도의 핵심이라고 할 수 있다. 단체교섭에서는 근로자 대표와 사용자 대표가 대등한 입장에서 임금, 노동시간 등 근로조건에 대해 협의하고 타협한 내용을 관리한다.

한편 근로자의 경영 참여란 말 그대로 기업의 경영 의사결정 과정에서 근

이익분배 제도

국내외 대부분의 대기업들은 다양한 형태의 이익분배 제도를 도입하고 있다. 예를 들어 삼성전자는 자사 임직원들에게 매년 초과 이익에 대한 분배 성과급을 지급하고 있다.

로자에게 의견을 개진할 기회를 부여하거나, 종업원 지주 제도를 통해 근로자들이 자사 주식을 취득하도록 권장하거나, 이익분배 제도(profit sharing plan)를 통해 경영 성과에 따라 근로자에게 이윤을 분배하는 것을 말한다.

네 이웃을
네 몸처럼 아껴라

기업 문화 : 사우스웨스트 항공의 경쟁 우위는 직원을 최우선으로 하는 기업 문화를 구축한 점이다.

    사우스웨스트 항공은 미국 댈러스에 본사를 둔 세계 최대 규모의 저가 항공사이다. 1967년 설립된 이래 대부분의 항공사가 치열한 경쟁으로 적자를 면치 못하던 시기에도 사우스웨스트 항공은 일관된 전략과 독특한 기업 문화를 통해 꾸준한 성장세를 유지해 왔다.

    오늘날 사우스웨스트 항공은 예전에 우리가 알았던 일개 저가 항공사가 아니다. 전체 운송 여객 수에서 아메리칸 항공(American Airlines)과 델타(Delta)의 뒤를 이어 세계 3위에 자리한 항공사이다. 사우스웨스트 항공은 소규모 저가 항공사가 채택해야 할 비즈니스 모델의 표준이 될 만한 전략을 제시하고 이를 성공시킴으로써 수많은 경영학자들의 연구 대상이 되었다.

　사우스웨스트 항공과 같은 저가 항공사와 기존의 국적기 항공사(flag carrier)를 구분하는 가장 중요한 특성은 항공기 운항 방식이다. 국적기 항공사의 허브앤드스포크 시스템(hub-and-spoke system)은 많은 도시를 항공으로 연결하는 데 있어서 중심이 되는 1~2개의 도시를 허브(hub)로 설정하는 방식이다. 이는 적은 수의 항공기로 많은 도시를 연결하기 위해 고안된 방식으로 항공 산업의 오랜 관행이라고 할 수 있다.

　허브앤드스포크 시스템을 이용해 항공사는 많은 도시를 운항할 수 있지만, 두 도시 간 연결이 허브 공항을 통해 이루어지기 때문에 경유 노선이 많고 항공기 출발 도착 지연이 잦다는 단점을 갖고 있다.

　반면에 저가 항공사들이 채택하는 지점 간 시스템(point-to-point system)은 두 도시를 직항으로 연결하는 방식으로, 경유 노선을 최소화할 수 있지만 많은 도시를 운항할 수 없다는 단점이 있다. 사업 초기에 사우스웨스트 항공은 몇 곳의 덜 붐비는 공항을 서로 연결함으로써 출발 도착 지연 시간을 줄이고 게이트 임차료를 낮출 수 있었다.

　가격에 민감한 고객을 표적으로 삼아 집중한 사우스웨스트 항공은 비용을 낮추기 위해 좌석 지정이나 기내식과 같은 불필요한 서비스를 최소화했다. 국적기와는 달리 단거리 직항 노선 운항에 집중했기 때문에 중간 경유 도시에서 발생하는 간접 비용 또한 원천적으로 절감할 수 있었다.

　보잉 737 단일 기종만으로 전 구간을 운항한다는 점도 비용을 절약하는 효과를 낳았다. 보유 항공기가 한 종류뿐이기 때문에 유지 및 관리에 드는 비용을 최소화할 수 있었던 것이다. 과거 포드 자동차가 그랬듯 사우스웨스트 항공은 이와 같은 일관된 비용 절감 노력 덕분에 항공

요금을 획기적으로 낮췄음에도 불구하고 많은 이익을 낼 수 있었다.

사우스웨스트 항공의 성공 비결은 기업 문화

그러나 유사한 비즈니스 모델을 구축한 다른 저가 항공사들은 사우스웨스트 항공처럼 성공하지 못하고 도산했다는 사실에 주목할 필요가 있다. 사우스웨스트 항공은 다른 저가 항공사가 갖지 못한 독특한 기업 문화와 일에 대한 의욕이 넘치는 종업원들을 보유하고 있었다.

예컨대 사우스웨스트 항공의 비교 우위로 자주 거론되는 게이트 회송 시간(항공기가 공항 게이트에 도착해 출발할 때까지 소요되는 시간) 단축에 대해 살펴보자. 다른 항공사의 경우 12명의 지상 근무 요원을 동원해 평균 35분이 걸리던 게이트 회송을 사우스웨스트 항공은 여섯 명의 요원으로 15분 만에 끝낼 수 있도록 했다.

사우스웨스트 항공이 상대적으로 덜 붐비는 공항을 주로 이용한다는 사실만으로 이처럼 현저한 생산성 차이를 설명하기는 어려워 보인다. 사우스웨스트 항공에는 회사 업무를 자신의 일처럼 정성껏 수행하는 종업원들이 있었기 때문에 경쟁사로서는 상상하기 어려운 생산성을 달성할 수 있었다.

사우스웨스트 항공은 전형적인 저가 항공사이지만 승객들은 사우스웨스트 항공을 결코 싸구려라고 생각하지 않는다. 종업원 모두가 진심을 다해 승객을 모시기 때문이다. 창립자 허브 켈러허는 사우스웨스트 항공 종업원이 진심을 담아 승객들을 상대하는 이유가 직원을 무엇보다도 우선시하는 사우스웨스트 항공의 기업 문화 때문이라고 설명한다.

사우스웨스트 항공 미션(mission) 선언문의 마지막 대목에는 "우리 직원들은 자신이 조직 내에서 관심과 존경과 사랑을 받듯이 관심과 존

경과 사랑으로 고객을 모신다"라는 문구가 있다. 이는 회사가 직원을 주인처럼 모시면 직원은 고객에게 최선을 다할 것이라는 뜻이다. 그리고 고객으로부터 사랑받는 회사는 기업가치가 올라가 주주로부터도 사랑받게 될 것이다.

사우스웨스트 항공은 이러한 자신만의 기업 문화를 강화하기 위해 파티, 사내 콘테스트, 직원들의 대학 교육 지원 등 다방면으로 노력을 기울인다. 직원들 모두가 행복을 느끼고 의욕이 넘치는 사내 분위기를 만드는 것이 사우스웨스트 항공의 목표이다.

300쪽이나 되는 사규집을 없애거나, '인력자원부(Human Resource

Department)'라는 명칭을 인력부(People Department)로 바꾸거나, 신규 직원을 채용할 때 인사 부서 담당자가 아닌 동료들이 인터뷰를 하도록 한 일 등은 사우스웨스트 항공만의 고유한 기업 문화를 구축하기 위한 노력의 일환이다.

물론 사우스웨스트 항공이 추구하는 가치 또는 기업 문화는 절대적인 도덕률도 아니고 모든 기업이 따라야 할 보편적 가치도 아니다. 단지 사우스웨스트 항공이라는 조직을 규정하는 일종의 믿음인 것이다.

지난 반세기 동안 사우스웨스트 항공이 이루어낸 성공은 많은 경쟁 항공사들의 귀감이 되었다. 경쟁사는 사우스웨스트 항공이 사용하는 기종과 동일한 항공기를 구매할 수도 있고, 사우스웨스트 항공이 임대한 티켓 카운터 옆자리를 대여할 수도 있다. 사우스웨스트 항공이 실행한 전략 하나하나를 그대로 모방하는 것도 그리 어려운 일이 아니다.

그러나 사우스웨스트 항공만의 독특한 기업 문화, 그리고 그 문화로 무장한 임직원들의 정신을 모방하기는 쉽지 않다. 기업 문화는 추상적이라 손에 잘 잡히지 않기에, 그만큼 따라 하기가 어려운 법이다.

64 최고경영자

최고경영자가
된다는 것

최고경영자의 역할 : 최고경영자는 의사결정, 정보 수집 및 소통, 이해관계자 간의 이해 조정 등의 역할을 수행한다.

대기업 최고경영자(CEO)는 사회적 영향력, 급여, 성취감 등 모든 기준에서 꿈의 직업이다. 미국 내 500대 기업 CEO의 평균 연봉(보너스 포함)은 우리 돈으로 약 166억 원인 반면 해당 기업 종업원의 평균 연봉은 9300만 원으로 CEO가 보통 종업원의 204배를 받는다.

한편 오늘날에도 여전히 미국 기업 CEO 자리는 백인 남성의 전유물인 듯하다. 2015년 기준으로 백인 남성 CEO의 비율이 전체의 75퍼센트인 반면에 여성 CEO는 24명으로 4.8퍼센트를 차지했고, 흑인 CEO는 단네 명으로 0.8퍼센트를 차지했다.

미국 대기업 CEO에 대한 연구가 많이 이루어진 데 비해, 한국을 포함한 다른 나라 CEO에 대해서는 알려진 바가 많지 않다. 월간《현대경영》의 최근 조사에 따르면 국내 100대 기업의 CEO는 서울대, 고려대, 연세대, 즉 SKY 대학 출신자 비중이 62.4퍼센트에 이른다고 한다. 학과별로는 경영학 전공 CEO가 21.1퍼센트로 가장 많았고, 평균 연령은 59.9세, 회사 재직 기간은 평균 29.3년이라고 한다.

최고경영자가 기업 경영에 미치는 영향력은 지대하기 때문에 많은 경영학자들이 최고경영자의 역할에 관심을 보여왔다. 최고경영자의 역할에 대해 처음 언급한 경영학자는 체스터 바너드(Chester Barnard)이다. 1938년에 출간한 『경영자의 역할(The Functions of Executives)』에서 그는 ① 조직 구성원들과 의사소통을 원활히 하고, ② 조직 구성원들이 최선을 다하도록 독려하고, ③ 조직의 목표를 설정하는 것이야말로 경영자의 역할이라고 주장했다.

경영자 업무의 본질

헨리 민츠버그(Henry Mintzberg)는 35년 전 바너드가 주장한 경영자의 역할을 새로운 기업 환경에 보다 잘 부합하도록 다듬었다. 그는 1973년에 발표한 저서 『관리자 업무의 본질(The Nature of Managerial Work)』을 통해 경영자는 ① 의사결정자, ② 정보제공자, ③ 대인관계자의 역할을 수행해야 한다고 주장했다. 이 세 가지 역할을 보다 구체적으로 살펴보자.

첫째, 경영자는 조직 목표를 달성하기 위해 결재라는 공식적인 채널과 대화라는 비공식적 채널을 통해 매일같이 수많은 의사결정을 한다. 이런 일상적인 의사결정 이외에도 경영자는 혁신가로서 새로운 사업 진출, 기존 사업의 매각, 신제품 출시, 해외 시장 개척 등과 같이 기업의 미래를 좌우하는 중요한 과제를 결정해야 한다.

경영자에게 주어진 또다른 의사결정 문제는 회사의 한정된 자원을 각각의 업무, 과제, 부서에 어떻게 배분하느냐 하는 것이다. 또한 2015년 9월에 일어난 폭스바겐 리콜 사태*나 2008년 말의 세계 금융위기와 같이 예측하기 어려운 상황이 닥쳤을 때 이를 관리하는 일 역시 경영자의 의사결정자 역할로 분류할 수 있다.

둘째, 경영자는 기업의 목표, 즉 가치 창조에 필요한 정보를 수집해 이를 사내에 전달하고, 회사의 정확한 정보를 외부에 알리고자 노력해야 한다. 소통의 부재는 정부를 포함한 대규모 조직의 리더가 갖는 공통적인 문제점으로 자주 지적받는 요소이다. 경영자는 공식적인 회의나 이메일 또는 비공식적인 대화를 통해 조직 구성원과 끊임없이 정보를 공유함으로써 불필요한 문제가 생기지 않도록 노력해야 한다.

또한 경영자는 조직 내부와 외부를 연결하는 외교관 또는 대변인 역할을 수행해야 하기 때문에 되도록 긍정적인 회사 이미지를 외부에 전달하는 동시에 중요한 외부 정보를 수집할 수 있도록 노력해야 한다.

끝으로 민츠버그가 언급한 경영자의 대인관계자(interpersonal) 역할에는 다양한 내용이 포함될 수 있다. 최고경영자는 회사를 공식적으로 대표하는 상징적 존재이기 때문에 각종 행사에 참여하고 외빈을 접견하고 미디어 인터뷰를 수행하는 등 회사 대표자로서의 역할을 수행해야

폭스바겐 리콜 사태

2015년 9월 18일 미국 환경보호청은 폭스바겐의 배기가스 기준 조작을 폭로하면서 해당 디젤 차량 48만 2,000대의 리콜 및 판매 중지 명령을 내렸다. 마르틴 빈터코른 폭스바겐 최고경영자는 사태의 책임을 지고 물러났지만 주가는 반 토막이 났다. 미 정부는 폭스바겐 측에 21조 원 상당의 벌금을 부과했으며, 전 세계적 집단 소송의 움직임마저 있다. 창사 이래 최대의 위기를 겪고 있는 폭스바겐이 앞으로 이를 어떻게 극복할지에 세계인의 이목이 집중되고 있다.

한다. 또한 주주, 소비자, 정부, 노동조합, 지역사회 등 기업을 둘러싸고 있는 다양한 이해관계자 간의 이해를 조정하고 협상하는 일도 경영자의 대인관계자 역할에 속한다고 볼 수 있다.

눈, 코, 입
모두 예뻐도 미인은
아닐 수 있습니다

스타모델 : 조직 구조, 보상 체계, 프로세스, 종업원의 역량이 서로 일관성을 갖고 전략과 연결되어야 한다.

보통 신임 사장이 부임하면 하는 일이 있다. 먼저 자신만의 전략을 효과적으로 표현할 수 있는 슬로건을 발표하고 그다음으로 조직 구조를 바꾼다. 슬로건 발표와 조직도의 변경, 이 둘은 상대적으로 실행하기가 쉽고 신임 사장 부임과 더불어 회사가 크게 바뀌었다는 인상을 다른 사람들에게 줄 수 있다. 하지만 슬로건과 조직도를 바꾼다고 회사가 변하는 것은 아니다.

『21세기 기업』의 저자 제이 갤브레이스는 조직에서 뭔가를 바꾸고 싶다면 조직도만 바뀌서는 아무 소용이 없다고 말했다. 그는 전략(strategy), 조직 구조(structure), 프로세스(process), 사람(people), 보상

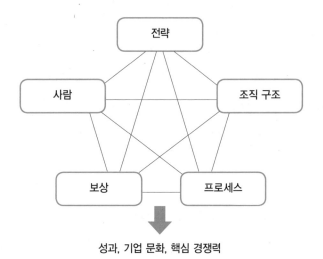

갤브레이스의 스타모델

(reward)의 다섯 가지 요소가 서로 일관성을 갖추며 모두 바뀌어야 한다는 스타모델(star model)을 주장했다.

조직의 성과에 영향을 미치는 첫 번째 구성 요소인 전략은 조직의 방향을 설정하는 역할을 한다. 즉 전략에는 기업이 추구하는 목표, 해당 목표 달성을 위해 제공하는 제품이나 서비스, 표적 고객, 고객에게 제공하는 가치 등이 포함된다.

둘째, 구조는 의사결정 권한이 누구에게 있는지를 결정한다. 보통 전략이 정해지고 나면 그 전략을 성공시키기 위한 최적의 조직 구조(수평적 또는 수직적 조직)를 찾고자 노력하게 마련이다.

셋째, 프로세스는 기업 내 정보의 흐름을 결정하는 요소이다. 타 부서와의 업무 협의는 어떤 방식으로 이루어지는지, 상사의 명령은 부하 직원에게 어떻게 전달되는지 등의 문제를 다룬다.

넷째, 사람은 종업원의 역량과 마음가짐을 결정하는 요소이다. 이는 보통 기업의 인사 교육 부서가 담당하는 업무로, 전략과 조직이 요구하는 인재를 모집, 선발, 훈련, 개발, 승진시키는 역할을 한다.

다섯째, 보상은 종업원들이 기업 목표를 달성하도록 만드는 인센티브를 결정하는 요소이다. 보상을 통해 기업은 조직 목표와 개인 목표를 일치시킨다.

제품 중심에서 고객 중심으로, IBM의 총체적 변화

갤브레이스는 전략, 조직, 프로세스, 사람, 보상의 다섯 가지 구성 요소가 서로 일관성을 가져야 한다고 주장했다. 고객 중심(customer-centric) 경영의 예를 들어보자. 고객 중심 경영은 국내외 대기업 최고경영자들이 매년 강조하는 단골 슬로건이다. 하지만 이것이 말뿐인 슬로건으로 끝나지 않으려면 기업의 중심에 고객을 놓고 전략, 조직, 프로세스, 사람, 보상 모두를 재설계해야 한다.

고객 중심 경영과 대비되는 개념으로 제품 중심(product-centric) 경영이 있다. 제품 중심 경영을 추구하는 회사는 제품의 경쟁력이 기업의 성과를 좌우한다고 생각하기 때문에 차별화된 제품, 성능이 뛰어난 제품, 가성비가 좋은 제품을 만들기 위해 연구개발에 적극적으로 투자한다.

1990년대 초 루이스 거스너의 혁신이 있기 전까지 IBM은 전형적인 제품 중심 회사였다. 이 무렵 IBM은 막대한 적자에 시달렸다. 거스너는 IBM 영업사원들이 대기업을 순회하며 메인프레임 하드웨어를 판매하던 시대의 종말이 다가왔음을 직감했다.

그는 하드웨어 사업부를 매각하는 대신 소프트웨어 부문을 대폭 강화했고, IBM이 더 이상 하드웨어를 판매하는 회사가 아니라 고객에게

토탈 솔루션을 제공하는 서비스 회사임을 천명했다. 제품 중심 기업은 고객에게 뛰어난 성능의 제품을 판매하지만, 고객 중심 기업은 고객에게 최상의 해결책(solution)을 제시하는 것을 목표로 삼는다.

고객 중심 경영을 하기 위해서는 고객에게 해결책을 제공한다는 전략과 일관된 조직, 프로세스, 인력 및 보상이 필요하다. 과거 IBM은 제품별, 지역별 사업부제 조직을 갖고 있었지만, 거스너는 이를 고객별 사업부제 조직으로 바꿔 고객 맞춤형 서비스를 제공하는 데 주력했다.

영업 인력을 대상으로 보상을 할 때에도 고객만족도 평가 점수를 중요한 척도로 사용했고, 하드웨어 사업부 매각 등을 통해 과감한 인력 구조조정을 실시했다. 또한 프로세스와 관련해서는 고객과의 관계를 지속적으로 유지하고 관리하기 위해 고객 관련 정보를 축적, 분석하는 시스템을 구축했다.

7장

재무·회계

숫자로 기업의 흐름을
파악하라

7장에서 살펴볼 재무와 회계는 사실 서로 분리된 경영학 전공 분야이다. 하지만 정확한 회계 자료 없이는 과학적인 재무 의사결정도 할 수 없기 때문에 두 전공은 밀접히 연결되어 있다고 볼 수 있다.

재무관리는 기업이 필요로 하는 물적 자본을 조달하고 이를 효율적으로 사용하는 방법을 연구한다. 이미 1920년대에 재무 이론 및 기법의 정리가 이루어짐에 따라 재무관리는 경영학의 한 전공 분야로 자리를 잡았다. 하지만 재무관리의 과학적 수준을 한 단계 끌어올리며 현대적 재무관리 이론을 정립할 수 있었던 것은 1950년대 이후 등장한 마코위츠의 분산투자 이론, 모딜리아니와 밀러의 자본구조 이론, 샤프 등의 자본자산 가격 결정 이론, 파마 등이 주장한 효율적 시장 가설, 블랙과 숄즈의 옵션 가격 결정 모형 등 탁월한 연구와 이론 덕분이다.

이와 같은 재무 이론을 이해하기 위해서는 상당 수준의 수리적 지식이 필요하다. 다소 어렵게 느껴질 수도 있는 내용이지만 오늘날의 기업 재무관리를 이해하려면 이에 대한 학습이 필수적이기에, 이 책에서는 각각의 이론이 다루는 재무적 문제의 성격을 중심으로 살펴보고자 한다.

회계학은 기업의 재무 정보를 생산하고 분배하는 일과 관련된 주제를 다룬다. 일부 경영학자들은 15세기 말 복식부기(double-entry bookkeeping)를 처음 고안한 파치올리(Pacioli)를 회계학의 아버지로 추앙하며, 회계학이 경영학 전공 가운데 가장 오랜 역사를 자랑한다고 주장하기도 한다.

그러나 회계학을 경영학의 세부 학문 분야로서 연구하기 시작한 것은 1929년 세계 대공황 이후의 일이다. 회계 자료의 작성을 개별 기업의 자율에 맡겼던 것이 세계 대공황이 발생한 원인의 하나로 지목받은 것이다. 기업마다 편의적으로 회계 자료를 작성하다 보니 부실을 은폐하기에 용이한 환경이 마련되었고 기업 간에 회계 자료를 비교하기도 어려웠다. 대공황 이후 선진국들은 표준화된 회계 기준을 제정했고, 그 결과 회계학이 경영학의 한 분야로서 본격적으로 연구되기 시작했다.

사실 경영학 전반을 서술하는 국내외 서적의 대부분이 재무와 회계 분야는 잘 다루지 않는다. 아마도 이들 분야가 계량적 내용을 많이 다루기 때문에 경영학 입문자에게는 적절치 않다고 판단해서인 듯하다.

7장에서는 재무 및 회계와 관련된 가장 핵심적인 주제들을 다룬다. 보다 구체적으로는 재무제표의 개념 및 구성 요소, 손익분기점, 서비스 산업의 특징과 증분비용의 개념, 화폐의 시간가치, 이자율과 현재가치, 마코위츠의 포트폴리오 이론, 재무 레버리지의 개념과 MM 이론, 효율적 시장 가설, 선물과 옵션, 기업 인수합병, 경제적 부가가치(EVA) 개념, 재무적 성과 분석에만 의존하는 성과 평가의 문제점, 균형성과표(BSC) 등에 대해 알아볼 것이다.

재무제표는
회사의 건강기록부

재무제표 : 기업의 경영 성과와 재무 상태를 측정하고 기록한 일련의 회계 보고서.

초등학교 입학과 함께 부친은 내게 용돈 주는 방식을 바꿨다. 필요할 때마다 주던 용돈을 매달 한 차례씩 월급 형태로 주기 시작한 것이다. 물론 월급 총액은 부친이 정했고, 월급을 받는 대가로 나는 금전출납부를 꼼꼼히 작성해 매달 부친에게 제출해야 했다.

부친의 명령에 따라 일방적으로 실시된 월급 정책에 대해 당시의 나는 매우 못마땅하게 생각했지만 달리 방법이 없었다. 금전출납부 쓰기를 게을리하면 다음 달 월급을 주지 않았던 것이다. 그 때문에 나는 금전출납부 작성 의무를 성실히 이행해야 했다.

세뱃돈과 같은 특별한 경우가 아니면 월급 이외에 추가적인 용돈을 받을 수 없었기에 매달 지출 계획을 꼼꼼히 세웠고, 비상 지출을 대비한 저축도 이때부터 시작했다. 지금에 와서 생각해 보면, 내가 평생 금전적으로 큰 어려움을 겪지 않고 살 수 있었던 것도 어쩌면 부친의 이런 재무 회계 교육 덕분이 아니었을까 하는 생각이 든다.

금전출납부나 가계부는 회계학 교육을 전혀 받지 않은 초등학생도 쉽게 작성할 수 있다. 부모로부터 매달 받는 용돈이나 세뱃돈은 수입으로 기록하고, 학용품 구입이나 군것질로 나간 돈은 지출로 기록하면 그만이다. 내가 금전출납부 기록 의무를 성실히 이행했는지 확인하고자 매달 실시하는 부친의 감사(監査) 절차도 간단했다. 금전출납부에 기록된 수입 총액에서 지출 총액을 차감한 금액과 내 지갑의 현금 잔고가 일치하는지를 확인하는 것이 다였다.

그러나 고학년이 되면서 금전출납부 기록을 어렵게 만드는 일들이 생겨났다. 현금으로 받은 월급의 일부를 은행에 예금하는 경우가 그랬다. 은행예금은 내 지갑에서 현금이 빠져나가는 것이므로 금전출납부에는 일단 지출로 기록하는 것이 맞다. 하지만 예금은 언제든 현금화할 수 있어 다른 지출과는 성격이 다르기 때문에 예금 잔고를 따로 기록해 둘 필요가 있었다.

친구에게 잠시 빌려주는 돈도 문제가 되었다. 수중에서 현금이 나간 것이니 금전출납부에는 우선 지출로 기록했지만, 은행예금과 마찬가지로 조만간 현금화할 수 있는 지출이므로 따로 관리할 필요가 있었다. 또한 친구에게 빌려준 돈은 떼일 가능성이 높다는 점에서 은행예금과는 다른 종류의 자산으로 기록해야 했다.

중학교에 들어가 우표 수집을 시작하면서 상황은 더 복잡해졌다. 처음에는 취미로 몇 장의 기념우표를 사곤 하다가 친구들과 경쟁이 붙으면서 희귀 우표를 수집하기 시작했다. 이후 몇 년 동안은 용돈만 생기면 우표를 샀기 때문에 금전출납부의 지출 항목 대부분을 우표 구매가 차지하게 되었다.

하지만 우표를 사느라 쓴 돈은 군것질에 쓴 돈과는 분명 성격이 다르다. 수집용 우표는 향후 우표 수집상에게 되팔아 현금화할 가능성이 있고, 운이 좋으면 시간이 지남에 따라 가치가 오르는 경우도 있다. 우표 역시 은행예금이나 친구에게 빌려준 돈과 마찬가지로 별도로 기록해야 할 자산의 성격을 띠고 있다는 말이다.

이처럼 금전출납부만으로는 한 개인의 재무 상태를 정확히 파악하는 데 어려움이 있다. 하물며 기업의 경우에는 인력을 고용하고, 기계 설비를 구매하고, 제품을 생산해 판매하고, 은행으로부터 금전을 대출받는 등 다양하고 복잡한 경제활동을 하기 때문에 보다 체계적인 회계 도구가 필요하다. 기업의 재무 상태와 경영 성과를 정확히 파악하는 일은 기업의 내부 관리자뿐 아니라 해당 기업에 대한 투자를 고려하는 주주나 은행 대출 담당자에게도 중요하다.

재무제표의 기능과 종류

기업의 경영 성과와 재무 상태를 측정하고 기록한 일련의 회계 보고서를 재무제표(financial statement)라고 부른다. 이는 기업의 금전출납부와 같은 것이다. 재무제표는 원래 회사 내부 관리를 위해 개발된 도구이기 때문에 저마다의 목적을 위해 주관적으로 작성하는 경향이 있었다. 하지만 점차 각 기업의 재무 상태를 보다 객관적으로 평가하려는 외부 이해관계자들이 늘어나면서 기업들 간 회계 처리 방식을 통일하고 객관화한 기업회계 기준이 마련되었다.

규모가 큰 국내 기업(상장회사와 자산 규모 1,000억 원 이상의 비상장회사)은 정기적으로 재무제표를 작성한 후 외부 감사를 받아야 하고, 금융감독원에 이를 제출해야 할 의무가 있다. 일반인도 해당 회사 웹사이트나 금융감독원 전자공시 시스템을 통해 이들 회사의 재무제표를 열람할 수 있다. 재무제표에는 다양한 회계 보고서들이 포함되는데 그중 가장 널리 알려진 것이 대차대조표와 손익계산서이다.

대차대조표(B/S, balance sheet)는 기업의 재무 상태를 나타내는 가장 기본적인 회계 보고서이다. 이는 좌측에 위치한 차변(借邊)과 우측에 위치한 대변(貸邊)의 계정과목들로 구성되는데, 차변에는 자산(asset), 대변에는 부채(liability)와 자본(equity capital)을 기록한다.

기업은 차변에 있는 자산을 관리하고 활용해 부와 이익을 창출한다. 이들 자산을 구입하려면 자금이 필요한데, 자금의 원천으로는 은행과 같은 외부 채권자로부터 조달한 부채와 주주(투자자)로부터 조달한 자본이 있다.

기업의 재무 상태를 나타내는 차변의 자산과 대변의 부채 및 자본 간에는 '자산=부채+자본'이라는 대차대조표 등식이 성립된다. 앞서 설명한 금전출납부의 경우를 살펴보면 은행예금이나 친구에게 빌려준 돈, 우표 등이 자산의 예라면, 부친으로부터 일시적으로 빌린 가불금은 부채에 해당하고, 부친이 준 월급은 자본인 셈이라고 할 수 있다.

반면에 손익계산서(I/S, income statement)는 일정 기간(보통은 1년) 동안의 경영 성과를 요약한 회계 보고서이다. 이익(profit)과 손실(loss)에 대한 보고서라는 의미로 P/L(profit and loss statement)이라고 부르기도 한다.

손익계산서는 경영 활동에 대해 수익(revenue), 비용(expenses), 이익(profit)의 세 가지 측면에서 기록한 보고서로, 수익에서 비용을 차감한 값은 이익과 같다. 즉 '수익-비용=이익'이라는 손익계산서의 등식이 성립되는 것이다. 금전출납부의 예로 돌아가면, 월급이나 은행예금 이자 등은 수익, 학용품을 사거나 군것질을 하는 데 지출한 돈은 비용, 결과적으로 내 주머니에 남은 돈은 이익에 해당한다고 볼 수 있다.

대차대조표

아래 표는 2015년 말 한라산주식회사의 대차대조표이다. 한라산주식회사는 2015년 한 해 동안 100억 원의 당기순이익을 창출하기 위해 2,000억 원의 자산을 동원했다. 그리고 2,000억 원의 자산을 마련하고자 자기자본 900억 원, 타인자본(부채) 1,100억 원을 투입했다.

경영자는 회사 자산을 얼마나 효율적으로 운용해 이익을 창출했는지 알고 싶을 것

한라산주식회사 (단위: 억 원)

계정 이름	2015.12.31	계정 이름	2015.12.31
유동자산	600	유동부채	500
현금 및 예금	100	외상매입금	200
외상매출금	200	미지급금	300
재고자산	200	고정부채	600
기타 유동자산	100	장기차입금	600
고정자산	1,400	자본	900
토지	800	자본금	200
기계 설비	500	자본잉여금	600
무형자산	100	이익잉여금	100
자산 총계	2,000	부채·자본 총계	2,000

대차대조표

이다. 당기순이익 100억 원을 창출하기 위해 2,000억 원의 자산이 동원되었으니 자산수익률(ROA, return on assets)은 당기순이익(100억 원)을 총자산(2,000억 원)으로 나눈 값, 5퍼센트이다. 한편 주주는 자신이 투여한 자본의 효율성에 관심이 많기 때문에 자산수익률보다 순자산수익률(ROE, return on equity)을 도출할 필요가 있다. 이때 ROE는 당기순이익(100억 원)을 자기자본(900억 원)으로 나눈 값, 11.1퍼센트이다.

대차대조표의 자산은 유동성(liquidity)을 기준으로 분류할 수 있다. 1년 내에 현금화할 수 있는 자산은 유동자산(current assets), 현금화에 1년 이상 소요되는 자산은 고정자산(fixed assets)이라고 부른다. 현금, 단기 금융자산, 외상매출금, 재고자산 등은 유동자산으로 분류되고, 토지, 건물, 기계, 차량 등과 영업권 같은 무형자산은 고정자산으로 분류된다.

대차대조표의 대변은 부채를 먼저 기록하고 그다음에 자본을 기록한다. 이는 자산에 대한 소유권을 청구할 때 외부 채권자가 기업 소유주보다 우선하기 때문이다. 즉 기업의 자산을 청산할 때에는 외부 채권자의 부채를 우선 갚고 나머지를 주주에게 분배한다.

자산의 경우와 마찬가지로 부채도 갚아야 할 시기가 빠른 것부터 기록한다. 보통 1년 이내에 상환해야 하는 유동부채를 먼저 기록하고 나서 상환 기간 1년 이상인 고정부채를 기록한다. 자기자본에는 자본금, 자본잉여금(capital surplus), 이익잉여금 등의 계정이 포함된다. 자본잉여금은 주식을 발행할 때 발생한 액면가 초과 금액이나 자기주식처분이익 등과 같은 자본거래에 따른 잉여금을 뜻한다.

손익계산서

한라산주식회사는 2015년 한 해 동안 영업을 통해 1,000억 원의 매출액을 기록했고, 영업 외 수익 50억 원을 합한 총수익은 1,050억 원이다. 총비용은 매출원가 400억 원, 판매관리비 350억 원, 영업 외 비용 150억 원, 법인세 50억 원을 합한 950억 원이다. 총수익(1,050억 원)에서 총비용(950억 원)을 차감한 100억 원이 바로 당기순이익에 해당한다.

손익계산서의 첫 줄에는 기업의 핵심 영업 활동의 결과로 발생한 매출액(sales)을 기록한다. 매출액으로부터 해당 매출을 창출하기 위해 직접적으로 투여된 원가, 즉 매출원가(COGS, cost of goods sold)를 차감한 값이 매출총이익(gross profit)이다. 해당 기업이 유통 업체라면 매출원가는 판매 제품의 구입원가이고, 제조 업체의 경우에는 재료비, 공장 인건비 등의 생산원가가 매출원가에 해당한다.

매출총이익에서 판관비, 즉 판매 비용과 일반 관리비를 차감한 값이 영업이익(operating profit)이다. 판관비에는 임직원 급여와 복리후생비, 광고선전비, 임차료, 감가상각비 등이 포함된다. 영업이익은 기업의 핵심 영업 활동으로부터 창출된 이익으로 대부분 회사에서 가장 중요하게 여기는 경영 성과 지표라고 할 수 있다.

한라산주식회사   (단위: 억 원)

계정 이름	2015.12.31
매출액	1,000
매출원가	400
매출총이익	600
판매관리비	350
급여	150
복리후생비	20
임차료	30
광고선전비	50
감가상각비	100
영업이익	250
영업 외 수익	50
영업 외 비용	150
경상이익	150
법인세 비용	50
당기순이익	100

손익계산서

기업의 핵심 경영 활동 이외의 영역에서도 이익과 손실이 발생한다. 예를 들어 자사 건물의 일부를 임대해 얻는 임대 수익, 은행으로부터 차입한 금액에 대한 이자, 다른 기업의 주식에 대한 투자로부터 발생한 자본 수익 등이 영업 외 수익 및 비용이다. 영업이익에서 이들 영업 외 수익과 비용을 차감한 금액이 경상이익(recurring income)이고, 경상이익에서 국가 세금(법인세) 비용을 차감한 금액이 당기순이익(net income)에 해당한다.

본전이라도 건지려면
몇 개를 팔아야 하나?

손익분기점 : 비용을 회수하기 위해 달성해야 하는 매출액.

최근 서울시 조사에 따르면 서울 시민의 평균 은퇴 연령은 남성이 53세, 여성은 48세라고 한다. 40~50대에 정년을 맞이한다는 뜻의 '사오정'이 우리 사회의 현실을 정확히 짚어낸 말인가 보다. 직장 퇴사는 점점 빨라지는데 수명은 오히려 늘어나는 추세라 중년들은 제2의 직장을 찾아 동분서주한다. 재취업이 결코 쉽지 않음을 깨달은 몇몇은 결국 창업을 결심하기도 한다. 하지만 막상 창업을 하려니 경험이 부족한 게 마음에 걸리고 실패 위험도 높을 것 같아 좀처럼 용기를 내기가 어렵다.

프랜차이즈 치킨집은 중년 창업으로 가장 인기 있는 아이템이다. 프랜차이즈 본사가 점포 운영 교육에서 마케팅까지 경영 전반을 관리해 주기 때문에 경험이 부족한 사람에게 적격이라고 말한다. 그러나 2016년 2월 공정거래조정원이 펴낸 「프랜차이즈 비교정보」를 꼼꼼히 들여다보면 치킨 프랜차이즈도 결코 만만치 않은 사업이다.

현재 국내에서 운영 중인 치킨집은 3만 6,000개로, 이는 세계 최대 패스트푸드 프랜차이즈 기업인 맥도날드의 전 세계 점포 수를 합친 것보다도 많은 수치다. 그러나 보다 중요한 문제는 매년 7,000여 개의 치킨집이 새로 문을 열고 있으며, 신규 점포의 약 40퍼센트가 3년 내에 폐업한다는 사실이다.

치킨집 폐업과 더불어 떠안아야 할 손실도 생각보다 크다. 비비큐(BBQ), 페리카나, 네네치킨, 교촌치킨 등 상위 15개 프랜차이즈 치킨 전문 업체의 가맹점이 되려면 영업을 시작하기도 전부터 가맹금, 교육비, 보증금, 인테리어비, 설비 및 집기 등의 비용으로 본사에 1~3억 원을 납부해야 한다. 사업을 개시한 후 문을 닫을 때까지 발생하는 영업 손실까지 고려하면, 퇴직자에게는 한 번의 사업 실패도 치명적이라고 할 수 있다.

장사의 기본

퇴직 후 자영업을 고려하는 사람들이 꼭 염두에 둬야 할 장사의 기본 원리로 손익분기점(BP, breakeven point)이라는 개념이 있다. 손익분기점은 본전을 건지기 위해 달성해야 하는 최소 매출액으로, 이를 도출하기 위해서는 고정비(fixed cost)와 변동비(variable cost)의 차이를 이해해야 한다.

고정비는 제품의 판매 수량과 관계없이 일정하게 발생하는 비용이고

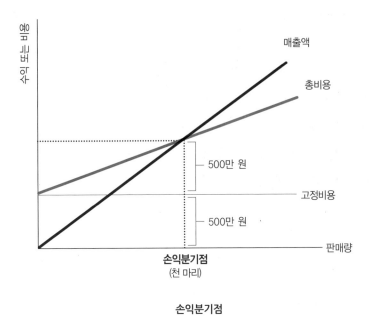

손익분기점

변동비는 판매 수량에 비례해 발생하는 비용이다. 프랜차이즈 치킨집의 예를 들면, 영업 개시 전에 본사에 지급하는 임대료, 종업원 보수 등은 각종 비용이나 매출의 많고 적음과 무관하게 매달 나가는 고정비라 할 수 있고, 재료 구입비 등은 치킨 판매량에 비례해 지불해야 하는 변동비에 해당한다.

만약 치킨 한 마리의 판매 가격이 만 원이고 재료비를 포함한 치킨 한 마리당 변동비가 5,000원이라고 하면, 점주는 치킨 한 마리를 팔 때마다 5,000원의 이익을 얻는다. 이때 치킨 한 마리 판매 가격(1만 원)에서 마리당 변동비(5,000원)를 차감한 5,000원의 이익을 마리당 마진(margin) 또는 공헌이익(contribution margin)이라고 부른다. 한 달에 천 마리의 치킨을 판매한다면 500만 원(5,000원×천 마리)의 이익이 발생하는 셈이다.

만약 이 치킨집이 매달 임대료와 인건비 등의 고정비로 500만 원을 지출한다면, 점주는 한 달에 치킨 천 마리를 판매해 발생한 이익 500만 원 전액을 매달 발생하는 고정비에 지출해 정확히 본전을 건질 수 있다. 즉 해당 치킨집의 손익분기점은 천 마리로, 최소한 매달 천 마리의 치킨을 팔아야 손해를 보지 않고 장사를 지속할 수 있다는 말이다.

사업에서 고정비용 요소가 없다면 손익계산은 실로 간단하다. 모든 비용이 변동비일 경우에는 개당 제품 가격이 변동비보다 크면 이익, 작으면 손해에 해당한다. 하지만 고정비용이 존재하면 손익계산이 좀더 복잡해진다.

치킨집의 경우에는 매달 고정비가 500만 원이었고 손익분기점은 치킨 천 마리였다. 즉 치킨 천 마리를 판매할 경우 총매출액은 1,000만 원(마리당 가격 1만 원×천 마리)이고 변동비가 500만 원(5,000원×천 마리)에 고정비가 500만 원이므로, 치킨집의 총이익은 매출액(1,000만 원)에서 총비용(1,000만 원)을 뺀 값, 0원이 된다.

손익분기점

손익분기점 분석은 비용과 판매량의 관계를 분석하는 데 유용한 도구로, 채산 분석이라고도 한다. 손익분기점은 총비용을 충당하기 위해 필요한 최소한의 판매량 또는 총비용과 매출액이 같아지는 판매량이라고 정의할 수 있다.

앞의 손익분기점 표에서 매출액은 판매량이 늘어남에 따라 선형적으로 증대한다. 판매량에 따른 매출액 선의 기울기는 단위가격을 의미한다. 고정비용은 판매량에 상관없이 일정하고 고정비용과 변동비용을 합한 총비용은 판매량이 늘어남에 따라 선형적으로 증대한다. 이때 총비용 선의 기울기를 결정하는 요소는 단위 변동비용이다.

이상에서 설명한 내용을 수식으로 표현해 보면 총비용과 매출액은 다음과 같이 정의할 수 있다.

총비용 = 고정비용+변동비용 = 고정비용+(단위 변동비용)×(판매량)
매출액 = (단위가격)×(판매량)

한편 손익분기점은 총비용과 매출액이 같아지는 판매량이므로 다음의 수식을 따른다.

총비용 = 고정비용+(단위 변동비용)×(판매량) = 매출액 = (단위가격)×(판매량)
손익분기점 = 고정비용/(단위가격−단위 변동비용)

이해를 돕기 위해 간단한 예를 들어보자. 어떤 제품의 단위가격이 100원, 단위 변동비용이 50원, 고정비용이 100만 원이라고 하자. 이 경우 손익분기점은 100만 원/(100원−50원)=2만 개이다. 즉 2만 개보다 많이 판매하면 (영업)이익을 볼 것이고, 그 이하로 판매하면 (영업)손실을 보게 된다.

손익분기점 수식의 분모인 '단위가격−단위 변동비용'을 공헌이익이라고 부르는데, 이는 제품을 하나 더 팔 경우에 (영업)이익이 얼마나 더 증가하는지를 측정하는 지표이다.

보통 반도체, 조선 등과 같은 자본집약적인 산업은 고정비의 비중이 변동비에 비해 매우 크기 때문에 손익분기점이 높고 공헌이익이 크다. 즉 고정자산에 많은 자본을 투자했기 때문에 본전을 건지려면 제품 판매에서 이익을 많이 남겨야 한다. 반대로 섬유, 신발, 봉재 등 노동집약적 산업은 고정비에 비해 변동비 비중이 크기 때문에 상대적으로 손익분기점이 낮고 공헌이익이 적다.

어떤 기업이 막대한 자본을 투자해 로봇으로 인력을 대체함으로써 노동집약적 산업을 보다 자본집약적으로 바꾸는 전략을 고려하는 경우가 있다. 이렇게 전략을 변경할 경우 고정비가 커지는 대신 변동비는 줄어들기 때문에 공헌이익과 손익분기점을 높이는 결과를 낳는다. 미래에 해당 산업의 시장 수요가 늘어날 것으로 전망한다면 로봇 노동으로의 대체를 고려해 볼 가치도 있는 셈이다.

68 증분비용

사막의 여름 햇볕을
두려워하지 말라

증분비용 : 한 가지 서비스를 추가적으로 제공하기 위해 기업이 지불해야 하는 비용.

팜스프링스는 로스앤젤레스에서 자동차로 약 2시간 정도 떨어진 최고급 휴양지이다. 사막 한가운데에 위치한 도시라 처음에는 주거지로 큰 주목을 받지 못했으나, 1950년대부터 영화배우를 비롯한 많은 유명인들이 이곳으로 이주해 오면서 고급 휴양지 및 관광지로 개발되었다. 연간 300일 이상이 맑은 날이고 습도가 매우 낮은 사막성 기후를 보여 부유한 은퇴자들에게는 최적의 도시로 알려져 있기도 하다. 하지만 여름철에는 기온이 40도를 웃도는 날이 많기 때문에 다른 곳으로 피서를 떠나는 주민들도 많다.

1980년대 내가 미국에서 유학하던 무렵 팜스프링스는 한국 유학생들

사이에서 꼭 가봐야 할 곳으로 통했다. 문제는 호텔비였다. 팜스프링스는 당시 미국에서 가장 인기 있는 휴양지였고 이곳의 부유한 거주자들은 어중이떠중이가 팜스프링스로 몰려드는 것을 반기지 않았다. 팜스프링스의 성수기는 기온이 온화한 겨울철인데, 5성급 호텔의 크리스마스 시즌 하룻밤 숙박비가 100만 원에 육박할 정도였다.

하지만 팜스프링스에서 하룻밤을 지낸다는 가난한 유학생들의 꿈을 실현시켜 줄지도 모르는 흐름이 감지되었다. 팜스프링스의 부자들은 여름이 되면 사막의 열사를 견디지 못하고 몇 달 동안 도시를 비우기 일쑤였는데, 이들 덕분에 먹고살던 식당, 호텔, 나이트클럽 등은 기존의 고객을 대신할 방문객을 절실히 필요로 했다.

그래서 팜스프링스 호텔들은 매년 여름이면 파격적인 가격 할인을 단행하곤 했다. 크리스마스 시즌에 100만 원 하던 바로 그 5성급 호텔의 하루 숙박료가 여름철에는 동네 모텔 수준이나 다름없는 5~10만 원으로 낮아진 것이다. 이렇게 팜스프링스는 겨울에는 부자들의 도시, 여름에는 부자들의 생활을 동경하는 보통 사람들의 도시가 되었다.

증분비용 차이로 인한 가격차별화

팜스프링스의 5성급 호텔이 동일한 객실에 대해 겨울에는 하루 숙박료를 100만 원으로 책정하고 여름에는 5만 원으로 책정한 근거는 무엇일까. 경영학에서는 계절에 따른 호텔의 가격차별화를 증분비용(incremental costs)의 차이로 설명한다. 이때 증분비용이란 호텔 측이 한 손님에게 추가적으로 객실을 제공하기 위해 지불해야 하는 비용을 말한다.

호텔 객실의 증분비용은 비수기와 성수기의 수요 변화에 따라 판이

하게 다르다. 만약 비수기에도 정상가격을 받는다면 전체 객실의 절반도 채우기 어려울 것이다. 객실의 50퍼센트가 찼다고 가정할 때 하나의 객실을 손님에게 추가로 제공하는 데 드는 증분비용은 객실 청소비, 난방비, 전기요금 등을 포함해도 매우 낮다. 팜스프링스의 5성급 호텔이라 해도 여름 비수기의 증분비용은 몇만 원밖에 되지 않는다는 말이다. 비수기에 사람이 들지 않은 객실을 보관했다가 성수기에 팔 수도 없기 때문에, 증분비용 이상만 받을 수 있다면 평소보다 낮은 가격에도 객실을 제공해야 한다.

반면 성수기에는 정상가격을 청구해도 객실은 이미 만원이다. 객실이 꽉 찬 상태에서 손님을 추가로 더 받기 위해서는 호텔 건물을 신축해야 하기 때문에 증분비용이 매우 높다. 즉 팜스프링스 호텔의 경우 비수기에는 증분비용이 매우 낮기 때문에 숙박료를 5만 원으로 정하고, 성수기에는 증분비용이 매우 높기 때문에 100만 원으로 책정하는 것이 합리적이다.

증분비용의 개념을 보다 정확히 이해하기 위해 다른 산업의 예를 살펴보기로 하자.

한 패스트푸드 체인점의 영업시간은 오전 11시부터 오후 10시까지이다. 최근 외식 시장 분석 보고서에 따르면 맞벌이 부부의 수가 빠르게 증가하면서 아침 외식 시장의 전망이 밝다고 한다. 이런 소비자 생활 방식의 변화를 고려해 해당 패스트푸드 체인점은 조식 산업에 진출하기로 결정했다. 영업 시작 시간을 11시에서 7시로 바꾸고, 조식으로 먹기에 적절한 메뉴 세 가지를 본사에서 개발하기로 한다.

그렇다면 아침 식사로 제공할 신제품 메뉴의 가격은 어떻게 결정해야 할까? 음식 재료비, 점포 임대료, 조식 메뉴를 조리하기 위해 구입한 비품, 종업원 인건비, 전기 및 수도 요금, 광고비 가운데 아침 메뉴 원가에 반영해야 할 비용은 무엇일까?

이 회사가 새로 선보일 아침 식사 메뉴의 가격을 정할 때 고려해야 할 요소는 신제품 출시 때문에 추가적으로 지불해야 하는 비용, 즉 증분비용 요소들이다. 음식 재료비, 주방 비품 등은 조식을 제공함에 따라 추가로 발생한 비용이기 때문에 가격 책정에 반영되어야 하지만, 점포 임대료와 같이 조식 제공 여부와 무관하게 나가는 비용은 조식 가격을 책정할 때 고려할 필요가 없다.

또한 조식을 제공하기 전부터 지불해 온 종업원 인건비는 고려하지 않아도 되지만, 영업 시작 시간을 11시에서 7시로 앞당기면서 새로 충원한 아르바이트 인력에 대한 비용은 가격 책정에 반영해야 한다. 전기 및 수도 요금이나 광고비 역시 조식 제공 때문에 추가로 발생한 비용만큼만 가격에 반영해야 한다.

증분과 비(非)증분의 차이는 앞서 설명한 변동비와 고정비의 차이와 유사한 점이 많지만 다른 점도 있다. 모든 변동비는 증분비용이다. 그러나 모든 고정비가 비증분비용인 것은 아니다. 패스트푸드 체인점의 예에서 조식 제공을 위해 새로 구입한 주방 기구나 비품은 고정비의 성격이 강하지만 조식을 제공하기로 함에 따라 추가로 지불해야 하는 증분비용이다.

성수기, 비성수기에 서비스 가격이 천차만별인 이유

증분비용의 개념은 호텔 객실과 같은 서비스 품목의 가격을 책정할 때 특히 중요하다. 서비스는 제품과는 달리 보관이 불가능한 소멸성(perishable) 품목이다. 콜라는 오늘 팔지 못해도 보관했다가 내일 팔 수 있다. 그러나 비행기 좌석이나 호텔 객실은 그렇게 할 수 없다. 성수기와 비수기의 수요 변화에 따라 항공권이나 호텔 객실과 같은 서비스 품목의 가격이 요동치는 것은 바로 재고 보관이 불가능하기 때문이다.

항공은 호텔과 마찬가지로 소멸성 품목의 성격을 띠기 때문에 수요 변화에 따라 증분비용이 크게 변하는 산업이다. 비수기에는 정상가격에서 70~80퍼센트 이상 할인된 값에 항공권을 구매할 수도 있다. 빈 좌석을 보관할 수도 없는 일이고 승객 한 사람 더 탑승시키는 데 필요한 증분비용은 매우 낮기 때문에 아무리 파격적인 할인이라 해도 할 필요가 있다.

반면 성수기의 수요는 항공사가 기본적으로 제공하는 좌석 수를 초과하기 때문에, 추가로 고객을 받으려면 비행기를 더 띄울 수밖에 없다. 이처럼 성수기 항공권의 증분비용은 매우 높기 때문에 항공권 가격이 높게 책정되는 것이 자연스러운 일이다.

통신 산업도 항공 산업이나 호텔과 같은 특성을 갖는다. 밤 시간대나 주말 등 비수기에 남는 통신회선 용량(capacity)을 보관할 수도 없고, 한 사람이 추가적으로 회선을 사용하는 데 드는 증분비용은 0에 가깝다.

그러나 통신 산업의 성수기에 해당하는 주중 업무 시간대에는 통신회선 용량이 거의 최대한으로 사용된다. 그 이상의 통화를 수용하기 위해서는 추가 회선을 설치해야 하기 때문에 증분비용이 매우 높다. 많은 통신 회사들이 주중 업무 시간대에는 정상가격, 밤 시간대나 주말 등에는 할인가격으로 통신요금을 책정하는 데에는 이런 이유가 있다.

이자율이 떨어지면 당신의 몸값은 올라간다

화폐의 시간가치 : 동일한 금액이라 해도 현금 흐름이 실현되는 시점에 따라 가치가 달라지는 것은 화폐의 시간가치가 존재하기 때문이고, 이는 이자율로 측정할 수 있다.

동일한 100만 원이라도 대부분의 사람들은 오늘 내 수중에 있는 100만 원을 1년 뒤에 수령할 100만 원보다 더 가치 있게 평가한다. 물론 그 가치의 차이가 어느 정도인지는 시대와 개인이 처한 환경에 따라 다르다.

1997년 IMF 외환위기로 한국 경제의 미래가 극도로 불안하던 시절에는 연간 은행 이자율이 무려 30퍼센트 가까이 되었지만 지금은 5퍼센트 미만으로 떨어졌다. 한편 이번 달 월세를 내기 위해 사채를 쓸까 말까 고민하는 사람에게 오늘의 100만 원과 1년 뒤의 100만 원 사이에는 30퍼센트 이상의 가치 차이가 있겠지만, 여유 자금이 많아 어디에 투자할지 고민하는 사람의 경우에 그 차이는 5퍼센트 미만일 것이다.

동일한 금액이라 해도 현금 흐름이 실현되는 시점에 따라 가치가 달라지는 것은 화폐의 시간가치(time value of money)가 존재하기 때문이다. 화폐의 시간가치는 이자율(interest rate)로 측정한다. 인류 역사상 마이너스 금리가 존재했던 지역이나 시기가 없었던 것은 아니지만, 이자율은 보통 0보다 크다. 이자율이 0보다 크다는 것은 현금 흐름이 실현되는 시점이 현재와 가까울수록 가치를 높게 평가받는다는 뜻이다. 다음의 예를 살펴보자.

당신에게는 현재 100만 원의 여유 자금이 있다. 이 돈을 지금 당장 써버릴 수도 있고 은행에 1년 동안 예금한 후 찾아 쓸 수도 있다. 은행이 고객에게 지급하는 연간 이자율이 10퍼센트라고 하면, 1년 후 당신이 은행으로부터 받을 돈은 원금 100만 원과 이자 10만 원(100만 원×0.1)을 합한 110만 원이다. 이는 현재 당신 수중에 있는 돈 100만 원의 1년 후 미래가치(future value)에 해당하는 금액이다.

거꾸로 미래에 받을 돈을 현재의 가치로 환산해 볼 수도 있다. 미래가치가 일정 금액을 일정 시간이 지난 후의 가치로 환산한 값이라면, 현재가치(present value)는 미래에 발생할 현금 흐름을 현재 시점의 가치로 환산한 값이라고 할 수 있다. 연간 이자율이 10퍼센트라는 가정하에 당신이 1년 후에 받게 될 110만 원의 현재가치는 100만 원(110만 원/1.1)이다.

이자율

원금 C를 연간 이자율이 r인 은행에 예금했을 때 n년 후의 미래가치 F_n은 다음과 같이 계산할 수 있다.

$$F_n = C(1+r)^n$$

예를 들어 여유 자금 100만 원을 연간 이자율이 10퍼센트인 저축은행에 예금한 후 7년이 지난 시점의 미래가치는 (100만 원)$\times(1+0.1)^7$=195만 원이다. 이자율이 10퍼센트라면 원금을 두 배로 만드는 데 약 7년이 걸리는 셈이다.

미래가치의 경우와 마찬가지로 현재가치의 계산식을 일반화해 보자. 연간 이자율이 r이라고 가정하고 n년이 지난 후에 C원을 한 번에 수령할 수 있는 자산의 현재가치 P_n 은 다음과 같이 표현할 수 있다.

$$P_n = C/(1+r)^n$$

예를 들어 지금 100만 원을 투자하면 5년 후에 200만 원의 수익을 확실하게 보장하는 투자 제안이 있다고 하자. 이 제안이 투자 가치가 있는지를 평가하려면 5년 뒤의 200만 원이 갖는 현재가치를 도출해야 한다. 한편 이 100만 원을 주어진 투자안 대신 은행에 예금한다면 연간 5퍼센트의 이자율 또는 수익률을 보장받을 수 있다.

여유 자본을 은행 등 다른 곳에 투자해 얻을 수 있는 투자 수익률을 자본의 기회비용(opportunity cost)이라고 한다. 즉 자본의 기회비용이 5퍼센트라면 5년 뒤 200만 원의 현재가치는 P_5=(200만 원)/1.05^5=157만 원이다. 이 투자안의 투자 비용이 100만 원이므로 투자에 따른 순수한 이익, 즉 투자안의 순현가(net present value)는 투자안의 현재가치 157만 원에서 투자 비용 100만 원을 차감한 57만 원이다. 그러므로 이 투자안은 투자 가치가 있다고 평가할 수 있다.

위에서 소개한 현재가치 계산 공식은 현금 흐름이 미래의 특정 시점에 단 한 번 일어날 경우에만 적용할 수 있는 공식이다. 이를 일반화해 1년 뒤에 C_1, 2년 뒤에 C_2, n년 뒤에 C_n의 수익을 확실히 보장하는 투자 제안이 있다고 가정하자. 1년 뒤 현금 C_1의 현재

가치는 $C_1/(1+r)$, 2년 뒤 현금 C_2의 현재가치는 $C_2/(1+r)^2$, n년 뒤 현금 C_n의 현재가치는 $C_n/(1+r)^n$이므로 이 투자 제안의 현재가치 P_n은 이를 모두 합한 값과 같다.

$$P_n=C_1/(1+r)^1+C_2/(1+r)^2+ \cdots +C_n/(1+r)^n$$

위의 현재가치 모형은 다양한 재무적 투자에 적용할 수 있는 매우 유용한 도구이다. 영구연금(perpetuity)의 예를 들어보자. 영구연금이란 일정액 상당의 현금을 무한히 지급하는 금융 상품이다. 내년부터 매년 C만큼의 연금을 무한히 지급하는 영구연금의 현재가치는 무한등비급수 공식을 이용해 다음과 같이 도출할 수 있다.

$$P_\infty=C/(1+r)^1+C/(1+r)^2+ \cdots = C/r$$

예를 들어 이자율 또는 할인율(r)이 10퍼센트라고 가정하면, 내년부터 매년 100만 원(C)을 무한히 지급하는 영구연금의 현재가치는 (100만 원)/(0.1)=1,000만 원인 셈이다.

영구연금과 유사한 형태의 현금 흐름을 보이는 금융 상품으로 주식이 있다. 주식의 가치, 즉 주가를 결정하는 모형 중 가장 자주 사용되는 것으로 배당평가 모형(dividend discount model)이 있다. 이 모형은 주가를 무한한 미래에 발생할 모든 주식 배당금을 현재가치로 환산한 것이라고 가정한다.

현재 어떤 주식을 소유한 사람이 얻게 될 미래의 이익은 배당금과 주식 매각 대금의 두 종류이다. 즉 1년 후 주식을 매각한다고 가정하면, 현재 주가(S_0) 또는 주식의 현재가치는 1년 동안 받게 될 배당금(D_1)과 1년 후 주식의 가치(S_1)를 합한 금액을 현재가치로 환산한 값이다.

$$S_0 = D_1/(1+r) + S_1/(1+r)$$

같은 논리로 1년 후 주식의 가치(S_1)는 2년 후 받게 될 배당금(D_2)과 2년 후 주식의 가치(S_2)를 합한 금액을 1년 후 시점에서 현재가치로 환산한 값이다.

$$S_1 = D_2/(1+r) + S_2/(1+r)$$

S_1 식을 현재 주가(S_0)를 구하는 식에 대입하면 다음의 수식을 도출할 수 있다.

$$S_0 = D_1/(1+r) + D_2/(1+r)^2 + S_2/(1+r)^2$$

마찬가지로 2년 후 주식의 가치(S_2)는 3년 후 배당금과 주가를 2년 후 시점에서 할인한 값이고, 이런 과정을 계속 반복하면 다음과 같은 배당평가 모형을 도출할 수 있다.

$$S_0 = D_1/(1+r) + D_2/(1+r)^2 + D_3/(1+r)^3 + \cdots + S_\infty/(1+r)^\infty$$

다시 말해, 현재 주가란 무한의 미래에 발생할 모든 배당금을 현재가치로 할인해 더한 값이다. 만약 매년 지급받을 배당금이 D로 동일하다면 위 주가 모형은 영구연금 공식 때와 마찬가지로 배당금을 할인율로 나눈 값이 된다. 예를 들어 1년 후부터 매년 1,000원을 무한정 지급하는 주식의 현재 주가는 할인율이 5퍼센트라고 가정할 때 1,000/0.05=2만 원이 된다는 것이다.

70 분산투자

한 바구니에
달걀을
모두 담지 마라

분산투자 : 해리 마코위츠는 분산투자를 통해 기대수익률의 손실 없이 투자 위험을 줄일 수 있음을 과학적으로 증명했다.

여기 두 곳의 회사가 있다. 두 회사는 월급을 지급하는 방식 이외의 다른 모든 조건이 같다. 회사 A는 매달 500만 원을 지급한다. 한편 회사 B의 급여 지급 방식은 좀 독특하다. 월급날 아침 당신은 먼저 동전을 던져야 하고 앞면이 나오면 천만 원, 뒷면이 나오면 0원을 월급으로 지급받는다. 당신이라면 이 두 직장 중 어디를 선택하겠는가?

동전 던지기를 무한히 반복한다면 앞면이 나오는 비율과 뒷면이 나오는 비율이 같아지리라고 쉽게 예상할 수 있다. 그러므로 회사 B에서 오랜 기간 근무한다면 평균적으로 500만 원의 월급을 수령하게 될 것이다. 즉 두 회사에서 수령할 평균 월급은 500만 원으로 동일하다.

하지만 월급을 수령하는 사람이 직면해야 하는 위험 수준은 서로 다르다. 회사 A는 매달 500만 원을 확실히 지급하기 때문에 일하는 사람 입장에서는 마음이 편하다. 반면 회사 B의 경우에는 운이 좋으면 천만 원을 받지만 그렇지 않으면 월급 한 푼 받지 못하고 한 달을 일해야 할 수도 있다. B 회사에 다니는 사람의 수익 부침이 A 회사에 다니는 사람의 경우보다 훨씬 크기 때문에 B 회사의 시스템이 더 위험스럽다고 할 수 있다.

따라서 만약 회사 A를 선택했다면 당신은 위험회피적(risk-averse)인 사람이고, 회사 B를 선택했다면 위험추구적(risk-seeking)인 사람이라고 할 수 있다. 두 회사 중 어느 곳에 다니든 상관이 없다고 한다면 위험중립적(risk-neutral)인 사람이다.

대부분의 인간은 미래의 위험 또는 불확실성을 회피하려고 노력한다. 불확실한 500만 원(회사 B)보다 확실한 500만 원(회사 A)을 선호한다는 뜻이다. 기대할 수 있는 수익이 동일하다면 불확실성이 적은 대안을 선호한다는 이 가정은 재무관리 분야에서 널리 사용되는 원칙이다. 물론 이 원칙에 들어맞지 않는 사람도 있다. 하지만 대부분의 평범한 사람들은 인생의 굴곡을 싫어한다. 삶의 행로가 오르락내리락하는 사람을 보고 우리는 '사주팔자가 드세다'라고 하지 않는가?

투자 상품을 구매할 때도 위험회피 원칙이 적용된다. 미래 수익에 대한 불확실성이 큰 투자일수록 우리는 위험을 부담하는 대가로 보다 큰 수익, 리스크 프리미엄(risk premium)을 요구한다. 즉 안전성과 기대수익은 서로 상충관계에 있다. 높은 수익률을 기대한다면 불확실성이 높은 벤처기업 주식에 투자해 위험을 감수해야 하고, 정기적금과 같은 안전한 자산에 투자할 경우에는 연간 2퍼센트에도 미치지 못하는 기대수익률에 만족해야 한다.

또한 우리는 위험을 회피하고자 미래의 불확실성을 줄여주는 금융 상품을 돈을 지불하고 구매하기도 한다. 다양한 부류의 보험 상품이나 가격 변화의 위험을 상쇄해 주는 헤지(hedge) 상품이 그 예다.

수익은 유지하고 위험은 줄이고

기대수익의 감소 없이도 위험도를 낮출 수 있는 놀라운 방법이 있다. 바로 자금을 여러 자산에 나눠 투자함으로써 위험을 분산시키고 전체 위험을 줄이는 분산투자 전략이다.

인류는 분산투자 전략의 우수성에 대해 오래전부터 인지해 왔다. 지금으로부터 2500년 전에 쓰인 『구약성서』를 보면 "세상에서는 어떤 불운이 닥쳐올는지 모르니, 투자하더라도 대여섯 몫으로 나누어 하여라"라는 말이 나온다. 기원은 불명확하지만 "한 바구니에 달걀을 모두 담지 마라"라는 유명한 서양 격언도 있다.

또 영국의 대문호 셰익스피어가 1598년에 펴낸 『베니스의 상인』을 보면 "난 아무리 투자 가치가 높아 보이는 투자처가 있어도 그곳에 내 재산을 모두 투자하지는 않는다"라며 분산투자를 강조하는 표현이 등장한다.

경제사학자 디어드리 매클로스키(Deirdre McClosky)가 밝혀낸 중세 시대 영국 지주들의 분산투자 전략은 더욱 흥미롭다. 중세 영국의 지주는 일반적으로 한 지역에 커다란 토지를 소유하기보다 작은 크기의 토지를 수십 개 지역에 분산해 소유했다고 한다.

보통은 작은 땅을 여러 장소에 나누어 소유하는 것보다 하나의 커다란 땅을 소유하는 편이 더 효율적일 것이라고 생각한다. 예컨대 양을 칠 때 여기저기 멀리 떨어진 지역으로 양 떼를 몰고 다녀야 한다면 이만저만 불편한 일이 아니다.

당시의 지주들이 그런 번거로움을 감수하면서까지 땅을 분산해 소유 했던 것은 빈번한 자연재해로 인한 경제적 손실을 최소화하기 위한 일 종의 보험이었다는 게 매클로스키의 주장이다. 만약 특정 지역에 냉해 가 찾아왔다 해도 토지를 분산 소유한 지주의 경우에는 큰 손해를 입 지 않고 넘어갈 수 있다.

매클로스키는 여러 지역에 분산된 토지를 소유한 지주가 일부 지역 에 집중된 토지를 소유한 지주보다 높은 생산성(전체 토지 면적당 수확 량)을 보였다는 사실을 증거로 제시했다.

그러나 여러 문헌과 현자들의 주장에도 불구하고 어느 누구도 분산 투자가 집중투자보다 우수한 투자 전략이라고 확신하지는 못했다. 그러 던 1952년 해리 마코위츠(Harry Markowitz)가 「포트폴리오 선택(*Portfolio Selection*)」이라는 제목의 논문을 발표해 옛 현자들의 추측을 과학적으 로 증명해 내기에 이른다.

마코위츠의 이 이론은 현대 재무관리 이론에서 큰 비중을 차지하는 포 트폴리오* 분석(portfolio analysis)의 시발점이 되었고, 1960년대 후반부터 발전하기 시작한 자본자산 가격 결 정 이론(CAPM, capital asset pricing model)*의 초석이 되었다. 과학적으로 투자 위험을 측정하는 방법을 제시하면 서 그는 투자 위험을 최소화하려면 개 별 자산의 위험보다 포트폴리오 전체의 위험에 주목해야 한다고 주장했다.

마코위츠는 분산투자 이론 개발에

포트폴리오
포트폴리오란 개인 또는 조직이 보유한 현금, 채권, 주식, 부동산 등 다양한 금융자산의 집합을 뜻 한다. 일반적으로 포트폴리오의 구성은 위험에 대한 투자자의 선호 도와 투자 목표에 따라 결정된다.

자본자산 가격 결정 이론
이는 효율적 시장에서 자산의 기 대수익과 위험 간 관계를 설명하 는 이론이다. 이를 통해 우리는 개 별 종목의 가격 또는 기대수익률 을 이론적으로 책정할 수 있다.

기여한 공로를 인정받아 1990년 노벨 경제학상을 수상한다.

분산투자와 포트폴리오 구성

마코위츠는 은행 정기적금, 주식 등 다양한 투자 상품의 성격을 결정하는 것은 기대수익률과 위험이라고 주장한다. 은행 적금에 돈을 예치하는 사람들은 연간 2퍼센트의 이자 수익을 기대하고, 회사 A와 B의 종업원은 매월 500만 원의 급여를 평균적으로 수령할 것이라고 기대한다. 이것이 기대수익률이다.

한편 위험은 미래가 불확실하기 때문에 발생한다. 앞의 사례에서 회사 A의 종업원은 매달 500만 원의 월급이 통장에 입금되리라 확신하지만, 회사 B의 종업원은 운이 좋으면 천만 원, 그렇지 못하면 0원의 월급을 받게 된다는 불확실성에 노출되어 있다. 1년 후 대박이 날 것을 기대하고 전망 밝기로 소문난 주식을 샀지만, 앞으로 경기가 좋아질지 아니면 나빠질지는 아무도 모른다. 내가 투자한 회사의 사장이 갑자기 몹쓸병에 걸릴 수도 있고, 뛰어난 경쟁자가 돌연 나타나 시장을 평정할 수도 있다.

마코위츠는 먼저 하나의 주식에 집중적으로 투자하는 것보다 두 개의 주식에 반씩 나눠 투자하는 방법으로 기대수익을 유지하면서 위험을 줄일 수 있다고 말한다. 두 주식 앞에 가로놓인 미래의 위험을 분산투자를 통해 상쇄함으로써 포트폴리오의 전체 위험이 줄어들기 때문이다.

주식 바구니 또는 포트폴리오에 담을 주식의 가짓수를 늘릴수록 위험은 점점 더 줄어든다. 하나의 주식에 올인하는 집중투자보다는 두 개의 주식으로 구성된 포트폴리오의 위험성이 낮고, 두 개의 주식으로 구성된 포트폴리오보다는 세 개의 주식에 나누어 투자하는 편이 덜 위험하다.

하지만 종목 수를 무한정 늘린다고 해서 모든 위험을 완전히 제거할 수 있는 것은 아니다. 분산투자로 제거할 수 없는 위험을 체계적 위험(systematic risk) 또는 시장 위험(market risk)이라 하고, 제거할 수 있는 위험을 비체계적 위험(unsystematic risk)이라고 한다.

비체계적 위험은 파업이나 최고경영자의 건강 문제 등 개별 기업의 특수한 사정에 따른 위험으로, 분산투자를 통해 상쇄할 수 있다. 그러나 체계적 위험은 거시적 경제 여건과 같이 시장 전반에 걸쳐 영향을 미치는 위험으로, 이러한 시장 위험은 분산투자를 통해서도 제거할 수 없다. 미국 뉴욕증권거래소에 상장된 주식을 대상으로 포트폴리오를 구성할 경우, 분산투자로 극복할 수 없는 체계적 위험이 전체 위험의 15퍼센트 정도라는 학술 연구가 발표된 바 있다.

마코위츠의 분산투자 이론

두 회사의 주식에 투자하는 경우를 예로 들어 마코위츠의 이론을 설명해 보자. 주식 A는 아이스크림 회사의 주식이다. 날씨가 맑으면 수익률이 12퍼센트 정도이지만 비가 오면 8퍼센트로 떨어진다. 반면에 주식 B는 우산 회사의 주식으로, 비가 오면 수익률이 15퍼센트까지 올라가고 맑으면 5퍼센트로 떨어진다.

이 경우에 불확실성을 만드는 요인은 날씨이다. 당장 내일 날씨가 맑을지 비가 올지 예측할 수 없지만 각각의 사건이 일어날 확률이 0.5라고 가정하자.

날씨(확률)	수익률(퍼센트)	
	주식 A	주식 B
맑음(0.5)	12	5
비(0.5)	8	15

주식 A와 B의 수익률(r_A와 r_B)은 확률변수(random variable)이므로, 확률변수 r_A와 r_B의 기대수익률과 수익률의 분산은 다음과 같이 계산할 수 있다.

$$E(r_A)=(0.5)(12)+(0.5)(8)=10\%$$
$$E(r_B)=(0.5)(5)+(0.5)(15)=10\%$$
$$Var(r_A)=(0.5)(12-10)^2+(0.5)(8-10)^2=4\%$$
$$Var(r_B)=(0.5)(5-10)^2+(0.5)(15-10)^2=25\%$$

주식 A와 B의 기대수익률은 10퍼센트로 동일하다. 하지만 수익률의 분산은 주식 B가 A에 비해 훨씬 크다. 기대수익률이 같더라도 주식 B가 훨씬 위험한 주식이라는 말이다. 이와 같이 마코위츠는 투자 자산의 위험 또는 불확실성 수준을 분산으로 측정했다. 분산이 크면 수익률의 변동 또한 크다. 주식 A는 날씨에 따라 수익률이 8퍼센트에서 12퍼센트로 변동하지만, 주식 B는 5퍼센트에서 15퍼센트로 훨씬 크게 변동하기 때문에 위험성이 높다고 할 수 있다.

다음으로 주식 A와 B를 반씩 담은 포트폴리오를 살펴보자. 이 경우 수익률(r_P)은 $(0.5)r_A+(0.5)r_B$이므로 기대수익률과 분산은 다음과 같이 계산할 수 있다.

$$E(r_P)=(0.5)E(r_A)+(0.5)E(r_B)=10\%$$
$$Var(r_P)=(0.5)^2 Var(r_A)+(0.5)^2 Var(r_B)+2(0.5)(0.5)P^{AB}[Var(r_A)Var(r_B)]^{1/2}$$
$$=(0.5)^2(4)+(0.5)^2(25)+2(0.5)(0.5)(-1)(10)=2.25\%$$

A와 B 가운데 하나의 주식에 집중투자를 하는 경우나 각각 반씩 포트폴리오에 담는 경우나 기대수익률은 10퍼센트로 동일하다. 하지만 주식 A에 집중투자할 경우 분산으로 측정한 위험은 4퍼센트고 주식 B의 경우에는 25퍼센트이다. 한편 절반씩 나누어

투자할 경우에 분산은 2.25퍼센트로, 주식 A 또는 B에 집중투자할 때에 비해 불확실성을 낮출 수 있다. 달걀을 한 바구니에 담지 않고 여러 바구니에 나눠 담음으로써 기대수익의 손실 없이 위험을 낮출 수 있다는 것이다.

분산투자를 통해 어느 정도 수준까지 위험을 낮출 수 있는지는 두 주식 수익률 간 상관계수(P_{AB})에 의해 결정된다. 상관계수는 −1에서 1 사이의 값을 갖는 통계량이다. 두 확률변수의 상관계수 값이 1이면 두 변수는 완벽하게 같은 방향으로 움직이고, −1이면 정반대 방향으로 움직이며, 0이면 서로 독립적으로 움직인다. 앞의 예에서 아이스크림 회사 주식 A와 우산 회사 주식 B의 수익률은 날씨에 따라 서로 완벽하게 반대 방향으로 움직이는 특성을 갖고 있기 때문에 주식 A와 B의 상관계수는 −1이다.

이렇듯 서로 완전히 반대 방향으로 움직이는 두 주식을 보유하면 한쪽의 수익이 떨어졌을 때 다른 쪽의 수익이 이를 벌충해 준다. 실제로 주식 A와 B가 반반씩 담긴 포트폴리오를 구성한다면 날씨가 맑을 때의 수익률이 (0.5)(12)+(0.5)(5)=8.5퍼센트, 비가 올 때의 수익률이 (0.5)(8)+(0.5)(15)=11.5퍼센트임을 알 수 있다. 날씨에 따른 수익률의 편차가 집중투자의 경우보다 훨씬 적은 것이다.

날씨가 맑으면 아이스크림 주식이 우산 주식의 저조한 수익률을 어느 정도 상쇄해 주고, 반대로 비가 오면 우산 주식이 아이스크림 주식 수익률을 상쇄해 줌으로써 전체 포트폴리오의 위험을 감소시켜 준다. 이처럼 두 주식 수익률 간 상관계수 값이 −1에 가까울수록 포트폴리오의 위험 감소 효과가 크고, 1에 가까울수록 위험 감소 효과가 줄어든다.

지금까지 우리는 두 개의 주식으로 구성된 포트폴리오의 예를 들어 분산투자 효과를 살펴보았다. 마코위츠는 이를 n개 주식의 포트폴리오로 확장해 설명하며, 포트폴리오를 구성하는 주식 종목의 수가 늘어날수록 포트폴리오의 위험은 평균적으로 더욱 감소하는 경향을 보인다고 주장한다.

재무 레버리지와 MM이론

돈은 얼마나
빌려 써야 좋을까?

지렛대 효과 : 타인자본의 비중이 커질수록 자기자본 이익률의 변동폭 또는 분산이 커지는 현상.

1970~80년대 부동산 투기가 극성을 부리던 시절, 우리 국민 대부분은 은행으로부터 받아낼 수 있는 최대한도까지 대출을 얻어 아파트를 구매했다. 당시 내 집 마련은 중산층의 꿈이었기 때문에 감당하기 어려운 빚이라도 져서 그 꿈을 빨리 실현하려는 사람들을 아무도 비난하지 않았다.

그러나 요즘은 분위기가 사뭇 달라졌다. 무리해서라도 내 집을 장만하려는 사람들은 줄어들고 전세나 월세 수요가 늘어나는 등 부동산 시장이 변하고 있다. 이미 집값이 너무 올라 집을 살 엄두가 나지 않기 때문이라고 설명하는 사람들이 많다. 하지만 나는 다들 집값이 예전처럼 오르지는 않을 거라고 예상하기 때문이라고 생각한다. 1970~80년대와 같이 또 한 번 부동산 가격이 천정부지로 뛰어오르리라고 생각한다면 아무리 비싸더라도 대출을 받아 아파트를 사려 할 것이다.

대출금이 지렛대가 되어 미래에 높은 부동산 수익을 가져다주는 현상을 레버리지(leverage) 또는 지렛대 효과라고 한다. 부동산 시장이 활황이고 이자율이 낮다면 대출 비중을 과감히 늘려 주택을 구매하는 편이 좋다. 지렛대 효과를 극대화시키는 것이다.

하지만 대출금은 양날의 칼과 같다. 부동산 시장이 불황이거나 이자율이 올라갈 것으로 예상된다면 오히려 대출 비중을 최소화하는 편이 바람직하다. 1970~80년대에는 부동산 시장이 활성화되어 아파트 가격 상승률이 은행 이자율 증가를 웃돌았기 때문에 레버리지 효과를 극대화할 필요가 있었다. 하지만 지금은 부동산 시장이 침체되어 있기 때문에 부동산을 구매할 때 대출금의 비중을 최소화하는 편이 낫다.

개인이 주택을 구매할 때 대출금의 비중을 고민하듯, 기업도 비슷한 고민을 한다. 창업할 때의 초기 투자금과 매년 벌어들인 돈만으로 회사를 성장시키는 것이 좋을지, 아니면 은행으로부터 대출을 받는 등 타인자본을 적극적으로 유치해 공격적으로 회사를 운영하는 편이 좋을지 고민인 것이다. 기업의 장기 자금은 자기자본(주식, 이익잉여금 등)과 타인자본(은행 대출, 채권 발행 등)으로 구성되어 있는데, 이 둘의 비중이야말로 자본구조(capital structure) 의사결정 문제의 핵심이라고 할 수 있다.

기업의 자본구조 문제를 주주 입장에서 생각해 보자. 주주는 자신이 투자한 기업의 미래 영업이익이 불확실하기 때문에 발생하는 경영 위험(business risk)과 타인자본을 사용하기 때문에 발생하는 재무 위험(financial risk)이라는 두 가지 위험을 감수해야 한다. 개인이 주택을 구매할 때 주택 가격의 상승과 하락에서 오는 위험이 경영 위험에 해당한다면, 이자와 대출 원금을 상환해야 하는 의무 때문에 발생하는 위험이 재무 위험에 해당한다.

자기자본으로만 사업을 영위하면 경영 위험만 감수하면 되기 때문에 위험이 적다. 반면 타인자본의 비중이 커질수록 대출 이자와 원금 상환액이 늘어나 추가적으로 짊어져야 할 재무 위험이 높아지기 때문에 미래 수익의 변동성 또는 불확실성이 증가한다. 이처럼 타인자본 의존도가 크면 클수록 자기자본 이익률의 변동폭 또는 분산이 커지는 현상을 재무 레버리지 효과(financial leverage effect) 또는 부채의 손익확대 효과라고 부른다.

한마디로 말해, 타인자본의 비중을 늘리면 평균 자기자본 수익률은 늘어나지만 동시에 위험성 또한 증가하는 두 가지 효과가 있다. 미래에 기대할 수 있는 수익률이 증가하기 때문에 기업가치가 상승하는 긍정적인 효과를 낳는 한편으로, 재무 위험이 늘어나기 때문에 기업가치가 하락하는 부정적인 효과가 발생한다.

기업가치는 자본구조에 따라 결정되지 않는다

1958년 프랑코 모딜리아니(Franco Modigliani)와 머튼 밀러(Merton Miller)가 MM 이론을 발표하기 전만 해도 사람들은 최적 자본구조, 즉 자기자본과 타인자본의 황금 비율이 존재한다고 믿었다. 어느 정도까지 타인자본 비중을 늘리는 것은 기업가치를 높이는 데 도움이 된다고 생각하는 사람이 많았던 것이다.

하지만 모딜리아니와 밀러는 자본구조에 대한 이런 전통적인 믿음을 완전히 부정했다. 자본구조가 기업가치에 아무런 영향도 미치지 않는다고 주장한 것이다. 예를 들어 기업이 추가적으로 자본을 필요로 할 때, 주식 발행을 통한 자기자본으로 충당하든 은행 대출과 같은 타인자본으로 충당하든 기업가치에는 별 영향이 없다는 게 그들의 생각이었다.

기업의 배당 정책이나 자본구조가 기업가치에 아무런 영향을 미치지 않는다는 MM 이론은 흔히 '자본구조 무관련성 원칙(capital structure irrelevance principle)'이라고 불리기도 한다. MM 이론이 현대 재무관리에 미친 영향을 높이 평가받아 모딜리아니는 1985년, 밀러는 1990년에 노벨 경제학상을 수상했다.

레버리지 효과

현재 매물로 나와 있는 10억 원짜리 주택이 있는데, 1년 뒤에 가격이 20퍼센트 상승해 12억 원이 될 확률이 0.5, 5퍼센트 상승에 그칠 확률이 0.5라고 가정하자.

먼저 10억 원 모두를 내 돈으로만 지불할 경우의 자기자본 이익률을 계산해 보자. 주택 가격이 20퍼센트 상승한다면 자기자본 이익률은 (12억-10억)/(10억)=20퍼센트다. 하지만 주택 가격이 5퍼센트밖에 상승하지 않는다면 자기자본 이익률은 (10.5억-10억)/(10억)=5퍼센트다. 그러므로 전액 자기자본으로 주택을 구입할 경우 자기자본 이익률은 (0.5)(20퍼센트)+(0.5)(5퍼센트)=12.5퍼센트다.

이번에는 5억 원만 내 돈으로 지불하고 나머지 5억 원은 은행으로부터 대출(이자율 연간 10퍼센트)을 받아 충당할 경우의 자기자본 이익률을 계산해 보자. 먼저 5억 원 대출금에 대해 1년간 부담해야 하는 이자 비용은 5억×0.1=5,000만 원이다. 주택 가격이 20퍼센트 상승한다면 자기자본 이익률은 (12억-10억-0.5억)/(5억)=30퍼센트다. 반면 주택 가격이 5퍼센트 상승하면 자기자본 이익률은 (10.5억-10억-0.5억)/(10억)=0퍼센트로 감소한다. 그러므로 자기자본 반 대출 반으로 주택을 구입할 경우 자기

자본 이익률은 (0.5)(30퍼센트)+(0.5)(0퍼센트)=15퍼센트다.

부동산 시장이 호황일 때는 보통 주택 자산가치의 증가 속도(20퍼센트)가 대출 이자율(10퍼센트)을 웃돌기 때문에 대출을 받는 편이 유리하다. 남의 돈을 이자율 10퍼센트로 빌려 20퍼센트 수익을 냄으로써 자기자본 이익률이 20퍼센트(전액 자기자본 투자의 경우)에서 30퍼센트(자기자본 투자 비율이 50퍼센트인 경우)로 올라간 것이다. 하지만 부동산 시장이 불황일 때는 주택 자산가치 증가 속도(5퍼센트)가 이자율(10퍼센트)보다 낮기 때문에 대출을 받지 말아야 한다. 이 경우 대출을 받은 사람의 자기자본 이익률은 0퍼센트로, 오히려 전액 자기자본으로 주택을 구매한 사람보다 자기자본 이익률이 더 낮다.

한편 주택을 전액 자기자본으로 구매한 사람의 기대 자기자본 수익률이 12.5퍼센트인 데 비해, 자기자본 반 대출 반으로 주택을 구매한 사람의 자기자본 수익률은 15퍼센트이다. 타인자본의 비중이 클수록 평균 자기자본 수익률은 증가하는 것이다.

하지만 전액 자기자본으로 주택 구매를 한 사람의 자기자본 수익률이 경기에 따라 20퍼센트에서 5퍼센트로 하락한 반면, 대출 비중이 50퍼센트인 사람은 자기자본 수익률이 30퍼센트에서 0퍼센트로 하락하므로 변동폭이 훨씬 크다는 것을 알 수 있다. 즉 타인자본의 비중이 늘어나면 분산 또는 위험은 증가한다. 기대 자기자본 수익률의 증가는 기업가치를 상승시키지만, 위험의 증가는 기업가치를 하락시킨다.

주식 투자로
돈을 버는 비법

효율적 시장 가설 : 만약 주식시장이 효율적 시장이라면 활용 가능한 모든 정보가 이미 주가에 반영되어 있기 때문에 아무도 미래의 주가를 예측할 수 없다.

유례없는 저유가와 불안한 중국 경제 때문인지 최근 국내 주식시장은 전반적으로 암울하다. 대부분의 일반 투자자가 적절한 투자처를 못 찾아 갈피를 잡지 못하는 와중에, 한 펀드매니저가 지난 6개월간 수익률 20퍼센트 이상을 기록했다며 자신이 운용하는 펀드에 가입하라고 권한다면 어떻게 하겠는가?

여러분도 펀드 가입을 권하는 이런 류의 영업 멘트를 들은 적이 있을 것이다. 펀드에 가입할지 말지는 사실 지난 반세기 동안 재무금융 분야를 지배해 온 질문이다. 여기에 대한 해답은 해당 펀드매니저가 올린 화려한 성과가 그저 일시적으로 운이 좋았기 때문인지 아니면 진짜 실력 때문이었는지에 달려 있다.

만약 그가 단순히 운이 좋았을 뿐이라면 매년 당신 투자금의 1~2퍼센트에 달하는 수수료에다 투자 운용 수익의 20퍼센트를 추가 수수료로 지불하면서까지 펀드매니저에게 돈을 맡길 필요가 없다. 언제까지고 그 운이 지속되리라는 보장이 없기 때문이다. 하지만 그가 진짜 실력이 있는 사람이라면 비싼 수수료를 지불하더라도 기꺼이 돈을 맡기는 것이 마땅하다.

유진 파마(Eugene Fama)와 케네스 프렌치(Kenneth French)는 1984년부터 2006년까지 미국 펀드매니저들의 실적을 분석한 후, 그들의 펀드 운용 수익률이 시장 평균 수익률보다 높다는 그 어떤 증거도 없다는 연구 결과를 발표했다.

무작위로 주식 종목을 선정해 투자하는 것이나 비싼 수수료를 지불해 가며 유명 펀드매니저에게 돈을 맡기는 것이나 수익률 면에서 별 차이가 없으니 펀드매니저에게 돈을 맡기지 말라는 이야기였다. 작년 한 해 어떤 펀드매니저의 수익률이 유난히 높았다면 그것은 그의 운이 좋았던 것일 뿐 실력 때문이 아니라는 것이다.

파마와 프렌치의 주장이 유능한 펀드매니저에게는 모욕적으로 들릴지 모르겠지만, 더 모욕적인 사례도 수두룩하다. 1999년 미국에서 실제로 벌어진 경합에서 침팬지가 월스트리트 대표로 나온 펀드매니저보다 더 높은 수익률을 기록한 일화는 어떠한가.

누구도 시장을 이길 수는 없다

많은 재무금융 학자들은 '어느 누구도 시장을 이길 수 없다'는 효율적 시장 가설(efficient market hypothesis)을 믿는다. 주식시장이 효율적 시장이라면 활용 가능한 모든 정보가 이미 현재의 주식 가격에 반영되어 있기 때문에 아무도 미래의 주가를 예측할 수 없다.

즉 주식시장에서 지속적으로 돈을 벌 수 있는 방법은 없으니, 내일의 주가를 예측하겠다고 어제의 주가 경향을 분석하는 바보짓은 하지 말라는 것이다.

내일의 주가는 어제까지의 주가와는 아무 관련 없이 예측 불가능한 무작위 형태로 움직일 것이다. 그리고 시장에 새로운 정보가 등장하는 바로 그 순간 수많은 투자자들이 경쟁적으로 정보를 분석해 투자에 활용하기 때문에, 순식간에 해당 정보가 주가에 반영되고 새로운 정보가 제공하는 추가 이익의 기회는 온데간데없이 사라지게 마련이다.

효율적 시장 가설이 주류 재무금융 이론으로 정착하기까지 프리드리히 하이에크(Friedrich Hayek), 폴 사무엘슨(Paul Samuelson) 등 많은 경제학자들의 기여가 있었다. 하지만 효율적 시장 가설을 명확히 정의하고 오랜 연구를 통해 그 존재를 실증적으로 보여준 학자는 시카고 대학의 유진 파마이다.

효율적 시장 가설은 지난 반세기간 재무금융 분야에서 가장 중요한 이론으로 연구되었고, 파마는 그 공로로 2013년 노벨 경제학상을 수상했다. 파마의 지적 영향력은 학계에만 국한되지 않았다. "아무리 탁월한 펀드매니저라 해도 시장을 이길 수는 없다"라는 그의 발언은 시장 평균 수익률을 추구하는 인덱스 펀드(index fund)*의 발전에 지대한 영향을 미쳤다.

인덱스 펀드
종합주가지수와 같은 시장 전체의 주가 흐름에 따라 수익성이 결정되도록 포트폴리오를 구성해 시장의 평균 수익률을 실현하는 펀드.

주식시장은 효율적 시장이 아니다

그러나 효율적 시장 가설은 처음 이 이론이 등장한 1960년대부터 비판의 대상이 되어왔다. 시장 수익률보다 몇 배나 높은 수익률을 무려 수십 년 동안이나 기록한 워렌 버핏과 같은 투자자에게는 뭔가 시장을 이길 수 있는 비법 같은 게 있는 듯하다. 그렇게 묻는다면 파마는 "버핏은 지독하게 운이 좋은 사람일 뿐"이라고 무덤덤하게 답하겠지만 말이다.

효율적 시장 가설의 가장 큰 약점은 그 바탕에 인간의 합리성에 대한 믿음이 자리하고 있다는 것이다. 그런데 행동경제학자들의 연구에 따르면, 인간은 과신이나 과잉반응 등 비합리적인 행동을 수시로 하는 존재이기 때문에 비합리적 인간들로 구성된 주식시장은 효율적이지 않을 수도 있다.

1987년 10월 19일 월요일 단 하루 만에 뉴욕 증시가 22.6퍼센트 폭락한 블랙 먼데이(Black Monday) 사건은 만약 주식시장이 효율적 시장이라면 결코 일어나지 않았을 일처럼 보인다. 주식 가격이 기업의 내재 가치를 충실히 반영한다는 게 사실이라면 하루 만에 이렇게 주가가 폭락하는 현상을 설명할 수 없기 때문이다.

1980년대 말 나는 시카고대 경영대학원에서 박사 공부를 하고 있었다. 당시 유진 파마 교수는 학내에서 신(神)과 같은 존재였다. 내 전공 분야의 교수는 아니었지만 나 역시 그의 이론을 신봉하고 따르는 팬이었다.

파마의 추종자라면 여유 자금을 '코스피200' 같은 시장 인덱스 펀드에 투자해야 마땅하다. 하지만 나는 아직도 개별 종목 투자에 몰두하고 있다. 파마의 이론을 백 퍼센트 지지하면서도 막상 실행하기는 주저하는 이유가 뭘까. 어쩌면 내가 경영대학 교수라서 기업 정보 분석 능력과 직관이 남다를 것이라고 과신하는 건 아닐까.

학생들에게는 합리적 인간이 되라고 가르치면서 나 자신은 지극히 비합리적인 행동을 할 때가 너무 많다. "교수가 행동하는 대로 하지 말고 교수가 말하는 대로 해라"라고 했던 어떤 선배의 말이 새삼 떠오른다.

금융 고수는 파생상품을 주로 취급하던데

파생상품 : 주식, 채권, 외국환 등 기초가 되는 자산의 성과로 수익률이 결정되는 금융 상품.

수출을 많이 하는 기업은 환율 위험을 줄이기 위해 금융기관으로부터 환율 헤지(hedge) 상품을 사곤 한다. 예를 들어 미국에 수출을 많이 하는 업체라면 한 달 후 100만 달러를 달러당 1,200원으로 매각하는 통화선물(currency futures)을 매수함으로써 달러 환율 하락에 대비할 수 있다. 하지만 요즘은 헤지 상품도 종류가 다양해져 세부 조건을 꼼꼼히 챙겨보지 않고 구입하면 낭패를 볼 수 있다.

2008년 말 금융위기가 터지기 직전 국내 금융기관들은 '키코(KIKO)'라는 외국환 헤지 상품을 중소기업들에 팔았다. 이는 미리 정해놓은 '상한 (knock-in)과 하한(knock-out)'(키코라는 이름은 여기서 유래했다) 범위

내에서만 환율이 움직이면 환율 변동에 따라 기업이 부담해야 하는 위험을 줄여주고 일부 환차익까지 제공하겠다는 매력적인 금융 상품이었다. 수출업자들은 환율 위험도 줄이고 추가 이익까지 준다는 말에 너도나도 키코를 구매했다.

그러나 문제는 환율이 상한보다 더 올라가거나 하한보다 떨어질 경우에 기업의 환율 손실이 몇 배로 불어난다는 계약 조건에 있었다. 과거 오랜 기간 동안 환율은 키코 상품이 제시한 범위 내에서만 변동했기 때문에 많은 중소기업들은 환율이 제한 범위를 벗어날 가능성을 과소평가했다. 그 결과 2008년 말 금융위기로 환율이 급등하자 은행과 키코 계약을 체결한 중소기업들은 환율 손실로 도산까지 하게 되는 막대한 피해를 입었다.

이후 키코 계약으로 큰 피해를 입은 백여 개의 중소기업들은 '키코 피해 기업 공동대책위원회'를 발족하고 키코 상품을 판매한 은행들을 상대로 대규모 손해배상 소송을 제기했다. 피해 기업들은 키코 상품이 은행에게만 유리한 불공정 계약의 산물이고, 환율이 사전에 정해 놓은 상한과 하한을 벗어났을 때 키코 구매자가 떠안아야 하는 위험을 은행 측이 성실히 설명하지 않았다고 주장했다. 5년 이상 걸린 법정 다툼 끝에 2013년 대법원은 키코가 환율 헤지 목적의 정상 상품이며 키코 판매는 불공정 거래 행위가 아니라고 확정 판결을 내렸고, 이로써 길었던 분쟁은 일단 마무리되었다.

키코와 같은 금융 상품을 파생상품(derivative)이라고 한다. 1980년대 이후로 파생상품에 대한 투자자들의 관심이 높아져 오늘날에는 주식, 채권과 더불어 3대 주요 금융 상품으로 부상했다. '파생'이라는 용어는 파생상품의 가치가 주식, 채권, 외국환 등 기초가 되는 자산(underlying asset)의 성과로부터 파생(derive)되어 결정된다는 데에서 유래했다.

파생상품은 원래 주가, 환율, 금리 등의 변동에 뒤따르는 위험을 줄이기 위한 수단으로 사용되었지만, 최근에는 고수익을 창출하려는 투기 목적이나 일반인이 접근하기 어려운 자산이나 시장을 상품화해 쉽게 거래할 수 있도록 하는 용도로 많이 활용되고 있다. 대표적인 파생상품으로는 선물(futures)과 옵션(option)이 있다.

'의무'인 선물

선물이란 특정 자산을 미래의 특정 시점에 지금 미리 정한 가격으로 거래하기로 약속하는 것이다. 예를 들어 오렌지주스 제조업자는 오렌지 가격 변동에 따른 위험을 회피하기 위해 오렌지 생산자와 선물 계약을 체결할 수 있다. 현재 오렌지 한 상자의 가격이 5,000원이라면, 3개월 후 상자당 5,100원에 오렌지 천 상자를 구매하기로 약속한 선물을 미리 매입하는 것이다.

오렌지주스 제조업자는 이 선물 계약을 체결함으로써 3개월 후 실제 오렌지 가격이 얼마가 되든 간에 상자당 5,100원에 천 상자를 살 수 있으므로 오렌지 가격 변동에 따른 위험을 제거할 수 있다. 이 선물거래에서 거래 대상이 되는 기초자산은 오렌지이고, 오렌지의 현재 가격 5,000원은 현물가격(spot price), 3개월 후 미래의 오렌지 거래 가격 5,100원은 선물가격(future price), 오렌지 거래가 일어날 3개월 후를 선물의 만기일(maturity date)이라고 부른다.

선물거래는 매입(long position)과 매도(short position)로 구분한다(금융기관 종사자들은 매입을 롱(long), 매도를 쇼트(short)라고 부른다). 매입이란 만기일에 선물가격으로 기초자산을 구입하겠다고 약속하는 것이고, 매도란 같은 날 선물가격에 기초자산을 판매하겠다고 약속하는 것이다. 선물거래에서는 선물의 매입자와 매도자 모두 만기일의 현물가격이 얼마가 되든 미리 약속한 거래를 이행해야 할 의무가 있다. 바로 이 점에서 선물은 뒤이어 설명할 옵션과 다르다.

기초자산의 가격이 미래에 어떻게 변화할지에 따라 매입자와 매도자는 이익을 볼 수도 있고 손해를 입을 수도 있다. 현물거래와 마찬가지로 기초자산의 가격이 오를수록 선물 매입자는 이익을 보지만 매도자는 손해를 입게 된다. 그러나 계약 시점에서 기초자산의 미래 현물가격이 얼마가 될지는 아무도 모르기 때문에 매입자와 매도자 모두 계약 만기일에 계약을 이행해야 하는 의무에 대한 대가를 치를 필요는 없다. 즉 계약 시점에서 선물 계약의 가치는 0이다.

1970년대 초까지만 해도 선물거래는 옥수수, 오렌지, 밀, 소, 돼지 등 농축산물과 금, 은, 구리, 원유 등 지하자원을 기초자산으로 하는 상품선물(commodity futures)이 대부분이었다. 그러나 날이 갈수록 주요 국가의 통화, 이자, 주가지수 등을 기초자산으로 하는 금융선물(financial futures)의 비중이 늘어나는 추세다. 최근에는 전 세계적으로 선물시장의 거래 규모가 현물시장의 몇 배에 이를 정도로 크게 성장했다.

'권리'인 옵션

옵션은 미리 정한 가격으로 정해진 기간 내에 특정 자산을 사거나 팔수 있는 권리를 부여하는 계약이다. 선물 계약은 만기일에 정해진 가격으로 기초자산을 매입 또는 매도해야 하는 '의무'의 성격을 띠는 반면에, 옵션은 만기일까지 정해진 가격으로 기초자산을 매입 또는 매도할 수 있는 '권리'이다. 원치 않으면 행사하지 않을 수도 있다는 말이다.

예를 들어 앞으로 3개월 이내에 현대자동차 주식 10주를 주당 가격 20만 원에 매수할 수 있는 옵션이 있다고 하자. 이 경우 기초자산은 현대자동차 주식, 만기일은 3개월, 옵션 행사가격(exercise price)은 20만 원이다.

기초자산을 사고팔 수 있듯이 옵션에도 기초자산을 살 수 있는 권리와 팔 수 있는 권리를 부여하는 계약이 따로 있다. 앞서 든 예에서, 3개월 이내에 현대자동차 주식 10주를 주당 가격 20만 원에 매수할 수 있는 권리는 콜옵션(call option)이라고 부른다. 만약 옵션 소유자(매수자)가 권리를 행사하면 옵션 발행자(매도자)는 해당 주식을 약속한 가격에 팔아야 한다.

반면 3개월 이내에 현대자동차 주식 10주를 주당 가격 20만 원에 매도할 수 있는 권리는 풋옵션(put option)이라고 부른다. 이 경우는 옵션 소유자가 권리를 행사하면 옵션 발행자는 해당 주식을 약속한 가격에 사야 한다.

옵션 계약에서는 옵션 소유자가 옵션 발행자로부터 거래할 권리를 부여받기 때문에 계약을 할 때 권리에 대한 대가를 지불해야 한다. 계약 시점에서 선물 계약의 가치는 0이지만 옵션의 경우에는 양의 값을 갖고, 이를 옵션 프리미엄 또는 옵션 가격이라고 부른다.

예를 들어 현대자동차 주식의 현재 가격이 20만 원이고, 3개월 이내에 현대차 주식 10주를 주당 20만 원에 매수할 수 있는 콜옵션의 가격이 1,000원이라고 하자. 현대차 주식 가격이 21만 원으로 오르면 주식을 현물로 갖고 있는 사람이나 콜옵션으로 갖고 있는 사람이나 만 원 만큼의 투자 수익이 발생한다.

하지만 현물 주식을 가진 사람은 주당 20만 원을 투자한 반면 콜옵션을 구매한 사람은 이보다 훨씬 적은 1,000원을 투자한 점이 다르다. 즉 옵션 투자는 기초자산 투자에 비해 동일한 투자액에 대한 수익과 손실의 폭이 훨씬 큰 레버리지 효과를 갖는다.

옵션 가격은 옵션 행사 가격, 만기일까지 남은 시간, 현재 주식 가격, 주가 변동성 등 여러 요소의 영향을 받는다. 1973년 피셔 블랙(Fischer Black)과 마이런 숄즈(Myron Scholes)는 옵션 가격을 과학적으로 도출하는 공식을 발표했고, 이는 전 세계적으로 옵션거래가 활성화되는 계기를 낳았다. 1997년 숄즈는 옵션 모형을 개발한 공로로 노벨 경제학상을 수상했다. 생존자만 수상할 수 있다는 노벨상 수여 원칙에 따라 노벨상 수상자가 발표되기 얼마 전에 타계한 블랙은 수상 기회를 놓쳤다.

모든 주주가
당신 편은 아니다

인수합병 : 합병은 두 개 이상의 회사가 청산 절차를 거치지 않고 하나의 회사로 합치는 경우이고, 인수 또는 취득은 한 기업이 다른 기업의 경영 지배권을 획득하기 위해 주식이나 자산을 취득하는 경우를 말한다.

2015년 5월 26일 삼성그룹의 두 계열사인 제일모직과 삼성물산 이사회는 시너지 창출을 위해 두 기업의 합병을 결정했다고 발표했다. 제일모직이 신주를 발행해 삼성물산 주주에게 제일모직 주식을 교부하는 흡수합병의 형식이고, 합병 비율은 기준 주가에 따라 산정된 1:0.35로 결정되었다. 이는 두 회사의 주가 차이를 감안해 삼성물산 주식 1주에 대해 제일모직 주식 0.35주를 교부한다는 뜻이다.

하지만 삼성물산 전체 지분의 7.12퍼센트를 소유한 미국계 헤지펀드 엘리엇이 이 합병안에 반대하고 나섰다. 합병 비율이 공정하지 않게 책정되어 삼성물산 주주의 이익을 해친다는 게 이유였다. 엘리엇이 합병

반대 의사를 통고함에 따라 소송 및 여론전이 시작되었다.

합병안은 주주총회에서 최종적으로 통과 여부가 확정될 것이므로 삼성물산과 엘리엇은 제각기 다른 주주들의 표심을 얻고자 치열하게 경쟁했다. 해외 투자자들은 주로 엘리엇을 지지했고 국민연금 등 국내 기관 투자자들은 삼성물산의 손을 들어주었다.

삼성물산은 전 임직원을 총동원해 가며 소액주주의 표심을 잡는 데 최선을 다했다. 2015년 7월 17일에 열린 주주총회에서 참석 주주의 약 70퍼센트가 삼성물산의 합병안에 찬성표를 던짐으로써 결국 삼성물산은 엘리엇이 제기한 합병 반대안을 부결시킬 수 있었다.

M&A의 목적과 효과

합병(mergers)이란 두 개 이상의 회사가 청산 절차를 거치지 않고 하나의 회사로 합치는 법적 절차이고, 인수 또는 취득(acquisition)은 한 기업이 다른 기업의 경영 지배권을 획득하기 위해 주식이나 자산을 취득하는 절차를 말한다. 이 둘을 합쳐 합병과 취득(mergers and acquisition) 또는 줄여서 M&A라고 부른다. 제일모직은 삼성물산을 흡수합병한 셈이고, 다음카카오가 약 630억 원을 지불하고 내비게이션 업체 김기사를 사들인 것은 인수에 해당한다.

두 개 이상의 기업이 M&A를 하는 가장 중요한 이유는 결합을 통해 시너지 효과가 창출되리라고 기대하기 때문이다. 예를 들어 자기자본으로만 구성된 기업 A와 B의 기업가치가 각각 200억 원과 100억 원이라고 하자. A와 B가 합병해 만들어진 회사 C의 기업가치를 400억 원으로 평가받는다면, 합병을 통한 시너지 효과의 크기는 합병기업 C의 기업가치(400억 원)에서 A의 기업가치(200억 원)와 B의 기업가치(100억 원)를 차감한 100억 원이다.

기업 A가 신주를 발행해 B를 흡수합병하는 경우라면, 기업 B의 인수 가격은 독립된 회사로서의 가치(100억 원)와 합병 후 창출될 것으로 예상되는 시너지를 더한 가치(200억 원) 사이에서 결정될 것이다. 만약 B의 인수 가격이 140억 원이라면, B의 인수 가격에서 B의 기업가치를 차감한 금액인 40억 원을 M&A 프리미엄이라고 부른다.

M&A를 통해 시너지 효과가 창출되는 데에는 다양한 이유가 있다. 기업은 보통 규모가 커짐에 따라 여러 가지 혜택을 누린다. 예컨대 M&A로 기업의 크기가 커지면 규모의 경제를 실현하거나 자원을 상호 보완적으로 활용할 수 있기 때문에 각종 비용을 절감할 수 있다.

또 같은 업종의 기업을 인수합병하는 경우에는 시장 지배력을 키우고 마케팅의 효율성을 높일 수 있기 때문에 매출과 이익을 늘릴 수도 있다. 그뿐 아니라 자본비용 감소, 세금 절약, 경영 위험 분산 등 다양한 시너지 효과를 얻을 가능성이 있다.

물론 시너지 효과만을 위해 M&A를 하는 것은 아니다. 미국과 같이 소유와 경영을 분리하는 경영 체제가 일반화된 국가에서는 전문경영인의 비효율적 경영 활동으로 기업가치가 심각하게 손상된 회사들이 주로 M&A의 대상이 되곤 한다. 이와 같은 경우에는 기업 소유자나 경영진의 동의를 구하지 않고 경영권을 인수하려는 것이기 때문에 '적대적 인수합병(hostile takeover)'이라고 부른다.

과거 국내에서는 M&A를 부실기업 정리를 위한 정책적 수단 정도로 여겼기 때문에 경영자들도 별로 주목하지 않았다. 하지만 1997년 외환 위기 이후 M&A 관련 규제가 대폭 완화되고 자본시장이 개방되면서 국내외 기업들이 M&A를 구조조정 및 투자의 기회로 적극적으로 활용하기 시작했다. 특히 외국인의 국내 투자 비중이 높아지면서 국내 기업을 상대로 한 적대적 인수합병 시도가 늘고 있는 형편이다. 국내 대기업들은 순환출자를 기반으로 한 취약한 지배구조를 갖고 있는 경우가 많기에 외국 자본의 적대적 인수합병 시도의 표적이 되는 것은 어쩌면 당연한 일인지도 모른다.

적대적 인수합병을 막는 가장 확실한 방법은 취약한 지배구조를 개선하는 것이다. 그러나 이를 위해서는 천문학적인 규모의 추가 자본 투입이 필요하기 때문에 국내 대기업들이 단기간에 지배구조를 개선하기는 쉽지 않다. 그렇기에 외국 자본의 적대적 인수합병 공격으로부터 중단기적으로 경영권을 방어할 수 있는 수단이 필요하다.

회사를 지켜라

현재 우리나라는 이사 임기의 분산, 초다수의결(super majority), 황금낙하산(golden parachute) 등의 경영권 방어 수단을 허용하고 있다. 이들 수단의 공통점은 인수합병에 소요되는 비용을 높여 적대적 인수합병을 포기하도록 만든다는 점이다.

주식회사의 최고의사결정기구는 이사회이다. 적대적 인수합병을 어렵게 만들려면, 이사회를 구성하는 이사들의 임기 만료 시기를 서로 다르게 분산시켜 놓는 편이 바람직하다. 적대적 인수합병을 한 기업은 인수와 함께 곧바로 모든 이사회 구성원과 경영진을 교체하려고 한다. 이사 임기의 분산을 명시한 정관 규정에 따라 일괄적인 경영진 교체가 불가능하도록 만들면 적대적 인수합병 비용을 높이는 효과가 있다.

한편 주주총회에서 합병을 승인받으려면 일반적으로 과반수의 의결권이 필요하다. 초다수의결이란 정관 개정을 통해 이를 3분의 2와 같이 훨씬 까다롭게 바꿈으로써 인수합병 비용을 높이는 방법이다. 초다수의 결을 정관에 명시한 기업을 인수합병하기 위해서는 보다 많은 의결권을 확보해야 하기 때문에 적대적 인수합병을 포기할 가능성이 높다.

황금 낙하산이란 기업이 인수합병되어 경영진을 교체할 경우에 거액의 퇴직 보상금을 기존 경영진에게 지급해야 한다는 내용을 고용 계약서상에 명시하는 방법이다. 이 또한 인수합병 비용을 높여 적대적 인수합병의 매력도를 떨어뜨리려는 전략이라고 볼 수 있다. "이사의 보수는 정관 또는 주주총회에서 정한다"라는 상법 제388조의 규정에 따라, 기업의 정관만 바꾸면 황금 낙하산 제도를 경영권 방어 수단으로 활용할 수 있다.

보다 최근에는 차등의결권이나 독소(poison pill) 조항과 같은 보다 적극적인 경영권 방어 수단을 국내에 도입하려는 움직임마저 있다. 재계에서는 선진국에서 이미 받아들인 제도라며 끊임없이 도입을 건의하고 있지만, 반대론자들은 대기업의 소유경영 체제만 공고히 하는 나쁜 제도라고 비판해 도입이 미루어지고 있다.

차등의결권이란 '한 주당 하나의 의결권'이라는 주식회사의 기본 원칙에 예외를 두는 것으로, 경영권을 보유한 대주주의 경우에 한해 한 주당 몇 배수의 의결권을 부여하는 제도다. 예컨대 헨리 포드 집안은 포드 자동차 주식의 7퍼센트만 보유하고 있을 뿐이지만 차등의결권 제도에 따라 40퍼센트 정도의 의결권을 행사한다고 한다.

독소 조항은 적대적 인수자를 매우 불리하게 만드는 회사 내규나 규정을 지칭하는 말이다. 독소 조항의 구체적인 내용은 시행하는 국가나 회사에 따라 조금씩 다르다. 대표적인 예로는 적대적 인수합병 공격이 시작되면 기존 주주들에게 시가보다 훨씬 저렴한 가격으로 신주를 구매할 권리를 부여하는 규정을 들 수 있다.

사내유보금이 많다고
안심하지 마세요

경제적 부가가치 : 경영 성과를 평가하는 기존의 척도들이 자본의 기회비용을
고려하지 않았다는 문제점을 극복하기 위해, 기업 고유의 영업 활동을 통해 창
출한 부가가치만을 평가한 경영 성과 지표.

십여 년 전 미국 명문 대학에서 자비로 MBA 공부를 하는 것
이 직장인들 사이에 유행한 적이 있다. 현지에서 영어도 배우고, 견문도
넓히고, 새로운 네트워크도 쌓고, 경영학이 탄생한 곳에서 본격적인 경
영학 공부도 하는 등 좋은 점이 많았다.

문제는 미국 대학의 터무니없이 높은 등록금과 생활비를 2년 동안 감
당해 내려면 1~2억 원은 족히 필요하다는 점이었다. 게다가 2년간 해외
유학을 떠나기로 결정할 경우 현재 다니고 있는 직장의 2년분 급여액에
해당하는 약 1억 원의 기회비용(opportunity cost)이 발생한다. 그러므로
해외 MBA 학위를 취득하려면 총 2~3억 원의 비용이 필요한 셈이었다.

기회비용은 경제학자들이 즐겨 사용하는 유용한 개념이다. 이는 하나의 길을 선택함으로써 포기해야 하는 다른 길이 제공하는 기회를 의미한다.

예를 들어 친구가 당신에게 재판매가 불가능한 〈맘마미아〉 뮤지컬 티켓 1장을 주었다고 해보자. 당신은 공짜로 〈맘마미아〉를 관람할 수도 있고 혹은 같은 시간에 상연하는 〈오페라의 유령〉 공연을 돈을 내고 관람할 수 있다. 〈오페라의 유령〉 표 1장의 가격은 6만 원이고, 이를 관람함으로써 내가 얻는 행복을 돈으로 환산하면 10만 원이라고 가정하자.

즉 〈맘마미아〉 대신 〈오페라의 유령〉을 관람하면 4만 원의 소비자잉여가 발생하고, 바로 이 4만 원이 〈맘마미아〉를 관람함으로써 포기해야 하는 기회비용에 해당한다. 그러므로 설령 〈맘마미아〉 공짜표가 있다고 할지라도 〈맘마미아〉 관람으로부터 얻는 행복의 값어치가 4만 원 이상이 아니라면 〈맘마미아〉를 관람해서는 안 된다.

기회비용의 개념은 다양한 경영학 문제에 활용되는데, 그 대표적인 예가 자본의 기회비용과 경영 성과 평가의 문제이다. 예를 들어 어떤 기업이 신규 사업에 100억 원을 투자해 한 해 동안 10억 원의 이익을 얻었다면 우리는 이 신규 투자가 적절했다고 평가할지도 모른다. 그러나 해당 투자의 적절성을 정확히 평가하려면 신규 사업에 투자할 100억 원을 다른 곳에 투자했을 때 기대할 수 있는 이익이 얼마인지를 파악해야 한다.

1997년 IMF 외환위기 당시 국내 은행의 이자율은 하루가 다르게 치솟았는데, 당시였다면 100억 원을 은행 적금으로 넣어놓기만 해도 20퍼센트 이상의 수익을 올릴 수 있었기 때문에 10퍼센트 수익을 창출한 신규 투자에 좋은 평가를 내리기가 어려웠을 것이다. 즉 신규 투자와 같은 경영의 성과를 정확히 평가하기 위해서는 경영을 통해 발생한 수익이나 이익뿐 아니라 투자 자본의 기회비용까지도 고려해야 한다.

기회비용으로 성과를 평가하라

이익은 경영 성과를 평가하는 데 가장 널리 사용되는 도구이다. 하지만 이익이 자본의 기회비용을 고려하지 않는다는 문제점을 인식하고 새로이 개발해 낸 성과 평가 도구가 바로 경제적 부가가치(EVA, economic value added)다. 이는 고유의 영업 활동만을 통해 창출한 부가가치를 의미하는데, 세후영업이익(net operating profit after taxes)에서 자본비용(capital cost)을 차감한 값으로 정의한다.

세후영업이익은 영업이익에서 법인세를 차감하고 재무비용을 제하기 전의 이익에 해당한다. 자본비용이란 타인자본비용과 자기자본비용의 가중평균으로 계산하는데, 타인자본비용이란 은행 등 외부 채권자로부터 차입한 자금에 대한 재무비용이고 자기자본비용은 주주 등 투자자가 제공한 자기자본의 기회비용으로 계산한다.

타인자본비용은 보통 손익계산서에서 회사가 지불한 재무비용으로부터 쉽게 도출할 수 있지만, 자기자본비용은 실제로 지불한 비용이 아니라 일종의 기회비용이기 때문에 추정이 필요하다. 이는 자기자본을 소유한 주주가 해당 금액만큼 다른 곳에 투자했을 때 기대할 수 있는 수익이므로, 보통 1년 만기 정기예금 이자 또는 이자 수익 플러스알파를 기준으로 계산한다.

EVA는 영업이익, 당기순이익 등과 같은 성과 측정 지표들과는 달리 기업이 추가적으로 창출한 부가가치로 경영 성과를 평가한다. 이때 부가가치란 기업이 동원한 자본(자기자본+타인자본)이 창출한 이익 가운데 자본비용을 초과한 금액을 말한다.

EVA의 핵심은 자기자본비용을 고려한다는 점이다. 일반적인 회계 처리 기준을 적용한 손익계산서를 보면 타인자본을 사용하는 대가로 지불하는 재무비용은 비용으로 차감하는 반면, 자기자본을 사용하는 대가로 지불해야 하는 기회비용은 비용으로 인식하지 않는다. 즉 타인자본을 활용해 100억 원의 영업이익을 낸 경우와 자기자본으로 동일한 영업이익을 달성한 경우의 당기순이익은 100억 원에 대한 재무비용만큼 달라진다. 자본 조달 방식에 따라 순이익 계산이 달라지는 것을 방지하려면 자기자본에 대한 기회비용까지 고려해야 한다.

EVA는 현재 관련 컨설팅 회사를 운영하고 있는 조엘 스턴(Joel Stern)이 처음 만들어낸 경영 평가 척도다. 그는 체이스맨해튼 은행에서 글로벌 컨설팅 업무를 담당하던 중 EVA의 기본 개념을 떠올렸다고 한다. 스턴이 직접 컨설팅 회사를 설립하고자 체이스맨해튼 은행을 퇴사한 것이 1982년이니, EVA가 개발된 것은 1980년대 초의 일인 듯하다.

이후 EVA는 한동안 스턴의 컨설팅 회사에서만 사용되었으나 1990년대 초부터 미디어에 소개되면서 새로운 경영 성과 평가 척도로 선풍적인 인기를 누리게 된다. 현재는 스턴 밸류 매니지먼트(Stern Value Management)의 서비스 상표(service mark)로 등록되어 있다.

그동안 주식 투자를 할 때 널리 사용되어 온 주가수익비율(PER, price earning ratio)*, 주당순이익(EPS, earning per share), 자기자본이익률(ROE, return on equity)* 등의 지표들은 자기자본의 기회비용을 고려하지 않는다는 단점이 있었다. EVA는 자본의 기회비용까지 고려하기 때문에 투자자 입장에서 보다 타당한 지표라 할 수 있다. EVA 값이 플러스라면 나의 주식 투자가 최소한 은행 이자 이상의 이익을 창출했다는 뜻이다. 물론 EVA 값이 클수록 수익성이 높고 주가가 상승할 가능성 또한

주가수익비율

주가를 주당순이익으로 나눈 값으로 PER이라고 부른다. 예를 들어 작년 한 해 동안의 당기순이익이 100억 원이고 총 발행 주식 수가 1,000만 주라고 하면 주당순이익은 1,000원이고, 현재 주가가 만 원이라면 주가수익비율은 10이다.

자기자본이익률

한 해 동안의 당기순이익을 자기자본 총액으로 나눈 비율로 ROE라고 부른다. ROE가 10퍼센트라는 말은 만 원을 투자했을 때 연간 1,000원, 즉 10퍼센트의 이익을 냈다는 뜻이다.

높을 것이다.

EVA는 기업의 투자 의사결정 문제와 경영자의 업적을 평가할 때 많이 사용된다. 특히 선진국에서는 당기순이익이나 영업이익보다도 더 널리 사용되는 경향이 있다. 그러나 EVA라고 해서 만능은 아니다. EVA의 가장 큰 단점은 자기자본비용을 객관적으로 도출하기가 어렵다는 것이다. 또한 EVA는 단기적인 재무 상태를 측정하는 지표이기 때문에 기업의 장기적 성장성에 대해서는 파악하기 어렵다는 문제가 있다.

76 재무적 성과 평가

숫자로 경영하든가, 열정으로 경영하든가

재무적 성과 평가 : 계량적 지표만으로 회사를 경영하는 경우에는 창업자의 열정이나 혁신성과 같은 경영의 핵심 가치를 훼손할 수 있다.

2차 세계대전을 연합군의 승리로 이끄는 데는 미국의 뛰어난 기술, 풍부한 물자 및 체계적인 경영 교육이 중요한 역할을 했다고 알려져 있다. 1939년부터 1945년까지 미국은 무려 250억 달러를 들여 전쟁 물자 지원을 위한 공장을 건설하고 기계 설비를 마련한다. 미합중국 공군의 전신인 육군항공단(Army Air Corps)의 예를 살펴보면 2차 세계대전에 참전하기 전까지만 해도 이들은 412대의 항공기를 보유하고 있었지만, 전쟁이 끝날 무렵에는 23만 대의 항공기를 보유하게 되었다고 한다.

육군항공단은 전쟁에 필요한 막대한 수의 항공기를 생산하고 관리하는 일에서부터 군수물자의 효율적인 보급에 이르기까지 다양한 업무를 효율적으로 수행하기 위한 새로운 관리 시스템을 도입할 필요를 느꼈고, 이를 실행할 수 있는 우수한 인재를 전국적으로 선발하기에 이른다. 이 때 뽑힌 인재들이 미군을 위해 개발한 관리 시스템은 전쟁이 끝난 후 민간 부문을 재건하는 데도 큰 영향을 미쳤다. 특히 물류, 관리회계, 시스템 분석 등 계량 경영 분야에 미친 이들의 영향은 막대했다.

육군항공단 소속 인재들 중에서도 그야말로 남달랐던 10명의 젊은이가 있었다. '신동들' 또는 '위즈키즈(whiz kids)'라고 불렸던 이들 10명의 인재는 전후 포드 2세의 파격적인 제의로 포드 자동차에 입사해, 도산 위기에 허덕이던 회사를 재건하는 데 핵심적인 역할을 한다.

원래 사내에서 이들을 부르던 별명은 '퀴즈키즈(quiz kids)'였다. 포드 자동차를 혁신한답시고 회사 여기저기를 들쑤시고 다니면서 끊임없이 질문만 던지는 모습을 보고 기존 직원들이 조롱조로 지어준 것이었다. 하지만 얼마 지나지 않아 이들이 포드 자동차 부흥에 결정적인 역할을 하게 된 아이디어를 내고 새로운 시스템을 개발하자, 원래 별명이었던 '퀴즈키즈' 대신 '위즈키즈'로 바꿔 불렀다고 한다. 질문을 뜻하는 퀴즈에서 전문가, 달인을 의미하는 위즈로 개명된 것이다.

대부분의 위즈키즈는 포드 자동차 재건에 기여한 보상으로 사내 최고위 임원의 자리까지 고속 승진했다. 그중에서도 가장 두드러지는 인물이 바로 로버트 맥나마라다. 그는 포드 자동차 역사상 최초의 전문경영인 사장으로 발탁되었고, 이후 미 국방장관과 세계은행 총재를 역임하는 등 미국 경영사를 대표하는 경영인으로 자리매김했다.

맥나마라의 재무 통제 시스템

맥나마라는 당시 포드 자동차가 절실하게 필요로 했던 역량을 갖춘 인재였다. 냉철한 논리와 실제 자료에 기반한 경영을 신조로 삼았던 그는 입사하자마자 포드 자동차 전 부서에 대한 특별 감사를 실시했다.

지난 수십 년 동안 단 한 번도 시행된 적이 없는 감사를 젊은 외부자가 실시했으니 조직 내 저항이 컸을 것이다. 하지만 포드 2세의 전폭적 지지에 힘입어 맥나마라는 특별 감사를 무사히 마칠 수 있었고, 포드 자동차 각 부서를 숫자 또는 사실(fact)로 통제하기 위한 일련의 재무 시스템과 척도를 개발한다. 맥나마라는 과거 회계 법인에서 일한 경험이 있었고 하버드 경영대학원 회계학 교수로 근무한 적도 있었기에, 회계 및 재무와 관련된 자료를 수집하고 이에 근거해 평가 척도를 개발하는 일이 무엇보다도 중요하다고 여겼던 것 같다.

맥나마라가 구상한 재무 통제 시스템이 자리를 잡아감에 따라 포드 자동차 내에서 회계 재무 부서의 영향력은 점차 막강해졌다. 1949년 그는 포드 자동차의 회계책임자로 승진했다. 그는 오래전부터 회계책임자는 전통적인 회계사의 업무와 재무 관련 자료의 기록관 역할을 수행하는 데서 벗어나 미래를 예측하고 계획하는 업무까지 수행할 수 있는 계량 분석가가 되어야 한다고 주장해 왔고, 직접 이런 역할을 수행하고자 했다.

한마디로 맥나마라는 제조원가 통제라는 전통적인 업무뿐 아니라 마케팅에서 구매에 이르는 회사의 전반적인 업무를 회계책임자가 통제해야 한다고 생각했다. 자신이 개발한 재무 통제 시스템을 통해 포드 자동차가 생산하는 각 모델의 현재 생산량, 세부 비용 및 판매량, 향후 예상 비용과 수익 등을 실시간으로 계산할 수 있었기 때문에 그가 꿈꾸어 온 회계책임자가 되는 것도 불가능하지 않아 보였다.

하지만 맥나마라의 숫자 중심 경영 방식에 대한 기존 직원들의 시선은 곱지만은 않았다. 특히 포드 자동차 생산 부서에서 오랫동안 근무해 온 인력들과 충돌이 잦았다. 1920년대에 포드 자동차는 모델 T와 동적 조립라인으로 세계 1등 기업이 된 경험이 있는 회사이기에 생산 부서 직원들은 자신들이 회사의 중심이라고 생각했다. 그런데 어느 날 갑자기 헨리 포드의 손자가 사장으로 부임해 오더니 자동차에 대해서는 아무 것도 모르는 맥나마라 같은 풋내기가 자신들을 통제하려고 드는 모습이 못마땅했을 것이다.

그래서 당시 생산 부서 고참 직원들은 맥나마라를 포함한 이들 회계 부서 직원들을 '콩알을 세는 사람(bean counter)'이라고 불렀다. 자동차의 근본도 모르는 사람들이 불필요한 숫자만 물고 늘어지는 것을 조롱하는 표현이었다. 오늘날에도 일의 진정한 가치는 모르고 숫자만을 강조하는 사람을 가리켜 '콩알을 세는 사람'이라고 부르곤 한다.

사내의 일부 비난에도 불구하고 숫자에 의한 철저한 이익 관리를 통해 포드 자동차는 현대적 대기업의 모습을 갖추어나갔다. 맥나마라는 비록 자동차 산업에 대한 경험은 부족했지만 매너리즘에 빠져 있던 기존 직원들이 갖지 못한 비전을 갖고 있었다. 그는 세계 자동차 시장의 변화와 미래를 내다보았고 항상 시대를 앞서갔다.

1950년대에 이미 맥나마라는 기업의 사회적 책임을 강조했고 자동차의 환경 표준 및 안전 기준 설정에도 관심이 많았다. 린세단 의무가 신자동차 안전띠를 자발적으로 도입한 것도 맥나마라의 제안 때문이었다. 1959년경 대부분의 포드 생산 부서 직원들은 링컨 시리즈와 같은 고급스러운 대형 자동차에만 관심을 쏟았지만, 맥나마라는 신뢰성과 연비를 강조한 소형차 팔콘(Falcon)을 출시해 큰 성공을 이끌어내기도 했다.

1950~60년대에 접어들어 포드 자동차를 포함한 많은 미국 대기업들이

성장을 거듭하자 위즈키즈의 경영 기법은 더욱 각광을 받는다. 기업의 크기가 커지면서 체계적인 경영의 필요성은 늘어났고, 위즈키즈의 계량적 경영은 이를 충족시키기에 적절했다. 1980년대 초까지 포드 자동차 재무 부서에서 경험을 쌓은 250여 명의 인재들이 락웰(Rockwell International), 제니스(Zenith), 아메리칸모터스(American Motors), 파이어스톤(Firestone), 제록스 등과 같은 대기업의 고위 임원으로 발탁되어 갔다.

포드 자동차 출신의 이들 숫자 분석 전문가들에게 복사기, 타이어, 텔레비전, 컴퓨터 등 새롭게 자리를 옮긴 산업 분야에 대한 지식은 거의 없다시피 했다. 다만 이들은 포드 자동차 재무 부서에서 근무할 때 사용한 것과 동일한 재무 기법을 각각의 산업에 새로이 적용했을 뿐이다. 그럼에도 불구하고 다들 어느 정도 성공을 거두었다. 이들은 타이어 산업의 마케팅에서 복사기 산업의 연구개발에 이르는 다양한 산업 및 기업 활동을 해부하고 이를 비용과 이익이라는 공통의 언어로 바꿨다.

'사람 한 명 목숨 값은 얼마입니까'

맥나마라가 주도했던 기업 경영의 계량적 혁명에 대한 비난의 목소리가 들려오기 시작한 것은 1980년대 초의 일이다. 일본 기업을 필두로 한 외국 기업들이 글로벌 시장에서 약진한 반면 미국 기업들의 경쟁력이 상대적으로 약화되자, 미국 대기업의 경영 방식을 대표하는 계량적 경영이 비판받게 된 것이다. 지식인들은 미국 기업들이 숫자의 노예가 되어 경영의 핵심 가치를 훼손했다며 계량적 경영을 공격했다.

계량적 경영의 문제점이 드러난 대표적인 사례로 포드 자동차의 핀토(Pinto) 이야기를 꺼내지 않을 수 없다. 1970년대에 출시된 핀토는 연료 탱크 디자인 결함으로 최소 59명의 사망자를 낸 골칫거리였다. 고무 라이너로 연료 탱크 주위를 보강하는 개선책을 통해 사고를 줄이는 방안이 검토되었지만, 1억 3,700만 달러의 추가 비용이 발생한다는 단점이 있었다.

이에 포드 자동차 재무 부서는 개선책을 무시하고 사망자가 계속 나오도록 방치하는 대안을 제안한다. 물론 차체 결함을 무시하고 방치함으로써 포드 자동차가 지불해야 하는 비용 역시 존재했다. 그러나 사고로 인해 화상을 입거나 사망하는 사람들에게 지불해야 할 보상금, 사고 자동차 처리 비용, 장례식장에 보내는 조화 비용 등을 모두 합쳐봐야 4,950만 달러를 넘지 않는다는 계산이 나왔다.

당시 포드 자동차는 한 사람의 목숨 값을 약 20만 달러로 평가했다고 한다. 비용-편익 분석(cost-benefit analysis) 결과는 20만 달러짜리 사람들을 죽게 내버려두라는 결론을 도출해 냈다. 그리고 포드 자동차는 핀토의 결함을 알고도 개선하지 않기로 결정하는 치명적 오류를 범했다.

핀토 사례가 우리에게 주는 교훈은 명백하다. 모든 것을 비용과 이익으로만 따지는 경영 방식에는 분명 문제가 있다. 창업자의 열정, 기업의 사회적 책임, 혁신성 등과 같은 경영의 핵심 가치가 손익계산서에 찍힌 숫자보다 훨씬 중요하다.

그러나 핀토 자동차의 오류를 이끌어낸 것과 동일한 방법론으로 연합군은 2차 세계대전을 승리로 이끌었고, 도산 위기의 포드 자동차를 포함한 수많은 미국 대기업들은 성장성구를 수 있었다. 경영 방법론이란 원래 그런 것이다. 잘만 활용하면 회사에 큰 도움을 주지만 과신하면 독이 될 수 있는 양날의 칼이다.

하나의 지표에
집중하기보다
다양한 지표를 보라

균형성과표 : 기업의 성과를 재무적 관점, 고객 관점, 내부 비즈니스 프로세스
관점, 학습 및 성장 관점의 네 가지 측면에서 다면적으로 평가하는 방법.

기업은 인류가 만들어낸 그 어떤 조직보다 빠르게 성장한 조직이다. 기업이 다른 조직에 비해 탁월한 성과를 낼 수 있었던 이유로는 여러 가지가 있겠지만, 그중에서도 목표가 명확하고 목표를 달성한 정도를 측정하는 성과 척도가 존재한다는 점을 가장 먼저 꼽아야 할 것이다. 최근에는 정부나 비영리조직도 기업의 비약적 성장에 자극을 받아서인지 조직 목표를 명확히 설정하고 성과를 객관적으로 측정할 수 있는 척도를 개발하려고 노력한다.

TNC(The Nature Conservancy)는 1951년 미국 알링턴에 설립된 비영리 환경보전단체로 "모든 생명이 의존해 사는 물과 땅을 보전한다"라는

명확한 조직 목표를 갖고 있다. 그동안 TNC는 뛰어난 기획력과 관리 능력을 통해 성장을 거듭해 왔다. 그 결과로 2013년에는 연간 수익 규모가 우리 돈으로 1조 원이 넘는 세계 최대 규모의 환경보전단체로 성장했다.

맨 처음에 TNC는 환경보전이라는 목표를 달성하는 가장 확실한 방법은 땅 자체를 사들여 다른 사람들이 훼손하지 못하도록 하는 것이라고 생각했다. 보다 많은 땅을 사려면 기부금 수입을 늘려야 했고, 대부분의 기부가 개인 차원에서 이루어졌기 때문에 가입 회원 수를 늘리는 것이 급선무였다.

즉 TNC는 환경보전이라는 조직 목표를 달성하기 위한 성과 지표로 '구입한 땅의 면적' '기부금 총액' 'TNC에 가입한 회원 수' 등을 사용했다. 그 결과 환경보전을 위해 구입한 땅은 점점 넓어졌고, 가입 회원 수는 꾸준히 늘어났으며, 기부금 규모 역시 매년 성장했다.

그러나 TNC는 스스로 설정한 조직 목표와 성과 척도에 치명적 결함이 있음을 발견한다. 1990년 TNC는 매사추세츠 주의 쉐놉 브루크(Schenob Brook) 습지를 사들였는데 이후 습지에 사는 거북의 개체 수가 오히려 줄어들었다는 놀라운 결과에 맞닥뜨렸다. 오랜 조사 끝에 TNC는 습지 바깥에서 일어난 몇 가지 환경 변화가 쉐놉 브루크 습지의 생태계에 부정적 영향을 미쳤다는 결론을 내렸다.

기구 제제를 사들이기에 많는 한 이번 빈늘는 계속 빌여낼 수밖에 없을 터였다. 이 사실을 깨달은 TNC는 조직 목표와 성과 지표를 전면적으로 수정하기에 이른다.

예들 들어 민물 홍합의 생태 환경을 보존하는 일이 TNC의 조직 목표 가운데 하나라고 하자. TNC는 민물 홍합이 서식하는 지역의 땅을 구매하는 대신 민물 홍합의 생태 환경이 파괴되는 근본 원인이 무엇인지를 과학적으로 규명하고자 노력했다.

TNC는 홍합 생태 환경 파괴의 주요 원인으로 대량의 토사를 지목했고, 토사를 발생시키는 주범이 주변 지역 농민들이라는 사실을 밝혀냈다. 이들은 홍합 생태 환경 파괴의 근본 원인을 뿌리 뽑기 위해 농민들에게 농기구를 보조해 주었고, 밭갈이가 필요 없는 농법을 사용하도록 설득해 강으로 배출되는 토사량을 줄이도록 했다. 이러한 과정에서 TNC는 무경작 농법을 사용하는 토지의 넓이, 강물의 토사량, 민물 홍합의 개체 수 등을 새로운 성과 척도로 사용했다.

균형 잡힌 성과 지표를 활용하라

조직 성과를 측정하는 올바른 지표를 개발하는 일은 TNC와 같은 비영리단체뿐만 아니라 기업 입장에서도 쉽지 않은 일이다. 어느 정도 규모를 갖춘 기업이라면 대부분 명확한 목표와 더불어 성과를 측정하는 몇 개의 중요한 척도를 설정해 놓고 있다.

기업에서는 이들 척도를 핵심 성과 지표(KPI, key performance indicator)라고 부른다. 과거에는 당기순이익, 투자수익률, 주당순이익 등과 같은 재무적 지표를 핵심 성과 지표로 많이 사용했다. 재무적 지표는 측정이 명확하고 서로 다른 부서 간 성과를 비교하기가 쉽다는 장점이 있다.

그러나 재무적 지표는 산업화 시대에는 적절했지만 요즘과 같이 끊임없는 혁신을 요구하는 시대에는 부적절한 지표라고 지적받고 있다. 재무적 지표 대신 사이클 타임(cycle time), 고객만족도, 불량률 등과 같은 운영 지표(operational measures)에 집중해야 한다는 극단론을 펴는 학자들도 있다. 이들은 "재무 지표는 운영 지표가 좋아지면 자연히 따라오게 되어 있다"라고 주장한다.

최근의 경영학자들은 절충안을 선호하는 것 같다. 재무적 지표나 운영 지표 등 어느 하나만으로 성과를 측정하기보다 다양하고 '균형이 잡힌(balanced)' 여러 가지 지표들로 측정하는 편이 바람직하다는 것이다. 1990년대 초 등장한 균형성과표(BSC, balanced scorecard)는 그러한 시각을 반영한 대표적인 방법론이다.

많은 사람들은 BSC가 로버트 캐플란(Robert Kaplan)과 데이비드 노턴(David Norton)의 발명품인 줄로 오해하고 있지만, 사실 이는 오래전부터 알려진 경영학 방법론이다. 그러나 1992년부터 약 20년에 걸쳐 캐플란과 노턴이 발표한 BSC 관련 논문과 서적이 전 세계에 통일된 형태의 BSC 기법을 알리는 데 주도적인 역할을 했다는 점은 높이 평가할 만하다. 이들 덕택에 지금은 어느 정도 규모를 갖춘 기업이면 거의 대부분 BSC를 사용해 도출한 핵심 성과 지표로 임직원의 성과를 평가하고 있다.

캐플란과 노턴은 BSC에 포함된 다양한 성과 지표가 항공기 조종석 앞에 부착된 수십 개의 계기판과 비슷한 역할을 한다고 주장한다. 항공기 이착륙과 조종이라는 복잡한 과업을 수행하기 위해 조종사는 어떤 하나의 계기판에 집중하기보다 다양한 계기판으로부터 연료, 바람의 방향과 속도, 고도, 온도, 남은 거리 등의 정보를 실시간으로 전달받고 분석한다.

조종사와 마찬가지로 기업 경영자도 투자수익률과 같은 하나의 지표에만 의존하기보다 BSC가 제공하는 다면 척도를 활용해 성영 성과를 판단하고 장래의 경영 전략을 수립하는 편이 바람직하다.

캐플란과 노턴에 따르면 기업의 성과는 재무적 관점, 고객 관점, 내부 비즈니스 프로세스 관점, 학습 및 성장 관점의 네 가지 측면에서 평가할 수 있다.

첫째, 재무적 관점의 평가 척도는 현금 흐름, 매출액 증가율, 영업이익, 자

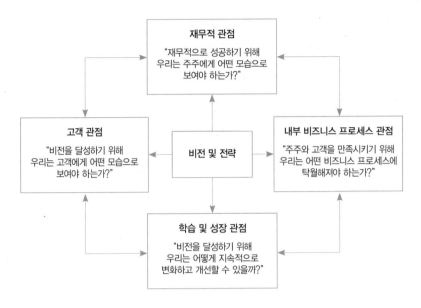

균형성과표의 네 가지 성과 지표

기자본수익률 등 주주들이 특히 관심 있어 하는 지표들로 구성되어 있다.

둘째, 고객 관점이란 기업이 생산하는 제품 및 서비스의 최종 소비자와 관련된 척도이다. 여기에는 고객만족도, 전체 매출에서 신제품 매출이 차지하는 비중, 배송 시간, 고객 점유율 등의 평가 지표가 포함될 수 있다.

셋째, 내부 비즈니스 프로세스 관점이란 기업의 핵심 경쟁력을 평가하는 척도로, 사이클 타임, 단위비용, 수익률, 신제품 출시 관련 지표 등이 여기에 해당한다.

마지막으로 학습 및 성장 관점은 기업이 지속적으로 성장하기 위한 구성원의 끊임없는 변화와 능력 개발을 반영한다. 이는 가장 장기적인 성과를 평가하는 지표로, 종업원 일인당 생산성, 교육 시간, 이직률 등의 지표를 포함한다.

전략과 지표를 결부시켜라

물론 최종적으로 어떤 지표들로 성과를 평가할지는 각 기업이 수립한 전략의 특수성에 달려 있다. 즉 기업은 자신이 속한 산업 및 경쟁 환경과 자신의 경쟁력을 기초로 전략적 목표를 먼저 수립하고, 다음으로 목표 달성을 위한 성과 지표를 도출해야 한다.

오늘날 전 세계의 기업 실무자들에게 BSC가 성과 지표를 도출하는 표준적 모형이 된 데에는 1996년 캐플란과 노턴이 제시한 '전략체계도(strategy map)'가 중요한 역할을 했다. 전략체계도는 BSC 평가 지표와 전략을 결합하는 도구이다. 전략체계도를 통해 기업은 재무, 고객, 내부 프로세스, 학습 및 성장이라는 네 가지 관점에서 전략을 체계화하고 구체화하고 통합할 수 있게 되었다.

전략체계도가 등장하기 전만 해도 전략 수립은 보통 연말에 본사 기획팀이 초안을 작성하고 사장과 핵심 임원 몇 명이 소통해 완성하는 요식 행위에 가까웠다. 일부 임원을 제외한 대부분의 종업원은 기업이 추구하는 목표 또는 전략이 무엇인지 모르고 지내는 경우가 태반이었고, 전략을 세우는 데 깊이 관여한 고위 임원들마저도 작년 연말에 세운 전략을 되돌아보는 경우는 거의 없었다.

전략체계도는 전략과 관련된 잘못된 관행을 바꾸는 데 크게 기여했다. 그동안 종업원들에게 추상적인 슬로건 정도로만 인식되어 온 전략이 전략체계도를 통해 구체적인 용어로 표현되고 도식화됨으로써 이제 임직원 모두가 통일된 전략을 앞에 놓고 소통할 수 있게 된 것이다. 오늘날 많은 기업은 한 장으로 일목요연하게 정리한 전략체계도를 전 직원에게 지급해 일상 업무 속에서 전략을 수행할 수 있도록 하고 있다.

감사의 글

2015년 말 즈음이었던 것 같다. 해냄출판사 박신애 팀장이 내게 대중을 위한 경영학 서적을 집필해 보지 않겠느냐는 흥미로운 제안을 했다.

처음에는 경영학자라면 누구든 할 수 있는 평범한 일이라고 여겨 무심히 지나쳤지만, 가만 곱씹을수록 반드시 내가 해야 할 일이라는 생각을 떨쳐버릴 수가 없었다. 일반 대중을 위한 경제학 서적은 수십 종이 출간되어 있지만, 경영학 전반을 다루면서도 일반인들이 읽기에 적합한 책을 찾기란 그리 쉬운 일이 아니기 때문이다.

집필을 시작하기에 앞서 나는 일반인을 위한 경영학 서적이 드문 이유에 대해 생각해 보았다. 경영학자들이 경제학자들보다 나태한 것 같지도 않고, 시장이 존재하지 않는 것도 아닌데 말이다. 경제학과는 달리 경영학의 내용은 대중이 이미 잘 알고 있어서라는 설명도 별로 설득력이 없어 보였다.

나는 대중을 위한 일반 경영학 서적이 드문 이유로 경영학에는 경제학과 같이 통일된 이론이 존재하지 않아 집필에 어려움이 따른다는 점을 들고 싶다.

현대 경영학은 현실의 기업이 당면한 문제를 해결하는 이론이나 방법이 개발되면서 함께 발전한 응용 학문이기 때문에, 대기업의 각 부서처럼 회계, 재무, 마케팅, 인사 조직, 전략 등 세부 전공 분야가 각각 독립적으로 발전했다. 경영학 전반을 연구하는 교수는 따로 없고 대부분이 자기 전공 분야의 전문가이며, 분야 간 학문적 교류도 활발하지 않은 편이다.

그렇기에 이 책을 집필하는 과정에서 내게 가장 많은 도움을 준 이들은 서울대학교 경영대학에 소속된 다양한 전공 분야의 교수님들이다. 지난 십여 년간 경영학원론 강의를 해오며 내가 수시로 조언을 청할 때마다 이들은 흔쾌히 나서서 나의 부족한 경영학 지식을 보충해 주었다.

또한 책 집필에 관한 아이디어를 떠올리도록 도와준 해냄출판사 박신애 팀장과, 보잘것없는 내용에도 불구하고 기꺼이 출판을 결정해 주신 해냄출판사 송영석 사장님과 이혜진 편집장께 감사한다. 귀중한 시간을 할애해 초고를 읽고 책의 구성과 스타일에 관해 날카로운 지적을 들려준 나의 사랑하는 형, (주)지경사 김병준 사장님께도 감사드린다. 끝으로 자료 구입 및 조사, 인터뷰 등 책 출간에 필요한 제반 연구비를 아낌없이 지원해 준 서울대학교 경영연구소에도 감사의 말을 전한다.

완성된 원고를 읽을 때마다 불편한 생각이 필자의 뇌리를 스치곤 한다. 책 내용의 어떤 부분이 나의 창의적인 아이디어이고 어떤 부분이 다른 학자들의 주장인지가 모호해 구분이 잘 가지 않을 때면 그런 꺼림칙한 기분이 든다. 학자 된 사람의 양심상 다른 이의 아이디어를 인용했다

444

면 당연히 해당 내용에서 그분의 이름을 밝히는 것이 도리다. 하지만 나의 철학과 사고 체계에 지대한 영향을 미친 학자의 경우에는 그러기가 쉽지 않다. 그들의 사상과 가르침이 내 머리와 마음에 완벽히 녹아들어 아예 내 것이 되어버렸기 때문이다. 애덤 스미스, 밀턴 프리드먼, 디어드리 매클로스키, 로버트 블랫버그와 같은 나의 영원한 스승들께 허락 없이 아이디어를 도용한 점에 대해 사과드린다.

끝으로 8년 전 타계하신 아버지, 지난 30여 년간 한결같은 마음으로 내조해 온 아내 김지희와 내 삶의 기쁨인 딸 수빈에게 이 책을 바친다.

2016년 10월

김병도

참고문헌

1장 경영학 일반

〔대기업과 경영학의 탄생〕

Blackford, Mansel and Kerr, Austin (1994), *Business Enterprise in American History*, 3rd Edition, Boston, MA: Houghton Mifflin Company.

Chandler, Jr. Alfred (1977), *The Visible Hand: The Managerial Revolution in American Business*, Cambridge, MA: The Belknap Press of Harvard Business Press.

〔주식회사〕

신유근 (2011), 『경영학원론: 시스템적 접근』, 제3판, 다산출판사.

CCTV 다큐 제작팀 (2014), 『기업의 시대』, 다산북스.

〔거래비용 이론〕

Coase, Ronald (1937), "The Nature of the Firm," *Economica*, 4, 386-405.

Coase, Ronald (1991), "The Nature of the Firm: Origin," in *The Nature of the Firm : Origins, Evolution, and Development*, eds. Williamson, O. and Winter, S., New York, NY: Oxford University Press, 34-47.

Williamson, Oliver (1975), *Markets and Hierarchies*, New York, NY: Free Press.

〔보이지 않는 손〕

김병노 (2013), 『백신으로 내 안 빈국을 깅생이며』, 예빔솔빈ᄀ.

Smith, Adam (1776), *An Inquiry into the Nature and Causes of the Wealth of Nations*, London: W. Strahan.

〔보이는 손〕

Chandler, Jr., Alfred (1962), *Strategy and Structure: Chapters in the History of the Industrial Enterprise*, Cambridge, MA: The MIT Press.

Chandler, Jr., Alfred (1977), *The Visible Hand: The Managerial Revolutionin American Business*, Cambridge, MA: Harvard University Press.

〔전략적 제휴〕
김병도 (2003),『코카콜라는 어떻게 산타에게 빨간 옷을 입혔는가』, 21세기북스.

〔주주 자본주의와 이해관계자 자본주의〕
신유근 (2011),『경영학원론: 시스템적 접근』, 제3판, 다산출판사.
Bowen, Howard (1953), *Social Responsibilities of the Businessman*, Iowa City, IA: University of Iowa Press.
Business Week (2009), "Jack Welch Elaborates: Shareholder Value," March 16, 2009
Friedman, Milton (1962), *Capitalism and Freedom*, Chicago, IL: University of Chicago Press.

〔공유가치경영〕
Porter, Michael and Mark Kramer (2006), "Strategy and Society: The Link Between Competitive Advantage and Corporate Social Responsibility," *Harvard Business Review*, December.
Porter, Michael and Mark Kramer (2011), "Creating Shared Value: How to Fix Capitalism and Unleash a New Wave of Growth," *Harvard Business Review*, January.

〔직업의 효용〕
Ely, Richard et al. (1918), *Outlines of Economics*, 3rd Revised Edition, New York, NY: The Macmillan Company.

〔기업의 목표〕
Magretta, Joan (2002), *What Management Is*, New York, NY: The Free Press.

〔기업의 지배구조〕
신유근 (2011),『경영학원론: 시스템적 접근』, 제3판, 다산출판사.

Berle, Adolf and Means, Gardiner (1932), *The Modern Corporation and Private Property*, New York, NY: Transaction Publishers.

Jensen, Michael and Meckling, William (1976), "Theory of the Firm: Managerial Behavior, Agency Costs and Ownership Structure," *Journal of Financial Economics*, 3, 4, 305~360.

〔공정거래법〕

Wikipedia (2016), "Theodore Roosevelt," https://en.wikipedia.org/wiki/Theodore_Roosevelt.

〔규제 개혁〕

신동하 (2015), "기독공보 기획: 개소 5주년 맞은 소망교도소,"《기독공보》, 2015년 12월 14일, http://www.pckworld.com/news/articleView.html?idxno=69738.

Wikipedia (2016), "Private Prison," https://en.wikipedia.org/wiki/Private_prison#In_the_United_States.

2장 기업가정신과 창업

〔앤드루 카네기〕

Carnegie, Andrew (1933), *The Empire of Business*, New York: Doubleday.

Wean, Daniel A. and Greenwood, Ronald G. (1998), *Management Innovators*, New York, NY: Oxford University Press.

〔파괴적 혁신〕

Christensen, Clayton (1997), *The Innovator's Dilemma: When New Technologies Cause Great Firms to Fail*, Boston, MA: Harvard Business School.

Christensen, Clayton and Raynor, Michael (2003), *The Innovator's Solution: Creating and Sustaining Successful Growth*, Boston, MA: Harvard Business School.

[창조적 파괴]

Fallows, James (2013), "The 50 Greatest Breakthroughs since the Wheel," *The Atlantic*, October 29, 2013.

Schumpeter, Joseph (1942), *Capitalism, Socialism, and Democracy*, New York, NY : Harper & Row.

[비생산적 혁신]

김병도 (2013), 『혁신으로 대한민국을 경영하라』, 해냄출판사.

Baumol, William (1990), "Entrepreneurship: Productive and Unproductive and Destructive," *Journal of Political Economy*, 98, 5, 893-921.

[비즈니스 모델]

Johnson, Mark (2010), *Seizing the White Space*, Boston, MA: Harvard Business Press.

Magretta, Joan (2002), *What Management Is*, New York, NY: The Free Press.

[비즈니스 모델 혁신]

김병도 (2011), "(김병도 교수의 경영이슈) 애플, 기술혁신으로 성공?…사실은 사업모델 혁신," 《조선일보》 2011년 12월 15일.

Johnson, Mark (2010), *Seizing the White Space: Business Model Innovation for Growth and Renewal*, Boston, MA: Harvard Business Press.

Kadiyali, Vrinda (1998), "Eastman Kodak in the Photographic Film Industry: Picture Imperfect?," *Market Dominance*, eds. David Rosenbaum, 89-108.

[전략혁신]

Markides, Constaninos (2008), *Game-Changing Strategies*, San Francisco, CA: John Wiley & Son.

[독점과 완전경쟁]

Magretta, Joan (2002), *What Management* Is, New York, NY: The Free Press.

[경쟁과 전략]

피터 틸 (2014),『제로 투 원』, 이지연 옮김, 한국경제신문.

Magretta, Joan (2002), *What Management Is*, New York, NY : The Free Press.

[가치사슬]

Magretta, Joan (2002), What Management Is, New York, NY: The Free Press.

Porter, Michael (1985), *Competitive Advantage: Creating and Sustaining superior Performance*, New York, NY: The Free Press.

[SCP 패러다임]

박종서 (2015), "야후, 어휴… 실적악화로 핵심사업인 인터넷부문까지 팔아야 할 처지,"《한국경제》2015년 12월 5일.

이인열 (2015), "유가 추락, 축복은 옛말… 수출 추락에 기름 붓는다,"《조선일보》2015년 12월 6일.

《주간무역》(2015), "중동산 두바이유 11년 만에 최저치 경신… 배럴당 33.50 달러," 2015년 12월 15일.

Scherer, Frederick (1980), *Industrial Market Structure and Economic Performance*, Rand McNally College Pub. Co.

[본원적 경쟁 전략]

김병도 (2003),『코카콜라는 어떻게 산타에게 빨간 옷을 입혔는가』, 21세기북스.

Porter, Michael (1980), *Competitive Strategy: Techniques for Analyzing Industries and Competitors*, New York, NY: The Free Press.

Porter, Michael (1985), *Competitive Advantage: Creating and Sustaining superior Performance*, New York, NY: The Free Press.

[자원준거 관점]

Barney, (2001), "Is the Resource-Base Theory a Useful Perspective for Strategic Management Research? Yes," *Academy of Management Research*, 11, 3, 656-665.

Wernerfelt, Birger (1984), "A Resource-Based View of the Firm," *Strategic Management Journal*, 5, 171-180.

[규모의 경제]

Panzar, John and Willing, Rovert (1981), "Economies of Scope," *American Economic Review*, 71, 2, 268-272.

Pindyck, Robert and Rubinfeld, Daniel (1992), *Microeconomics*, 8thEdition, New York: Prentice Hall.

Smith, Adam (1776), *An Inquiry into the Nature and Causes of the Wealth of Nations*, London: W. Strahan.

Sullivan, Arthur and Sheffrin, Steven (2003), *Economics: Principles in Action*, Upper Saddle River, NJ: Pearson Prentice Hall.

[수직적 통합]

김병도 (2003), 『코카콜라는 어떻게 산타에게 빨간 옷을 입혔는가』, 21세기북스.

신유근 (2011), 『경영학원론: 시스템적 접근』, 제3판, 다산출판사.

Chandler, Jr. Alfred (1977), *The Visible Hand: The Managerial Revolutionin American Business*, Cambridge, MA: The Belknap Press of Harvard Business Press.

Miller, Donald, et. al. (2000), "Gustavus Swift and the Refrigerator Car," *A Biography of America*, Annenberg/CBP, https://www.learner.org/series/biographyofamerica/prog14/transcript/page03.html.

[다각화]

Ansoff, Igor (1957), "Strategies for Diversification," *Harvard Business Review*, 35, 5, 113-124.

[스왓 분석]

신유근 (2011), 『경영학원론: 시스템적 접근』, 제3판, 다산출판사.

[시장 선도 기업]

한상만, 하영원, 장대련 (2007), 『마케팅전략』, 박영사.

Oxford English Dictionary (2015), Oxford University Press, http://www.oed. com/.

Trout, Jack (2000), *Differentiate Or Die: Survival in Our Era of Killer Competition*, New York, NY: John Wiley & Sons, Inc.

Wikipedia (2005), First Mover Advantage, https://en.wikipedia.org/wiki/First-mover_advantage.

[후발 기업]

오데드 셴카 (2010), 『카피캣: 오리진을 뛰어넘는 창조적 모방의 기술』, 이진원 옮김, 청림출판.

Levitt, Theodore (1966), "Innovative Imitation," *Harvard Business Review*, September-October, 63-70.

[전략적 변곡점]

Glove , Andrew (1996), *Only the Paranoid Survive*, Doubleday Business.

4장 생산 및 운영

[과학적 경영]

Drucker, Peter (1968), The Age of Discontinuity, New York: Harper and Row.

Drucker, Peter (1994), Post-Capitalist Society, New York: Harper Business.

Gabor, Andrea (2000), *The Capitalist Philosophers*, New York: Three Rivers Press.

Sheldrake, John (2003), *Management Theory*, 2nd Edition, London: Thomson Learning.

Wren, Daniel A. and Greenwood, Ronald G. (1998), *Management Innovators*, New York, NY: Oxford University Press.

〔동작연구〕

Sheldrake, John (2003), *Management Theory*, 2nd Edition, London : Thomson Learning.

Wikipedia (2016), Cheaper by the Dozon, https://en.wikipedia.org/wiki/Cheaper_by_the_Dozen.

Wren, Daniel A. and Greenwood, Ronald G. (1998), *Management Innovators*, New York, NY: Oxford University Press.

〔동적조립라인〕

Ford, Henry (1923), *My Life and Work*, Heinemann, London

Gross, Daniel (1996), *Forbes Greatest Business Stories of All Time*, New York: John Wiley & Sons, Inc.

Sheldrake, John (2003), *Management Theory*, 2nd Edition, London: Thomson Learning.

White, Lawrence J. (1998), "The Rise and Fall of Ford and General Motors in the U. S. Automobile Industry: A Tale Twice Told," *Market Dominance*, edited by David L. Rosenbaum.

Wren, Daniel A. and Greenwood, Ronald G. (1998), *Management Innovators*, New York, NY: Oxford University Press.

〔호손 실험〕

Gabor, Andrea (2000), *The Capitalist Philosophers*, New York : Three Rivers Press.

Sheldrake, John (2003), *Management Theory*, 2nd Edition, London: Thomson Learning.

Wren, Daniel A. and Greenwood, Ronald G. (1998), *Management Innovators*, New York, NY: Oxford University Press.

〔전사적 품질경영〕

신유근 (2011), 『경영학원론: 시스템적 접근』, 제3판, 다산출판사.

Wikipedia (2016), "W. Edwards Deming," https://en.wikipedia.org/wiki/W._Edwards_Deming.

(식스시그마)

신유근 (2011), 『경영학원론: 시스템적 접근』, 제3판, 다산출판사.

Wikipedia (2016), "Six Sigma," https://en.wikipedia.org/wiki/Six_Sigma.

(공급사슬관리)

신유근 (2011), 『경영학원론: 시스템적 접근』, 제3판, 다산출판사.

온혜선 (2015), "잘 팔리는 옷 파악해 실시간으로 제작… 빨리빨리 무기로 연 수십 조 원 쓸어 담는 패스트 패션,"《조선일보》2015년 8월 29일.

Wikipedia (2016), "Six Sigma," https://en.wikipedia.org/wiki/Six_Sigma.

5장 마케팅

(상업 발전의 역사)

Smith, Adam (1776), *An Inquiry into the Nature and Causes of the Wealth of Nations*, London: W. Strahan.

(근시안적 마케팅)

Levitt, Theodore (1975), "Marketing Myopia," *Harvard Business Review*, September-October 1975, 2-14(originally published in 1960 and reprinted as an HBR Classicin 1975).

Wikipedia (2016), "Pennsylvania Railroad," https://en.wikipedia.org/wiki/Pennsylvania_Railroad.

Wise, Richard and Peter Baumgartner (1999), "Go Downstream: The New Profit Imperative in Manufacturing," *Harvard Business Review*, September-October.

(네트워크 효과)

Blind, Knut (2004), *The Economics of Standards : Theory, Evidence, Policy*, London, Edward Elgar Publishing.

Shiver Jr. Jube (1994), "Japan Gives Up on Analog-Based HDTV System," *Los Angeles Times*, February 23, 1994, http://articles.latimes.com/1994-02-23/business/fi-26252_1_world-standard.

Wikipedia (2016), "Network Effect," https://en.wikipedia.org/wiki/Network_effect.

〔편승 효과와 속물 효과〕

Veblen, Thorstein (1899), *The Theory of the Leisure Class: An Economic Study of Institutions*, London, Macmillan Publishers.

Wikipedia (2016), "Bandwagon Effect," https://en.wikipedia.org/wiki/Bandwagon_effect.

〔제품수명주기 이론〕

Aliperti, Cliff (2013), "Did Clark Gable Kill the Undershirt?," *Immortal Ephemera*, August 26, 2013, http://immortalephemera.com/42243/did-clark-gable-kill-the-undershirt.

Centeno, Antonio (2015), "A Man's Guide to Undershirts: History, Styles, and Which to Wear," http://www.artofmanliness.com/2013/06/27/mans-guide-to-undershirts/.

Kotler, Philip (1994), *Marketing Management: Analysis, Planning, Implementation, and Control*, 8th Edition, Engle wood Cliffs, NJ : PrenticeHall.

〔정교화 가능성 모형〕

김병도 (2008), "국민을 설득하는 3가지 방법,"《매일경제》, 2008년 7월 7일.

Petty, Richard and John Cacioppo, *Attitudes and Persuasion: Classic and Contemporary Approaches*, Dubuque, Iowa : Wm. C. Brown.

〔스타마케팅〕

김병도 (2011), "타이거가 개구리로? 톱스타 마케팅의 함정,"《조선일보》, 2011년 11월 17일.

Knittel, Christopher and Victor Stango (2013), "Celebrity Endorsements, Firm

Value, and Reputation Risk: Evidence from the Tiger Woods Scandal,"
Management Science, 60, 1, 1-17.

Zyman, Sergio and Armin Brott (2003), *The End of Advertising As We Know It*,
Hoboken, NJ: Wiley & Sons, Inc.

〔브랜드 자산가치〕

김병도 (2006), "미국인은 왜 도요타를 선택하는가,"《매일경제》, 2006년 5월 12일.

Ocean Tomo (2015), *Annual Study of Intangible Assets*, http://www.oceantomo.
com/blog/2015/03-05-ocean-tomo-2015-intangible-asset-market-value/
downloaded.

〔프리미엄 정책〕

김병도 (2012), "프리미엄(freemium=free+premium) 전략…공짜를 미끼로 알짜를
팔아라,"《조선일보》, 2012년 1월 19일.

〔유보가격〕

김기석 (2009), "16일은 아이스커피가 핫커피를 이긴 날,"《파이낸셜뉴스》, 2009년 6월
17일.

KBS (2012), "아이스음료, 얼음의 꼼수,"〈KBS 소비자고발〉 216회, 2012년 5월 25일.

〔경험재의 정보 비대칭〕

Nelson, Philip (1970), "Information and Consumer Behavior," *Journal of Political
Economy*, 78, 2, 311-329.

〔행동경제학과 준거가격〕

Thaler, Richard (1985), "Mental Accounting and Consumer Choice," *Marketing
Science*, 4, 3.

〔차별화〕

김병도 (2003),『코카콜라는 어떻게 산타에게 빨간 옷을 입혔는가』, 21세기북스.

〔브랜드 관리 시스템〕

김병도 (2003), 『코카콜라는 어떻게 산타에게 빨간 옷을 입혔는가』, 21세기북스.

Monk, Dan (2012), "Procter & Gamble Alumni Still Claiming Top Jobs," Ci ncinnatiBusinessCourier,May18,http://www.bizjournals.com/cincinnati/ blog/2012/05/more-names-rolling-in-for-procter.html.

〔최적 판매 채널〕

김태훈 (2006), "마음이 허기지세요? 책 자판기,"《조선일보》, 2006년 3월 1일.

Cahill, Mike (2015), "21 Weird Vintage Vending Machines That You Never Knew Existed, And Need In Your Life Right NOW," http://www.viralnova.com/ vintage-vending-machines/.

Geoghegan, John (2013), "A Brief History of Book Vending Machines," http:// www.huffingtonpost.com/john-geoghegan/book-vending-machines_ b_2945364.html.

6장 인사·조직

〔악질 금지 조항〕

김병도 (2007), "누가 조직을 망가뜨리나,"《매일경제》, 2007년 8월 20일.

Sutton, Robert (2007), *The No Asshole Rule : Building a Civilized Workplace and Surviving One That Isn't*, New York, NY: Business Plus.

Porath, Christine and Peason, Christine (2013), "The Price of Incivility," *Harvard Business Review*, January-February, 91, 1/2, 114-121.

〔혁신가의 동기부여〕

김병도 (2013), 『혁신으로 대한민국을 경영하라』, 해냄출판사.

월터 아이작슨 (2011), 『스티브 잡스』, 안지환 옮김, 민음사.

〔매슬로와 허츠버그〕

김병도 (2013), 『혁신으로 대한민국을 경영하라』, 해냄출판사.

신유근 (2011), 『경영학원론: 시스템적 접근』, 제3판, 다산출판사.

〔사업부제 조직〕

김병도 (2003), 『코카콜라는 어떻게 산타에게 빨간 옷을 입혔는가』, 21세기북스.

〔조직 설계의 상황 이론〕

신유근 (2011), 『경영학원론: 시스템적 접근』, 제3판, 다산출판사.

Chandler Jr., Alfred (1962), *Strategy and Structure: Chapters in the History of the American Industrial Enterprise*, Cambridge, MA: MIT Press.

〔노사 갈등〕

김병도 (2013), 『혁신으로 대한민국을 경영하라』, 해냄출판사.

신유근 (2011), 『경영학원론: 시스템적 접근』, 제3판, 다산출판사.

〔기업 문화〕

Magretta, Joan (2002), *What Management Is*, New York, NY: The Free Press.

〔최고경영자〕

신유근 (2011), 『경영학원론: 시스템적 접근』, 제3판, 다산출판사.

채수환 (2015), "100대 기업 CEO 평균 내보니…서울대 졸, 30년간 근속, 경영학 전공한 59.9세," 《매일경제》, 2015년 4월21일.

Barnard, Chester (1938), *The Functions of the Executive*, Cambridge, MA: Harvard University Press.

Mintzberg, Henry (1973), *The Nature of Managerial Work*, New York, NY: Harper and Row.

〔스타모델〕

Galbraith, Jay (2005), *Designing the Customer-Centric Organization: A Guide to Strategy, Structure, and Process*, San Francisco, CA: Josse-Bass.

〔재무제표〕

박정식, 박종원, 조재호 (2001),『현대재무관리』, 제6판, 다산출판사.

황이석 (2009),『CFO 강의노트: 회계정보를 활용한 신재무전략』, 제5판, 서울경제경영 출판사.

〔손익분기점〕

박정식, 박종원, 조재호 (2001),『현대재무관리』, 제6판, 다산출판사.

황이석 (2009),『CFO 강의노트: 회계정보를 활용한 신재무전략』, 제5판, 서울경제경영 출판사.

한국공정거래조정원 (2016), 프랜차이즈 비교정보.

〔증분비용〕

Nagle, Thomas and Holden, Reed (1995), *The Strategy and Tactics of Pricing : A Guide to Profitable Decision Making, Englewood Cliffs*, NJ : A Simon & Schuster Company.

〔화폐의 시간가치〕

박정식, 박종원, 조재호 (2001),『현대재무관리』, 제6판, 다산출판사.

〔분산투자〕

박정식, 박종원, 조재호 (2001),『현대재무관리』, 제6판, 다산출판사.

Markowitz, H (1952), "Portfolio Selection," *Journal of Finance*, 7, 1, 77-91.

McCloskey, Donald (1989), "The Open Fields of England: Rent, Risk, and the Rate of Interest, 1300-1815," *Markets in History : Economics Studies of the Past*, Edited by David W. Galenson, Cambridge, London : Cambridge University Press.

〔재무 레버리지와 MM 이론〕

Modigliani, Franco and Miller, Merton (1958), "The Cost of Capital, Corporation Finance, and the Theory of Investment," *American Economic Review*, 48, 3, 261-297.

[효율적 시장 가설]

Fama, Eugene and French, Kenneth (2010), "Luck versus Skill in the Cross-Section of Mutual Fund Returns," *Journal of Finance*, 65, 5, 1915-1947.

[선물과 옵션]

박정식, 박종원, 조재호 (2001), 『현대재무관리』, 제6판, 다산출판사.

《매일경제》 (2013), "키코 은행 승…대법원 불공정행위 아니다,"《매일경제》, 2013년 9월 26일.

[기업 인수합병]

김수현 (2015), "(큐레이션)삼성물산-제일모직 험난했던 합병 여정,"《조선일보》, 2015년 7월 25일.

박정식, 박종원, 조재호 (2001), 『현대재무관리』, 제6판, 다산출판사.

[경제적 부가가치]

신유근 (2011), 『경영학원론: 시스템적 접근』, 제3판, 다산출판사.

Stern Value Management (2016), Company Website of Stern Value Management, http://sternvaluemanagement.com/.

[재무적 성과 평가]

Gabor, Andrea (2000), *The Capitalist Philosophers*, New York: Three Rivers Press.

Iacocca, Lee and William Novak (1986), *Iacocca : An Auto biography*, New York: Bantam Books.

[균형성과표]

Magretta, Joan (2002), *What Management Is*, New York, NY: The Free Press.

Kaplan, Robert, and Norton, David (1992), "The Balanced Scorecard - Measures that Drive Performance," *Harvard Business Review*, January-February, 71-79.

Kaplan, Robert, and Norton, David (1996), "Linking the Balanced Scorecard to Strategy," *California Management Review*, 39, 1, 53-79.

인명

사진 및 그림 출처

이 책에 사용한 사진들은 해당 저작권자에게 허락을 구하여 사용한 것입니다. 미처 허락을 얻지 못한 몇몇 자료들의
경우, 추후 연락을 주시면 사용에 대한 허락을 구하도록 하겠습니다. 협조해 주신 분들께 감사드립니다.

경영학 두뇌

초판 1쇄 2016년 11월 21일
초판 7쇄 2020년 9월 25일

지은이 | 김병도
펴낸이 | 송영석

주간 | 이혜진
기획편집 | 박신애 · 김단비 · 심슬기 · 김다정
외서기획편집 | 정혜경
디자인 | 박윤정
마케팅 | 이종우 · 김유종 · 한승민
관리 | 송우석 · 황규성 · 전지연 · 채경민

펴낸곳 | (株)해냄출판사
등록번호 | 제10-229호
등록일자 | 1988년 5월 11일(설립일자 | 1983년 6월 24일)

04042 서울시 마포구 잔다리로 30 해냄빌딩 5 · 6층
대표전화 | 326-1600 **팩스** | 326-1624
홈페이지 | www.hainaim.com

ISBN 978-89-6574-584-6

파본은 본사나 구입하신 서점에서 교환하여 드립니다.

이 도서의 국립중앙도서관 출판예정도서목록(CIP)은 서지정보유통지원시스템 홈페이지(http://seoji.nl.go.kr)와
국가자료공동목록시스템(http://www.nl.go.kr/kolisnet)에서 이용하실 수 있습니다.(CIP제어번호:CIP2016022600)